马蒂斯 卢梭 劳特累克 蒙克 蒙德里安 康定斯基 克利 莱热

的

著

U0667639

江苏人民出版社

他们用作品为我们竖起一面面镜子，他们用真情和思想在自由自在的天国里漫游。

——孟昌明

[美] 孟昌明 著

跟着大师读艺术

天国的梦游

马蒂斯 卢梭 劳特累克 蒙克 蒙德里安 康定斯基 克利 莱热

江苏人民出版社

图书在版编目（CIP）数据

天国的梦游 /（美）孟昌明著. -- 南京：江苏人民
出版社，2015.6

（跟着大师读艺术）

ISBN 978-7-214-15940-3

Ⅰ.①天… Ⅱ.①孟… Ⅲ.①画家 – 列传 – 西方国家
Ⅳ.①K815.72

中国版本图书馆CIP数据核字（2015）第124689号

出版人　徐　海

天国的梦游　［美］孟昌明　著	
责 任 编 辑	汪意云　曾　偲
责 任 监 制	王列丹
装 帧 设 计	刘葶葶
出 版 发 行	凤凰出版传媒股份有限公司
	江苏人民出版社
出版社地址	南京市湖南路1号A楼，邮编：210009
出版社网址	http://www.jspph.com
	http://jsrmcbs.tmall.com
经　　　销	凤凰出版传媒股份有限公司
照　　　排	江苏凤凰制版有限公司
印　　　刷	江苏凤凰新华印务有限公司
开　　　本	787毫米×1092毫米　1/16
印　　　张	17.25
字　　　数	200 千字
版　　　次	2015年10月第1版　2015年10月第1次印刷
标 准 书 号	ISBN 978-7-214-15940-3
定　　　价	65.00元

［江苏人民出版社图书凡印装错误可向承印厂调换］

依然毫厘不让（代序）

依然毫厘不让 （代序）

二〇〇五年，我的关于八位现代绘画大师的著作《我毫厘不让》由上海人民出版社出版，十年过去，社会、生活、人际等林林总总的变化，让人多少有今是昨非的感慨，然而我依然固执地坐在冷板凳上，沏一杯清茶，去读我的前辈。作为一个画家，那一串串光辉的名字，给我的不仅仅是作品形式的启迪，它们在更深的层次上，在绘画艺术的哲学属性及生命的质量、意义上，在自由的理想和社会现实的矛盾冲突中，保持一个有尊严的身段和对真理坚持的毫厘不让的态度。他们不仅仅是我的一面面镜子，更是我努力和坚持的依据及精神力量。传统的表现形式面临一个历史性的转换，人类在物质的坐标上探求精神意义的艰苦跋涉中，现代语言——这种带着破坏，带着创造的野马应运而生。毋庸置疑，文明转换的过程中，那些伟大先哲，在担当着历史演变的重任的同时，亦默默地承受着来自同类带着血腥气味的明枪暗箭。

翻开绘画史沉重的章节，落马的艺术家一定不在少数，他们用个我的生命实践了理想或在实践理想的过程中倒下，"在活着的时候，听一个诗人在描写理想、言谈和成功"的艺术家是凤毛麟角的。亨利·马蒂斯，带着巴黎艺评家赋予的桂冠"野兽派"，站在现代绘画舞台的中央，吹起进军的号角，他以过人的聪慧和审美直觉，在印象派色彩斑斓的铺陈中找到一把更加纯粹的钥匙，同时，在东方民族诗性的表达手段中，以青花线条和纹样为籍口，端正地坐在现代美术的宝座上；费尔南德·莱热的热忱和工匠精神，让他在现实主义和立体派冲突的碰撞中完成另一轮裂变，成就个人散文诗一样浪漫的风貌，希腊造型的密码被法国人巧妙地镶在藏宝的箱子上；保罗·克利，将德国思考的严正性与音乐性、诗性交融于绘画，他像一个歌手，对着广袤的大地唱着情歌，哲学、科学、音乐、文学、绘画，在克利手上几乎没有原则的分野，也没有一个不可逾越的屏障；原是税务员的亨利·卢梭，画画的同时，靠教人拉小提琴谋生，绘画不招人待见，当毕加索买了卢梭画的消息在巴黎圈子内传开时，卢梭似乎才进入藏家的视野，老卢梭的确也不为这些俗事儿所动，勤勤恳恳地把自己的心放到画布上去倾诉，即便那些凶猛的山林野兽，也最终被卢梭人文主义的画笔所感召，成为美的化身；不能不提蒙德里安和康定斯基，前者以冷抽象的"垂直加平衡等于理念"，将绘画中的绝对原则，锤炼成近乎数学公式般的概念，去为绘画作理性的冷冰冰的原则切割——艺术没有偶然，唯有必然；康定斯基和蒙德里安在抽象绘画阵营中是背道而驰的勇士，他将音乐符号勇敢地带入绘画的平面构成中，这种跨界的密码为康定斯基的艺术铺下了一层神秘的帷纱。老康远远不满足于音乐、绘画给自己带来的快感，在理论的案几上，他挥笔写下的《点、线与面》、《艺术中的精神》，早已变成绘画艺术的金科玉律；蒙克以挪威人的冷淡和倔强，在绘画中敏行讷言，他选择一角安静之所，喊出人性的强音；劳特累克，我毫不犹豫地把他放在现代画家的阵营，无论是他的油画、招贴，还是版画，都伴着他那残缺的躯干挣扎着发出热爱生命的人道主义奏鸣。

于是，我用我的眼睛度量，我用我的笔立传，为他们、为艺术、也为自己——他们不过是早我几步扑到艺术火阵中的凤凰。

孟昌明
2015·6·9
中国苏州网师园

塞尚对绘画本质性的认识和莫奈、西涅克、毕沙罗对色彩的外在捕捉，都深深启发了马蒂斯。对色彩本体价值的追寻，伴随着马蒂斯一生的艺术实践——在西方绘画上印象派画家发现外观的变化之后，将色彩变为一种语言要素，来表达思想和情感者，马蒂斯是当之无愧的第一人。

H MATISSE

H MATISSE

　　我梦寐以求的就是一种协调。纯粹而宁静的艺术，它避开令人烦恼和沮丧的题材……就像一个舒适的安乐椅那样，对心灵起着一种抚慰的作用，使疲惫的身体得到休息。

——亨利·马蒂斯

　　好像少有例外，古今艺术史上，生前靠自己作品出名而享受荣华富贵、过着好日子的画家不多——或者，生前名声赫赫、由于成功的社会营运而成名的画家，死后，作品的光彩大多如魔术般地消退——但亨利·马蒂斯（Henri Matisse）不是，他既在生前看到艺术天使带着鲜花和彩带与自己拥抱，同时，在他告别这个世界以后，他的作品也没有因为画家的去世而光芒渐退。反之，随着时间的推移，人们对这个画家及作品的认识越来越深刻，这些作品也愈加变得珍贵，富有某种神性，某种宗教感——它们使作品更加具有活力，使作品的内在情境愈发隽永——马蒂斯的作品并不高声喧哗，它们轻轻地、但字正腔圆地，唱着、舞着，周游在艺术和美的海洋里——按照马蒂斯预先设定好的路线和轨道。

　　——马蒂斯，用自己的艺术，既赢得生前的功名也名垂青史，挺顺利——对别的画家而言，绘画是一个靠全部身心气力才可以担当的重责，不间断地艰

音乐　260×389（单位：厘米，全书同）
1910年　俄罗斯圣彼得堡博物馆藏

苦劳作才能成功的建筑，而对马蒂斯，绘画却是一个轻松优雅的事业——尽管这背后需要始终如一的忠诚和不懈的努力——马蒂斯想要的是那分如诗如歌般的悠扬，画家更像一个歌手或是一个舞蹈者，用色彩在空间里尽情地唱，尽情地舞……甚至，马蒂斯作品除了那内质上的音乐性因素外，许多作品的题目就那么直截了当：《音乐》、《钢琴课》、《有小提琴的室内》，还有，那幅著名的《舞蹈者》，将青和蓝两块单纯的色彩布置成舞台，将优美的、由人体组成的旋律在画中旋转——按照画家主观的审美主张不停地旋转——于是，作者、观众、色彩、线条，画里画外动了起来——那么空旷的画布，那么大的尺幅，背景简单的色块加上那些逸笔草草的人体躯干，却如此和谐，如此完整，大概，除了马蒂斯，没人敢这么画——或许，评论家可以用许多音乐的术语，如赋格，如交响，如复调，如变奏来为马蒂斯的作品做一番音乐语言的诠释，但这不重要，因为马蒂斯的画就是马蒂斯的画，是那种不能无一、也不能有二的艺术精粹的语言模式，是那种将音乐、舞蹈和绘画艺术美的本质加以锤炼、升华的创造。对马蒂斯而言，这些创造是惊鸿一瞥式的——在最准确的位置用最巧的力——聪明的马蒂斯用的是"杠杆原理"，用的是"锐角"，用的是"四两拨千斤"，用的是如一位中国著名画家所说的，"以我少少许，胜人多多许，不画处皆为妙品……"

节奏、旋律、呈现、展开——

一曲曲彩虹般的旋律，彰显着画家内心深处对美的直觉感受；一段段飘扬如春风杨柳的舞姿，洋溢的正是画家对生命和爱的礼赞。

——马蒂斯，你唱吧，你跳吧！

——马蒂斯，唱得动情，舞得潇洒，画得痛快、过瘾，同时，他的呈现方式又是那样从容不迫——在这个意义上，他又好像是个旁观者——唯有一个旁观的心态，才能够尽可能地离开纯粹主观感情的笼罩，将情绪化的因素加以逻辑安排——这又是马蒂斯的独创之处；然而逻辑也好，情感也罢，能够将这些应该是相左的因素合理地统一而不见雕琢的痕迹，就全凭画家的功力与修养——马蒂斯毕生追求的是那繁华之后的宁静、和谐、纯粹，他说——我梦寐以求的就是一种协调、纯粹而宁静的艺术，它避开了令人烦闷和沮丧的题材，是一种为每位脑力劳动者的艺术，一种既为商人也为文人的艺术，举例来说，它就像一个舒适的安乐椅那样，对心灵起到一种抚慰的作用，使疲惫的身体得到休息。

艺术——舒适的安乐椅，这是一个多么普通而又饶有情味的解释！不虚玄，不张扬，也不沉重——马蒂斯的绘画也正是这样的精

红色的画室　181×219　1911年
纽约现代美术馆藏

舞蹈 260×390 1909年 纽约现代艺术博物馆藏

神安乐椅，它们不装模作样地玄之又玄；它们不"破罐子破摔"地为破坏而破坏；它们不煞有介事地为某一种哲学理念折磨得喘不过气，它们既具备了内在本质的美也具备外在的、形式上的美——除了美还是美，而这"美"的内在依据是真，是善。

马蒂斯不是那种从小就握着画笔做天才梦的画家，他出生在法国北部的乡下，比起巴黎，马蒂斯的家乡更靠近比利时。父亲是一位老老实实的商人，卖小五金和油漆等货物，收获季节也卖些粮食、谷物。小康式的家庭很希望马蒂斯能在事业上出人头地，父亲十分希望马蒂斯成为一个律师——在当地，那是个旱涝保收的饭碗，于是，顺理成章，马蒂斯去巴黎学了法律。他还在家乡当过文书，平平淡淡的生活和艺术绝无干系，甚至，在他迷上绘画，第一次试图报考美术学院时，结果挺惨——榜上没有亨利·马蒂斯的名字。

还要继续画下去吗？

这或许是对画家的一个考验——为艺术，还是为社会意义上那种功成名就的认可？这个问题像一个衡量的标准，第一次摆在年轻的马蒂斯面前。

马蒂斯作画，和一次生病有某种莫名其妙的关联——二十一岁那年，因为割盲肠住院，医生走过来，护士走过去，病房除了那些偶尔出现的穿着制服的医护人员，一切几乎都是静止的，像个活棺材。修养期间，为了打发那磨人的时间，母亲买来颜料，让马蒂斯信手涂鸦——这或许比躺在床上瞪着眼睛看天花板更有益于创口的

红裤子女人　90×65　1922年
法国巴黎现代美术馆藏

恢复——药瓶子、药盒子总给人以冷漠的感觉，而颜料唤起某种知觉和欲望——马蒂斯一下子觉得，画布和色彩，使生活每日重复的阳光变得璀璨起来。

他停不下来了，画画有种诱惑，让马蒂斯欲罢不能。他无法再回去安安静静地研究法律、接案子，在那些社会界定的准则中找空隙，周旋在法律和顾客之间，为顾客争利益的同时也给自己争利益——不想在这个常常将法律玩得像妓女一样的职业中沉湎、找银子——尽管许多羡慕的目光常常围住这个职业——马蒂斯心中模模糊糊地希望找寻的那生活的安乐椅，在律师楼和法律文件中是找不到的。

——要不，就去学艺术？

当马蒂斯告别律师职业，拿起画笔准备做一个专业画家时，父亲——爱弥尔·马蒂斯打心眼里想不通和不愿意，对一个正统而普通的家庭，绘画不能算是一个正当的职业，尽管如此，父亲还是尊重了马蒂斯对生活的选择，同时，也暗暗想过：等儿子画腻了，或者画不下去时，再让他回来好了。

老马蒂斯送儿子去巴黎学画，他在经济上默默地支持已经成年的马蒂斯十年——父亲尽了他力所能及的责任。马蒂斯的母亲，是个既良善同时又很好艺术资质的夫人，她买来颜料让马蒂斯在病房里画出自己最早的作品——这一切对于后来成为二十世纪无可争议的艺术大师马蒂斯来说是多么幸运？倘若老马蒂斯固执己见，一叶障目；倘若母亲不善解人意、势利、粗俗不堪；倘若马蒂斯出生在一个买不起画布和颜料、饥寒交迫的家庭；倘若马蒂斯既有理解他、爱他的父母，也有优越的家境，却资质贫庸、没有才气——艺术史当然会改写，冥冥中偶然的现象总有其必然的理由。

……

马蒂斯拿起铅笔，对准石膏像又量又比，他画得很慢，思考的时间远多于动手的时间，画面上，有时候就一直是那么几个点，也许是法学院的教育，让马蒂斯理性地面对一切客观的对象？他更希望在本质上真正理解人体结构的原理，啊，人体！这一切是如此地和谐，是那么准确无误的和谐！眼轮匝肌、咬肌、胸锁乳突肌，没有商量，骨头连着筋，连着肉，这个完美的架构传出生命的信息和热能，传出生命的欢唱与运动的韵致——结构、块

梦 1940年

面、体积、明暗、过度、调子——然而，希腊雕塑翻成的石膏像这时好像失去了人体所应有的生命与灵性，反而僵僵地，成为一个工具——几乎所有想进入巴黎艺术学院的年轻画家们，就这么呆呆地磨着、修改着——从一开始，眯着眼睛，用铅笔尖做衡量的点，描着、算着，以最浅的B铅笔打直线轮廓，不时用干面包或是橡皮擦去画错的轮廓线，再不断地慢慢加强画面的调子，到最后，石膏像鼻子是鼻子、眼睛是眼睛那样从纸上鼓起来、跳出来——这往往要画几个星期。马蒂斯是用功的学生，该画的一笔不少，铅笔从软到更软，磨、留白、用白色的笔擦亮高光部位，把调子慢慢拉开来，让暗部更暗，亮部更亮——手没有初学画画的孩子们那么灵，那么巧，毕竟，马蒂斯二十多岁才来到石膏像前画素描，但马蒂斯不服输，我不要画得漂亮，我要真正理解，最后，我会把这个框架在画熟以后再画生，然后……再彻底甩掉！

艺术创作的那么点秘密，让马蒂斯在学生时代就学会用自己的眼睛观察，用自己的目的画画。

法学院的毕业生在第一次艺术学院的入学考试中被刷下来，这滋味不好受，可马蒂斯好像没有感到什么不快——学校的石膏像旁边，马蒂斯仍然在"磨"——冬天，握铅笔的手冻得直哆嗦，而石膏像仍然是石膏像，冷冰冰的，它呈现的是造型艺术类乎科学的准确，学院派约定俗成的方法公式，全然将古希腊雕塑外在的和精神的诱惑放在一旁——学院描摹要的就是照本宣科。

弹琴与下棋　79×92　1924年

马蒂斯就这么一遍一遍按照"公式"演算着，不厌其烦。

没考上艺术学院，再加把劲——马蒂斯的自尊心没有受到太大伤害，因为放着好好律师的职业不干，却半路出家，从基础开始学，学这不知道什么时候才能看见曙光的绘画，对马蒂斯来说，这本来就是一种人生的冒险，马蒂斯离开自己家乡的那一刻，已经明白并做好了一切心理准备。

马蒂斯是第二个年头才名正言顺地坐在巴黎美术学院的教室里的——在当时已经很有名声的、象征主义画家莫罗教授的指导下，马蒂斯很快就进入状态——莫罗教授的方法是因材施教，在对博物馆的优秀作品学习过程中，在个人艺术创作实践中，找出契合自己个性的方法和手段来表达，来创造。莫罗的班上，不乏优秀的学生，如卢奥（Georges Rouaullt）、卡莫恩（Charles Camonin）和格林（Charles Guerin），这个班好像就在为不久后法国画坛出现的"野兽画派"做前期的准备，马蒂斯和这些同学们一道，在对色彩语言的深入研究中，找到通往"野兽主义"绘画的通道。

对印象主义，特别是对莫奈、雷诺阿和塞尚，马蒂斯表现出由衷的喜爱与尊敬。他曾经用自己并不宽裕的钱购买塞尚的油画作品，并和雷诺阿成为交谊很好的忘年交——尽管雷诺阿大马蒂斯二十多岁。塞尚对绘画本质性的认识和莫奈、西涅克、毕沙罗对色彩的外在捕捉，都深深启发了马蒂斯。对色彩本体价值的追寻，伴随着马蒂斯一生的艺术实践——在西方绘画上印象派画家发现外光的变化之后，将色彩变为一种语言要素，来表达思想和情感者，马蒂斯是当之无愧的第一人。

在其早期作品《餐桌》和《餐末甜点的自由临摹》中，我们所看到的文质彬彬、行为举止就像一个地道的法国绅士的马蒂斯，并没有太出色的艺术资质，它们没有显现出马蒂斯的特质，直到一九〇五年的独立沙龙展出的一幅《奢华、宁静和愉快》——这幅近乎印象派点彩或是镶嵌风格的绘画作品，一下子展示了马蒂斯的色彩才华，他借用法国诗人波特莱尔《请上旅程》中的诗句"啊，唯有秩序之美，奢华、宁静、愉快"作为题目，画面构成的色彩视觉效果和画外的寓意，向观众明晰地表白，我，马蒂斯，来了！画上，马蒂斯的不安分已经渐渐显露，尽管作品还是多多少少见到塞尚和西涅克的影子，如构图看得出是来自塞尚的《浴女》，色彩的点法像西涅克，然而马蒂斯从本质上离开了塞尚对绘画结构的解析和西涅克对色彩外在的诗化钟情，将这两种要素分别强化与分解，还原成为马蒂斯绘画的血和肉——这里，秩序是马蒂斯要的秩序，奢华是马蒂斯要的奢华，宁静和愉快是马蒂斯所赋予的、主观的宁静和愉快——马蒂斯的聪明之处是他在心理层次上，破译了绘画艺术美之宁静和谐、冲突、平衡、扩张这些谜语，并将它们删

蓝色裸女　剪纸　1952年

奢华、宁静和愉快　98×118　1904年
巴黎奥赛美术馆藏

繁就简，对个中的精华再进一步加以体现和论证。

——平中寓奇。

——小中见大。

——平凡、通俗里呈现超凡脱俗，这就是马蒂斯绘画语言所给予我们最简朴和最卓越的真理。

　　然而，艺术真理的揭示远没有科学论证那样显而易见、合情合理，马蒂斯苦心经营的绘画模式和他同伴们的绘画一道，被评论家沃塞尔（Louis Vauxcelles）送上一个特别的称号"野兽画派"——这个奇妙的名字，在沙龙传开来。算一下，这个称号诞生于一九〇五年，尽管马蒂斯已经是位功成名就的画家，但并不代表他在绘画舞台和社会舞台上能同样得到百姓的鼓掌——还不止是老百姓——名声赫赫的《纽约时报》，曾经在一九一三年二月二十三日这样评论马蒂斯和他的作品："首先，我们可以说，他的作品是丑陋的。它们粗俗、贫乏，它们以其非人性的特点令我们反感"——当美国著名的军械库画展上挂着马蒂斯的作品时，芝加哥艺术学院的一些教师和学生们，还焚烧了一批摹拟马蒂斯作品《蓝色裸体》的画作。

　　戏过了！

　　这对于《纽约时报》，是个多么不体面的败笔！对于芝加哥艺术学院，和在学院里面拿薪水混饭吃的教授们，这也应该是一个教训和提醒——艺术，绝不会按照任何约定俗成的方向发展，不会以一个社会爱好的标准发展，更不会按照某个人的要求发展——艺术按照自己的规律发展。

　　对这一切，马蒂斯常常搓搓两手，耸耸肩膀，下意识地将那著名的圆眼镜往上推推，扶正。

　　——他无动于衷。

　　——他没有丝毫的妥协与彷徨，对绘画的钟爱，让他将一切世俗的价值判断置之度外。天降大任于斯人，绘画是马蒂斯朝圣的麦加，色彩是马蒂斯宗教的经文——马蒂斯只能全身心投入自己的世界，自己美丽而光芒四射的世界！

——马蒂斯，你唱吧，你跳吧！

"一位具有创作经验、对艺术法则有基本了解的艺术家，能够比其他人更早地发现天才。他体会到束缚自己手脚的精神桎梏。……天才的职责就是开辟崭新的美学视野，他好像有一口比别人长一些的气，用这口气，他轻而易举地达到了更高的能力巅峰，当别人哑然失声时，他能滔滔不绝"（希拉·雷贝《非客观之美》）。马蒂斯和他的画友们一起为"野兽主义"打下江山，画友们也风云一时，画出他们艺术生涯中最精彩的作品，同时，也为自己设立了不可逾越的峰峦，画家德兰、弗拉曼克、凡·东根和马尔凯——他们挥舞着野兽主义旗帜的同时也钻进了自己形式的圈套，但马蒂斯不是，对他来讲，"野兽主义"绘画只是给自己一个精彩的序幕或是一个扎实的奠基，由此起步，逐步走向自己艺术的辉煌——马蒂斯在这个画派里面不算年轻，但他卓越的才能与智慧、持久而冷静的内省，被自觉不自觉地推为当然的领袖，成为二十世纪当之无愧的大师。

艺术史上不无先例，如果是一位开创先河的人物，往往要忍受许多不堪忍受的、世俗审美阵营的数落、批评甚至是迫害——当艺术作为人类文明的范式，对未来进行美的预言和假设时，艺术家第一重要的素质

粉红色裸女　66×93　1935年
美国巴尔的摩艺术博物馆藏

便是对信仰和追求的矢志不渝——金字塔由下往上，逐步递减，越往上便越是"独上高楼望断天涯路"，越往上便越是"高处不胜寒"，马蒂斯从容、冷静，以最佳的角度，攀上金字塔的尖端。事实上，马蒂斯每一步探索的足迹都踏在古典艺术文化悠扬的基调之上，很长一段时间，马蒂斯沉浸在卢浮宫内，小心翼翼地临摹着卡拉瓦乔的《打猎》，临摹着普桑的《纳尔西斯》，他花了整整六年时间，临摹、研究夏尔丹的作品，所谓"野兽主义"恰恰是马蒂斯在传统绘画的基础上，对色彩革命性的提炼与发挥，于是，一石激起千重浪——那些色彩斑斓的作品引发了西方现代艺术史上的一次激越的喧哗与骚动，引发艺术保守主义阵营的恐惧与围剿——那幅《带帽子的妇人》，整幅画面的基调就像一个爵士乐处处充满不和谐的旋律，妇人的帽子和上衣，分明被画家狠狠地夸张了——马蒂斯干脆用上了黑色，妇人的脸简直是"青头紫脸"，鼻子侧面的背景部分，马蒂斯用了大块的灰色调子，一眼看过去，脸脏脏的，法国夫人那典雅的外在风华不见了；同时期的另一幅肖像作品《马蒂斯夫人》，背景也就是几个单纯而强烈的色块，夫人脸上，被马蒂斯一阴一阳化为两个截然冲突的版块——结构是生硬的，像建筑的棱角——暗部不可思议地涂了鲜绿刺目的色块，粗粗挥出的笔触，将世俗夫人的那种蕴含着巴黎风花雪月的雅致与温情撕破了——这已然不是一个传统概念上的肖像画——这对马蒂斯不重要，它无非是个载体罢了，马蒂斯想要红则红，想要绿则绿，想要灰则灰——在这个意义上，马蒂斯比塞尚、高更走得更远，塞尚在故乡的圣维克托山和静物的秩序里面思考，高更则将南太平洋野性的风情作为借口来顾左右而言他，而马蒂斯不然，他的妇人像、女人体、餐桌、画室，一朵玫瑰，几条金鱼，或者是一块摩洛哥地毯，一个中国青瓷花瓶，其根本上的作用和价值完全一致，它们成为马蒂斯美之理想方舟，向画家内心深处的彼岸，自由、浪漫、快乐地航行。尽管，这种因素往往掩饰在客观现实形而下的面具之下，这种大胆的超越，为马蒂斯日后彻底地、无拘无束地翱翔，打下了深深的伏笔。

《带帽子的妇人》、《马蒂斯夫人》及马蒂斯为自己画下的许多不同时期、不同风格的自画像——如果我们把这些作品称为肖像画的话，马蒂斯在这些画作里很好地阐明了他对肖像画的基本见解："不，我很难得画肖像画，假如我画肖像画，也只运用装饰主义的风格去画。我不能以别的方式去看他们"，"我着重考虑的是色彩的和谐，同时，也考虑构图的和谐……一

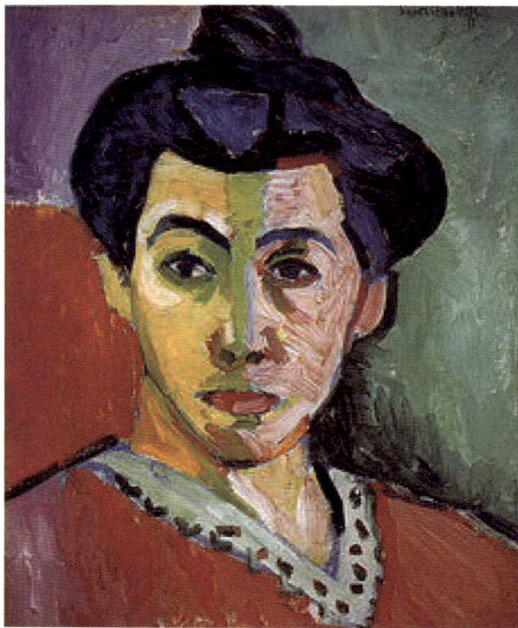

［右］戴帽子的妇人 79.4×59.7 1905年
［左］马蒂斯夫人 40.5×32.5 1905年 丹麦哥本哈根国立美术馆藏

对话　117×217　1909—1912年
俄罗斯圣彼得堡博物馆藏

位真正的美术家不能看到不和谐的色彩"——其实，在构成的基本面上，除了色彩和谐、构图和谐，还有造型意识，线条有情感的内在语言，哪一种不和谐能逃得过马蒂斯那敏锐的眼睛呢？

马蒂斯从生活最基本的层面，找到自己的题材，他出生在北部，但一生的绝大部分时光是在法国南部的尼斯度过，南部火热的太阳往往造就马蒂斯宽容、快乐的心性——有人说过，马蒂斯是一位歌唱欢乐的画家，即便在生活艰难的年月里，马蒂斯也从未放弃过自己的艺术准则而迎合世俗的审美习尚——尽管对一个画家来说，迎合，往往就意味着讨人喜欢，讨人喜欢当然就会在世俗社会混得自由自在——马蒂斯在自己绘画的世界里自言自语，没有什么可以或不可以，那些乡下女人花花绿绿的披肩、高高的棕榈树、小鸟、金鱼、木制的百页窗、地毯、水罐——这一切寻常生活的杂琐，在马蒂斯的手里总能放出惊人的美的能量——马蒂斯曾经为俄国作家爱伦堡画过三次肖像，当时已经七十多岁的马蒂斯依然对生活充满热情。画着肖像，画家对作家这样说道："我在被抬到手术台上的时候曾经暗暗地和生活说了再见——不料奇迹发生，生活给了我第二次机会——这次是附加给我的生命，因此，您知道，我现在对一切都充满着喜悦与感激，对人、对树、对颜色……我认为，诗人很像画家，绘画说到底就是对生活的赞美与热爱。"

爱伦堡和很多画家都有过深厚的友谊与交往，马蒂斯对这位来自俄国的作家也早有耳闻，当他画爱伦堡时，更想挖出深一层的心理因素——他随心所欲画着心中的爱伦堡，前前后后不下十几幅——这是头、眼睛、嘴，加上我对您的理解——还有，还有您的思想——我画我感到的诗人爱

蓝衣女子　92.7×73.6　1937年　美国费城美术馆藏

［上］红色的鱼和雕塑　1911年　［下］还有卧铺的生活　1940年

伦堡。

　　画着爱伦堡的同时，马蒂斯滔滔不绝聊得挺痛快，其实，在画所有模特的时候，马蒂斯几乎都一边工作一边谈话——按照自己的喜好谈话、观察、写生。爱伦堡问过马蒂斯，为什么那么信仰写生？老画家微微一笑，缓缓说道，我一辈子都在学习，而且现在还在学习辨认大自然潦草的笔迹……

　　马蒂斯委实聪明，在线条飞舞的后面，他十分勤恳地做着雕塑，用手触摸黏土的同时，马蒂斯寻找的是对人体和造型结构的本质性的思考，这是马蒂斯对艺术语言的有质地的选择——雕塑给他提供对三度空间的深刻体会和再认识，他将黏土随机地变形，收缩与伸展，做加法，也做减法，也正是因为对体积的了悟，他才能在最单纯的画面上做到丝丝入扣、毫厘不让，"我既考虑色彩的和谐，也考虑构

有埃及花布的室内　116×69　1948年　美国华盛顿私人收藏

图的和谐，对于我来说，素描是一种能够用线条单纯地表现自我的艺术。当一位画家或者是美术学校的学生小心翼翼地画素描、画形体时，结果往往是产生一种图形——一个没有感觉和情绪的图形，一位艺术家的眼睛不能看不和谐的色彩，否则，他就不是一个真正的艺术家，形式，制造形式的秘诀，是艺术家的隐私，一个美术家应该具备那与生俱来的资质——和谐，和谐，和谐！他不应该复制墙壁或者是桌面这些表象的形状，而是在表现色彩语言的过程中，表现和自己情感相适应的和谐，最重要的是要忠实于自我的感觉，而不在于一种表面效果的疏密、对称，不在于形式上的精简与繁复——艺术表现方面的千军万马如风卷残云固然不是个易事，那么，精简更构成表达上的高难度——马蒂斯在艺术疆场的另一端，用最简洁的方式，以狮搏象，它延伸了源自古希腊美学的伟大天质——高贵的单纯，静穆的伟大！

马蒂斯线描作品

......

在批评家和社会对"野兽画派"粗野的嘲笑和讨伐中，马蒂斯一如既往、或是更加深刻地反省，寻找着绘画中单纯与准确的因素——那个时代，印象派画家对日本绘画学习的风尚依然潜在地陶冶着年轻一代的探索者，马蒂斯对东方艺术的神往从未停止过，东方艺术文化给他提供了一个观察角度，即对客观外象的超越和对内在世界的心灵探问，在这个意义上，中国古代的哲思对马蒂斯的启发不容忽视——他曾经花了大笔银子，购买中国明代瓷器，这对于马蒂斯而言，绝非是在闲情逸致的驱使下，用来放置在客厅某个角落附庸风雅，来炫耀对一种古老文化的浅薄理解——他对这个巨大的、谜一般的文化作了自己局限性的透视后，提出一个大胆的假设和预见——中国艺术"给予空间"——中国艺术和日本艺术的深层区别正是在这种"给予空间"与否！这个"空间"给中国绘画艺术广阔的审美境界，使它们在艺术精神的诠释上直达中国哲学深深的腹地，而这个艺术，又反证了中国哲学以天地自然为基本原则的、形而上学的精到、准确、单纯、丰富、和谐与美——于是，马蒂斯拿起毛笔来，用浓黑的墨线在洁白的纸上索魂！

　　他甚至一下子放下了从野兽主义以来得心应手的色彩，放下油画，放下版画，以一根无始无终、无时无空的线条在有形无形的世界里游动——线条，成了马蒂斯艺术的血管，那生机勃勃的吐纳，包涵着生命起伏最美丽的节奏，如汁液一般流淌，它将毛笔柔韧的锋毫和形体建造之间的大厦从容地建立起来——形乎？像乎？线条、色彩、空间、造型、速度、变化，激烈地涌动和静静地守候；西方的方直和东方的圆通；生的喜悦和死的恐惧；机械的、物理的、心灵的、血肉的——马蒂斯想以一记本质的鞭子，抽出大美的符号——"藉由我，应该使这个世界的人类能启示出清新的美来"。东方五千年神秘主义的营养在法国画家的胚胎里催发出生命鲜活的柔芽——马蒂斯从不回避东方艺术对自己的影响，过了很多年后，马蒂斯在回忆当年对自己的色彩观念有极大影响的日本浮士绘时说道："色彩存在于本身，也为本身而存在。它有自己的美——这是日本浮士绘揭示的真理……当时我心中了解到，可以直接处理表现性丰富的颜色，而不一定需要它具备一种描绘的功能，当媒材越纯粹时，它的表现张

蓝桌子上的静物
116×89　1947年

力就会越强烈，就会越直接"，这里，与其说是东方色彩方式引起马蒂斯对单纯的直接省悟，倒不如说是东方神秘的哲学思想和宇宙观对马蒂斯的催生，谁能否定，马蒂斯那著名的《舞蹈》和八大山人的荷花没有一种内质上的亲近呢？大音稀声，大象无形，在法国画家的作品中找到最恰如其分的对位——《舞蹈》画面上的人体的活泼、欢快，和背景那沉着、稳定的色块互相形成张力，让画面在绝对静止的状态下剧烈地旋转起来，让马蒂斯艺术的神采在喃喃细语的表述中突然发放出惊人的、无休止的能量，那五个有着地中海肤色的人体和深蓝色背景之间所谱出的生命语汇不就是芸芸众生内在欢乐的咏叹？这一切又岂能是那些自以为是、将一个带着艺术家不懈追求称为"野兽派"的评论家所能理悟？这些饶舌的家伙们只配在艺术家盖棺论定之后，翻看资料，照本宣科写点不关痛痒的回忆而已。

……

比之《舞蹈》的欢快、狂放与跳跃，《音乐》则平静安和，有一种静则生灵的美感——构图依然简洁，大的色块对比，突显出粉红的基调，五个音乐家闲散而错落有序地落座，看似漫不经心却有十分紧密的节奏关联，它们所形成的律动让画面产生强烈的视觉形式美感，静和动这一永恒的矛盾对立与统一，被马蒂斯表达得精彩、传神，在

巨大的尺幅里看起来轻松优雅，这徐徐的语调背后，正是马蒂斯学者式理性森严的逻辑制约，他绝不随意浪费任何感情的元素——除非合符他要的那个理——"形象占据的位置、形象周围空白的空间、比例关系，每一样东西都有它的价值，构图，就是画家为了表现自己的感情有意识地使种种不同的因素，依装饰的方式安排在一起的艺术。……画面上，绝无可有可无的东西，不是有利的，便是有害的，一件艺术品应该在整体上和谐一致，任何多余的细节都会影响观众心灵对主要部分的领会"。

——马蒂斯，瞄准绘画美学单纯、准确的靶心，一箭中的。

"妩媚、轻松、愉快——这些都是瞬间的感觉，瞬间的感觉和连续性结构构成了生命与事物的表面存在，并不断地修饰变化，在这瞬间的连续性下面，一个人能够寻求更加真实、更为本质的特征，艺术家需要捕捉到这种特征，从而对现实做出最永恒的解释"——马蒂斯的《奢华、宁静和愉快》在

华丽　209.5×138　1907—1908年　丹麦哥本哈根国立美术馆藏

一九〇五年沙龙展出以后，很长一段时间中，马蒂斯陶醉在这种田园牧歌式的绘画构成尝试中，这类题材可以上朔到早期威尼斯画派、普桑、马奈和塞尚——如果说马蒂斯的《奢华、宁静和愉快》，是马蒂斯在田园风情式绘画的表现上初试啼声，那么，他的《生活的欢乐》便把人和自然相亲相依的关系加以进一步赞美和讴歌，这里，他把点彩的技巧取消了，取而代之的是一种如中国画写意的手法，将人和树和土地和蓝天加以组合，它们在画家主观的点化下，改变了原有的属相，成为整体的抒情诗篇，成为音乐的符号，成为绘画点线构成的度与阶——那田园生活恬淡与倦怠情调，好像法国诺曼底的民间小调，随意而情味油然——这幅作品是马蒂斯自己搭在西方古典绘画和小调艺术之间的一座桥梁，他让自己对小调艺术研究和传统艺术语言发生关系——大收藏家格特鲁德（Gertrude）和斯坦因（Leo Stern）独具慧眼，在马蒂斯这幅作品展时即刻买断。

马蒂斯在《生活的欢乐》中的美学追求，在另一幅作品《开着的窗户·科列乌尔》得到更深一步的推进，在此，马蒂斯省却了田园诗那文学性佐料，将自己逼进"窗"这一框架之中，将外部世界的灯红酒绿万紫千红纳入这"一孔之境"，包容和压缩了外在五色的喧闹——漫不经心打开来的窗，透过窗看出去，桅杆、船帆、彩云——马蒂斯把窗里面的内容和窗外的存在凝练，这一片彩色的迷蒙被画家狠狠地镶制在一个近乎平面构成的绘画形式结构里，色彩自身和点、线、面的作用是一箭双雕——离开灿烂的语言，这将是一幅枯燥乏味的线条框架，反之，离开线性语言结构，这也一定会像印象主义画

家中那些不负责任、为色彩而色彩的炫耀——马蒂斯将二者的长处信手
拈来，淡然一笑。你纵然有千变万化，我自有一定之规，你大千世界热
热闹闹，我马蒂斯有一支恬静而严格的画笔……这窗户还是有窗户的作
用，窗框还可以看出窗框的名堂，而在《红色中的和谐餐桌》里，那置
于画面右上方的窗就完全没有"窗"的意义了，它几乎就是一幅挂墙上
的油画作品，那灰黑色调和上端妇人黑色的上衣形成呼应，在一片火红
的色彩里安安静静地存在——马蒂斯在这幅作品中对色彩的把玩可谓到
了炉火纯青的地步，纯粹的颜色听从主人随意的召唤，坐落于最准确的
位置上工作着——妇人的金发和椅子座上的黄坐垫、桌子上散落的果子
构成一种变奏，在红色的主体旋律中悠然响了起来——不难想象，马蒂
斯作画时那分欢快的心情，或许，他握着调色盘的同时，在听莫扎特的
弦乐？

　　色彩造就了马蒂斯，然而，马蒂斯同时也似乎潇洒地把色彩在绘画
中约定俗成的戒律肢解、打破了——这在马蒂斯为法国象征主义诗人马
拉美的诗集作插图时充分显示出来——马蒂斯破坏了三度空间的概念，
向平面构成迈开步子，尤其是他在为伟大的爱尔兰作家詹姆斯·乔伊斯

和波特莱尔的诗歌作插图时，马蒂斯将这种空间随机性和色彩注入有机的生命，成为一种独立存在的语言风格，他将许多潜在的符号动员起来（如中国的青花瓷器或是阿拉伯民间挂毯的图案）——他的《爵士》，几乎全部用的是原色，红、黄、蓝、绿、黑、白，单纯的色彩构成下意识纯美的和弦，似是而非的人体符号却让人觉得合理，觉得非如此而没有其他更好的选择，简洁却恰如其分——这也论证了马蒂斯那精彩的名言，绘画中绝无可有可无的因素，不是有益的，就是有害的——这种有益，是马蒂斯手、眼、心、胸和外在世界的完美凝聚——插图的尺幅，丝毫没有让画家创造热情和激动的喘息有任何阻碍——他将巴掌大的纸也当成一个无边的世界，自己的责任就是自在地存在、自在地表达与陈述——艺术无大无小，只有浅薄与深刻，只有好和不好——甚至，当马蒂斯应邀为宾夕法尼亚的巴恩斯基金会作典型壁画《舞蹈》时，那种和《爵士》类似的随机性并没有和画插图有多大区别——三个窑孔一般的弧线，紧紧抱住那些唱着歌的人体，三个部分形成三个自转着的团块，又随着马蒂斯的指挥棒尽责地相互发挥作用，人体周而复始运动，做生命妩媚的体操——这人体不就是马蒂斯么？不就是唱着、跳着，留下银子般光闪的欢歌笑语的马蒂斯么？

……

最后，让我们再随着马蒂斯的色彩、马蒂斯的线条，去法国的旺斯，去看那留下马蒂斯艺术精魂的教堂——那留下马蒂斯一生艺术探索精彩华章的教堂，那个马蒂斯苦苦思索和工作了十多个年头的教堂，这里，马蒂斯在自己艺术的最高处，找到了宗教精神的理想升华。

马蒂斯给父老乡亲交答卷，交一份自己作为艺术家的答卷，交一份带着自己对法国文化深度理解和喜爱的答卷，交一份自己在艺术深深的海洋里搏击风浪，然后找到一个充满生机，满是淡水和食物的生命绿岛的这样一份答卷。

——《圣多米尼克的肖像》——冷静精良的线条组诗——

——《苦路十三处》——马蒂斯随手采下苦涩的花瓣，苦涩中青甜如菊

爵士　42×27　1943年
英国伦敦国立博物馆藏

住在房子里的沉默　61×51　1947年

花的芬芳回味。

——黄、蓝、紫、绿，四色建构的彩色玻璃，是马蒂斯镶在色彩中的橄榄树——和平才是美的真谛——冉冉上升的力量，宣示着生存境界中永无休止的、善的召唤——

——《生命树》，黄色的昂扬，激荡起一片片青紫色的涟漪，哗啦泼出灵和肉喜悦的斑斓——随着正午慢慢热起来的阳光，紫、青，还有纯黄、随着阳光变成的橘黄，黄得厚实，而青和紫也愈发通明、清澈——在大理石地面上撒下诗行，谱写旋律——彩色玻璃幽幽的影子和洁白墙面上深黑色的线描呼应，加强了平面绘画语言的张力——

——教堂、墙面、色彩、线条和这不朽的生命树渐渐切换，化成贝多芬第九交响乐那般的雄伟和宽厚，将美和爱的本质一遍遍重复着，重复着……恍惚间，少年的马蒂斯，野兽主义时期的马蒂斯，雄心勃勃，企图用一根墨线捕捉美学精义的马蒂斯，还有，年老的、坐在轮椅上指挥着助手们将一块块抽象的色纸加以组合的马蒂斯——他——马蒂斯——他们——那些艺术最忠实、最优秀的儿子们，还有我们，还有享受着美，爱美的那些所有有思想有血肉的生命，唱起来，唱起生命的欢乐颂——

病魔企图压倒这位八十来岁的老人，但马蒂斯没有吃那一套，他在生命的最后一刻，依然愉快地、聪明地工作着，马蒂斯没有办法离开轮椅走路——没关系，站不起来我坐着，躺着，手的长度不够？我还可以把画笔绑扎在棍子上，木棒延伸我的手，延伸我的心绪——马蒂斯工作的热情没有被体力所限制，和二十来岁时没有太大区别，他是属于艺术的，艺术不让他老！颤抖着的手或许拿不稳笔，可他仍旧可以将自己彩色的幻象在刀剪下随意呈现——带着理想和创造的翅膀。

[右] 金鱼 140×95 1911年
[左] 圣母颂 147.3×94.3 1914年

游刃有余。

单纯高贵。

——马蒂斯，你唱吧，你跳吧！

在黄色前　116×81　1946年　法国巴黎蓬皮杜艺术中心藏

卢梭

——卢梭在《狮子进餐》中梦游——血腥被置换成诗意盎然的夜曲，黄花和白月亮唱着和声。

——卢梭在《袭击野牛的老虎》中梦游——生死搏杀的嘶吼也成了悠扬感人的牧歌。

——卢梭在《有猴子的热带丛林》中梦游——兽的世界也满是人性的绵绵情谊，那颤动着的红叶和绿叶舞着摇着——风也和水也兴。

——卢梭在《被豹子袭击的黑人》中漫游——袭击不过是个自我设置的借口——只是游戏——这更像一个华尔兹，生机勃勃的树毫不吝啬地舒展那美人般的腰肢，排排站着撑起卢梭绿色的理想，一轮红日嫣嫣爬上天幕，悄无声息地浅唱低吟……

——卢梭在《梦》中漫游——这是梦的天国，这是天国的梦。

Henri Rousseau

Henri Rousseau

他没有学院画家那种洋洋得意的自信，但他却把着生命最真切的脉搏，贴着生活中最坦然最平凡的层面，并在这些看起来毫不奢华毫不惊人的图画里，自在地做梦，做自己艺术的白日梦……从家门口的小溪畔茫茫然走到屋后的山坡丛林——卢梭游荡着，带着个人美学的情怀，带着自己艺术的畅想——诗意地漫步游荡在他那理想、自由的天国，欢乐无边的天国。

——本书作者

　　那天，画家卢梭（Henri Rousseau）一不小心割破了腿——他平常就不是个很细致、生活很规律、很严谨的人，特别是不会善待自己的身体，能折腾就拼命折腾——当时，看着流着血的伤口，他皱皱眉头并没在意，流点血——止住——再流——就再止住，裹上纱布，过几天大概就会好吧？

　　他这样想着，该干嘛干嘛——画照画，琴照拉，酒照喝，一切都挺平静。

　　然而，事情没有那么简单，对平常人来说，这么一个简单的伤口，涂点

火烈鸟　114×163.3　1907年

沉睡的吉普赛女郎　129×200　1897年　纽约现代美术馆藏

酒精、红汞什么的，大概三五天或者再长点，一个星期就会好的，不过这次，伤口却没有给卢梭面子——它甚至准备将这个平常总是乐呵呵的、像个好好先生似的卢梭送到地狱的门槛——它就要成功了——先让卢梭伤口发炎、化脓——细菌快乐而疯狂地滋长、蔓延——"嗖、嗖"窜进卢梭六十多岁已经不能算是很健康的血管——让它们和那不断舒张收缩着的管子里闲散的血液拥抱、中和，最终，变成败血症。

那痛，那热乎乎跳着的疼痛，就不必多说了。

卢梭昏迷了，去医院的路上，他似乎还有记忆，脑子里面一片五颜六色的画卷——好漂亮的景观，像莫奈或是雷诺阿的画，颤颤地；还有那个自己

弄蛇女　169×189　1907年　巴黎奥赛美术馆藏

森林中的散步　71×60　1890年　苏黎世艺术馆藏

爱恋的、没事总板着一副棕黄色面孔——一个五十八岁的半老寡妇，清高孤傲，在卢梭面前总端着、撑着，像个二八年华小娇娃似的半老徐娘——卢梭第二个老婆去世以后，他基本上算是安心画了好久的画，鬼使神差地，碰上这么个女人——卢梭没少给她写情书，常常刚刚画完，手上还沾着颜料时便摸起笔写——还想尽量卖画赚钱好给她买贵重的礼物——他还想着一个可以讨他眼中这个美人欢心的招数——请同行们给这个别人眼里最多是个明日黄花的女人写证明，证明自己是个优秀的、出类拔萃的艺术家，他甚至想到和她结婚过日子，还想到应该有他们自己的一个孩子——然而没有成功，寡妇知道或者不知道——她知道卢梭迷上自己还迷得真可以，她不知道自己究竟是走到生活尾声的老妇人还是像卢梭信纸上面写着的——啊我那尊贵的女王，你高挑的秀眉让我激动你明艳的脸庞让我失眠我真想摸住你那美丽冰凉的小手……还有，我真想吻你那冷静的唇。

老女人不动声色——卢梭越激动她就越冷静——看着卢梭那种毫不世故的真情，寡妇玩起了感情游戏，她要用"冷"来治热——情感的游戏原本没

有规则。

败血症飞快地给这段病态的爱情和卢梭惨淡的人生画上一个粗大的句号——痴痴单恋着的这个女人，都没有来看卢梭最后一眼——尽管，卢梭在生命弥留之际，还不时叫着这个让他昏了头的女人的名字。

卢梭死了，六十六岁，那些不知名的细菌或是病毒赢了这场小型战争——死后，还是伙伴们帮的忙——画家被草草葬在巴黎郊外的一个贫民的公墓。

那是一九一〇年九月，树叶渐渐变成中黄色或是暗红色，法国梧桐那肥大的叶子，则被镀上一层浅浅的棕色。

……

卢梭的头衔很多。

艺术史上，有人称他为超现实主义画家，有人称他为原始浪漫主义画家，还有人称他为乡土风俗画家、朴素画家、小提琴演奏家、作曲家、指挥家和音乐教授。对卢梭的绘画艺术成就，历来就有很大争议，褒者，认为卢梭是二十世纪最伟大、最单纯的画家——这不光是绘画风格，还有他那做人诚恳、善良的态度——他开辟了艺术的新纪元；贬者，则认为卢梭是个技巧很糟糕的艺术骗子——那些神秘兮兮的画面是哪里的风景？谁都不知道，画家本人也未必说得出来是墨西哥或者是南美洲的什么地方，甚至没人知道在这个世界上是否真的存在那么些个地方还是仅仅是卢梭在画室中凭空捏造的风景。卢梭的生活和艺术一样神秘，很少有人能很清楚说出卢梭的生平，卢梭在生活中是个温和而简单的人（很多人当时觉得卢梭有那么点不够聪明），在艺术上，卢梭却总有一点仙风道骨般的出世和闲散；世态人情他不能算是很精通，除了画画，他也还能做到从善如流，身边总少不了那些喜欢艺术的美人

带着木偶的孩子　81×100　1903年
私人收藏　瑞士温特图尔美术馆藏

围绕，风流韵事不断但又是一个非常忠实于妻子的好丈夫——有一点可以肯定，卢梭不是传统意义上那种有师承的、坐在素描教室里面按部就班画五大调子三大块面，按照老师设下的规矩绝不越雷池半步的画家，没有科班的训练，多少让卢梭不那么自信，因此，即便卢梭作品卖了好价钱，甚至毕加索也来买自己的画，把自己捧得很高时，卢梭心里还是吃不准——也许这个艺术顽童是在和自己开玩笑——毕加索天性敏锐

岩石上的男孩　55.4 × 45.7
1895—1897年
美国华盛顿特区国家艺术馆藏

善变，什么事情都能干得出来——他在生活和艺术上似乎没有可以制约他的条规。这家伙可以将一个破铁罐子当成一件艺术珍品卖给一位阔太太——因此，他说自己是个杰出的画家没准也得打点折扣——还有一次，卢梭给人画像，主顾是个孩子，父母高高兴兴带来，坐定，卢梭左瞄右看，还拿着尺子比划了半天——可画着画着就变样了——对着眼前的模特，卢梭想到自己的艺术，想到自己一贯的、那种孩子般幼稚、朴拙的造形，卢梭真的没有少费工夫，背景上还画了一堆不知道是何处出产的巨石，昏黄一片，不注意还以为是中国古代那种黄巴巴的山水画中的怪石，同时，那画上画着的孩子看起来不像，一点儿也不像，结构不准确不说，那孩子被画得一脸苦相——最后结果是，父母非常生气，没等画完就带着孩子拍拍屁股走人——当然，他们也不会付一个法郎——他们怎么也不会想到，多年以后，这幅当年他们认为很难看的画，竟然会挂在美国的一家著名博物馆里。

那一刻，一面埋头画着，一面等着客人付给自己薪资的卢梭，多多少少有点茫然——虽然这人物肖像可能不一定很像，但你总不能说它不是一张好画，干嘛一定就要以"像"而不要以美为标准呢？那不也太俗了点？

客人哪管这些不好看不像，作为画家，你凭啥伸手跟人要银子？

卢梭尴尬地坐在刚刚画完的画旁边，今天看来又要挨饿了！

画面上，孩子那件有着黑白相兼条子图案的短裤，挺显眼。他看着画，陷入沉思。

绘画艺术的原理究竟是什么呢？

好看或者不好看的界定是什么？

弄懂这些基本的道理其实不是一个简单的事情，但是，懂也得画，不懂也得画，像"懂"一样画，好好画——既然准备当一个专业画家，绘画就只能是自己唯一的选择。

卢梭自己画画，一横心，便不在绘画理论那些紧箍咒中彷徨，该怎么画就怎么画，从心中自然而然出来，便是好画——卢梭这样要求自己，其实除此之外，他的画也真的没有经过什么理论锤炼——他心里常常纳闷，非得要那些人为的教条吗？

卢梭当过兵——据说还打过仗，举手宣誓当过海关的税收员——其实就是很小的职位，平常也就是向进城的农民收点卖青菜、萝卜，卖鸡蛋卖奶酪的一点点杂税，还不时被一起画画的艺术家们拿来取笑——他们总是喜欢正经地把卢梭叫做海关关长或者是海关大臣——

夏娃 61×46 1905年

比佛谷的春天 55×46 美国纽约大都会博物馆藏

为了生存，卢梭干过不少不同的职业，画过广告，画过肖像，当过抄写员，还卖过报纸——直到卢梭从海关退休，他想变成一个专业画家，但卖画不像当初设计的那么理想，他的活法也很多，画没有卖出的时候，他穿着整洁的礼服，拉着小提琴卖艺。他还成立过一个艺术专门学校，校长、教务和打杂的员工就是自己一人，专业倒有两个——音乐和美术，学音乐的没来，卢梭就操起调色盘，学音乐的来报到，卢梭则打开小提琴盒子，摆好放乐谱的架子——学校刚刚开张的时候只有两个学画画的学生，很虔诚、年纪也很老的学生——一位七十五岁的洗衣店的老妇人，一位八十出头退休建筑师，目的倒也单纯，他们从报名那一天起到离开学校，就没有想过将来出人头地，成为一个作品可以参加政府沙龙的画家，只想学些艺术欣赏的基本知识，一来陶冶性情，二则打发时光。

不管学生多少，卢梭还是煞有介事地教着，该画素描就画素描，该画色彩也让你打开颜料盒子，和着松节油掺合着，不管别的艺术学院如何教授，卢梭按照自己想当然的方法去教，或者是一边教一边学。

学校就那么一天一天撑着，老师白天教完学生后，晚上自己张开画布画画——画那些看起来并不很顺眼的人物肖像，画那些神话般的风景。

原先就是为了混饭吃的艺术学校，慢慢有了点眉目，除了画画的学生外，学习音乐的学生慢慢多起来，周末，他们凑在一起时，甚至像个

小型乐队，卢梭指挥自己的乐队时心里十分满足，学生和老师，更像一个自得其乐的戏班子。如果有观众，卢梭还会系上自己那黑色的领结，将小胡子仔细梳理好——让自己更像一个指挥那样指挥自己的乐队，至于办学方针和教学计划，卢梭真的没有多详尽的计划，自己想到的，就找块画素描的硬纸片，写好挂在门口，有学生就教着——只要学校有人来，便自然会有买面包的银子——能吃饱饭就能画自己想画的画——对画家来说，吃饱肚子就是自由的基础，而唯有这样的基础，才可能不去看那些画商和评论家的脸色——说穿了，不都是混碗饭吃？教着、画着，随遇而安、心情宽松，在原本让人不怎么欢乐的环境条件下寻求欢乐——不求闻达倒也自由自在。就这么着无可无不可的，卢梭一不小心竟然成了绘画史上的著名人物。

卢梭童年时，家境不错，母亲是个善良的、热衷于教会工作的家庭妇女，父亲是位生意做得还算成功的小商人，经过长期打拼、积累，有了自己的一家五金店，还有一些地产，然而这一切到卢梭七岁那年全部改变——父亲投资房地产失败，为了偿还债务，全家不得不搬出自己的房子，一夜之间，一个诺曼底的小康之家竟然没了自己栖身的住所，这对于小卢梭不能不说是个很大的打击——离开自己熟悉的生活环境、一起玩的小朋友，甚至不能再穿着体面的校服唱着歌去自己的学校——实验室，绘画教室，风琴室——这一切将不再名正言顺地属于自己，卢梭心理有很大的落差。

活泼的卢梭变得沉默、多思，成绩每况愈下。老师在课堂上所讲的，他一点也听不进去——除了音乐和绘画，他不觉得还有哪门功课有意思。

诺曼底那晴朗的天空看起来也总是灰灰的。

尽量躲开——躲开其他孩子们吃着好吃零食时那满足的笑声，躲开小朋友们互相炫耀着的玩具、时髦衣服和鞋子——这一切，卢梭曾经有过，也许比他们的还好，但这一切都随着父亲的失败而消失——对于孩子，尽管卢梭不是十分明白，但他必须接受——不过，小卢梭还是有自己欢乐的领地，他会在自己的作业本子上随手画画，画出自己喜欢的那个世界——人、动物、森林，还有山峰和海洋，在卢梭幼小的心灵世界，人和动物不应该不平等，不应该有差别，而应该和平共享大千世界的山河日月——他常常一个人到那个离家不远的林子中听鸟儿唱歌，小鸟的世界或许没有贫

足球队员　105×80　1908年
纽约古根海姆博物馆藏

富贵贱的悬殊——明亮的色彩和画面也常常让这个七岁的孩子忘记那些不应该属于他的烦恼。

——要是自己能够变成一个隐士，一个行者多好！不要见那些邻居亲戚，不要看他们那些世故的面孔，或者，变成像鲁滨逊那样，到一个自由的荒岛，自食其力，不和世俗的社会有任何关联，还有——能够画自己喜欢画的画，拉自己喜欢拉的琴。

母亲，总是卢梭最好的观众和评论家，她会大声夸奖自己孩子画下的那些天真幼稚的作品，她会鼓励卢梭拿起那个常常在角落中躺着的小提琴——她细腻而有教养，虽然不能给卢梭在物质或者其他方面更多，但母亲深信，孩子需要的是意志，是信念，是坚持不解的努力——母亲应该让自己的孩子相信自己能够成为一个有用的人。

生活看起来简单，却让这个失去经济来源和保障的家庭头痛不已——父亲成了一个葡萄酒推销员——他明白，往日的风华不会再回来了，人生是个残酷的赌博，当你花完口袋里面最后一枚硬币，没有下注的资本时，也就没有翻本的可能——活着，吃饭，没有什么其他用得上的专业能力，就推销酒吧——穿得齐齐楚楚向客人陪着笑脸，说着好话，殷勤地请买家尝酒，为的就是将那装在橡木桶中的葡萄酒卖出去，一点点佣金也还可以让家中妇孺老小吃上面包，人格？尊严？都见鬼吧——家庭的贫穷就是我这个当父亲的罪恶。父亲渐渐也变得贪杯——一醉解千愁，可惜的是，他往往在醉后不给卢梭好脸色看——卢梭喜欢画画，更让父亲恼火——还是务实点，将来你也要养家糊口，让你的老婆孩子吃饭！

这样的家庭环境，让卢梭很小就将自己想学艺术的梦想破灭——缴纳不起那学画的费用不说，将来靠画画吃饭也悬——谁都知道，画家总在贫困的阶层陶醉在自以为是的精神境界，成功者？少啊！没说的——甚至中学还没有念完，卢梭就得想法谋生了。

在巴黎西南一个叫昂热的地方，卢梭找到生平第一份工作——一家律师事务所。不久，卢梭受人唆使偷了事务所主人十五法郎，被发现，为了保护自己家族的声名和避开因为犯罪将要带来的牢狱之灾，卢梭只好选择当兵。有人传说卢梭所在的军队曾经到过中南美洲的热带森林，卢梭就在那里积累了日后创作原始绘画的一些基本素材——那些植物和动物，以至画家一直到晚年，仍念念不忘这些好似来自天国的图式——卢梭去没去过南美洲，从没听他说起过，但唯有一点，他不是个好士兵——他天性就不是个战士，对画笔他有与生俱来的热情，而对枪炮却全然没有兴趣——过一阵子，他从部队退伍，理由是为了照顾自己寡居的母亲——做推销员的父亲终于没有在经济上翻身，郁郁离开了人世。

卢梭进入政府的税务局，并在这个无关紧要的位置上做了二十二年，那漫长的

独立百年纪念日　111.7×157　1892年　美国加州保罗盖兹美术馆藏

岁月也让卢梭没能免俗，结婚，生子，养家，活命——政府那份微薄的收入也常常让卢梭和老婆孩子们过着十分艰苦的生活，卢梭孩子没有少生，但七个儿女真正长大成人的也只有三个。

二十多年如一日的机械生活，磨灭了卢梭的锐气，守在海关，他同形形色色从乡下来的贩夫走卒们打交道，和巴黎那死气沉沉的城市生活相比，卢梭还能看到一点生活底层乐趣——带着口音的乡下人，有自己在生活中寻欢作乐的方法——他们的俚语民俗，他们的豪爽和智慧，多多少少给卢梭一些启发，也给他一个仔细观察生活的机会和角度。薪水几乎全数交给夫人理家，工作不算繁重但确实无趣，下班后，偶尔剪剪房子周围的花草，修理一下门窗，把晚餐的剩菜埋在葡萄藤下，让它们来年更加肥壮——平庸的生活平庸的工作，平庸的每一个早晨和夜晚，构筑着平庸的年年岁岁春夏秋冬，一切不过就是机械

袭击 89×116 1910年 莫斯科美术馆藏

地重复——他也没有更多嗜好，除了周末带着画画的家当，去做一个周末画家——童年时代想当画家的梦想，只能在这个业余画家的经历中得到偿还。管他呢，业余就业余，当年的法国巴黎，这样的人不在少数，边工作边当周末画家，既能够对付日常生活用度，也能和艺术有点接触——后期印象主义的大画家高更，也是在做股票经纪人的同时，星期天和同伴们出去当这一类的业余画家，最终成为一个专业的艺术家。

随手在小本子上面画画速写——按照自己的绘画逻辑，想画什么就画什么，城墙、巴黎的老桥、路边的小树丛、咖啡馆，还有海关的同事、邻居、自己的孩子……不时就在卢梭的小本子上面出现。二十二年刻板的工作，使卢梭将那颗艺术的种子深深埋在心里，它只要有合适的水土和阳光就会发芽，就会开花结果，这一点，卢梭深信不疑，从不死心，总有一天，他会放下一切就去当画家——尽管他从未向海关同事们说过自己的心愿。

当他决心排除一切障碍，全心全意做一个职业画家时，已经是在他从海关退休之后，妻子终于也因为贫病离开人世——卢梭再也没有什么后顾之忧，人生一世，应该选择自己最喜欢的事业，哪怕你天性不足，哪怕你最终可能不成，但你试了，做了，短暂的生命将不再有遗憾。而对于卢梭来说，绘画，便是他寻找自己生命真谛的一个最准确的通道。

卢梭弄来一张政府盖了印的许可证，凭着这张纸片，他可以名正言顺去卢浮宫，并可以在那里支上画架，对着古今名作仔细临摹一番，这是对着真正大师的作品临摹啊！意大利、西班牙和法国那些古典名家，卢梭并不陌生，他在平常多少看过一些印刷品，可面对面的凝视总给他一个快感，这还不光是在观察上的方便，更多还是给他一种心理满足——在卢浮宫临摹大师作品，这是专业画家的事儿，我卢梭真正步入这个行业了！鲁本斯那肉乎乎、色乎乎的裸体身段，达芬奇那智慧和科学精神汇合着的绘画，普桑那

狂欢节之夜　107×89　1886年　美国费城美术馆藏

古典精神和气度，让卢梭深深感动着——这是人类文明史中最宝贵的财富，也是画家赖以创造和发展的根基——仔细地看，认真地想，还有就是不停息地画着——卢浮宫的观众看着煞有介事的卢梭，常常忍不住发笑——这个看起来已经有一把年纪的画家，好像非常专注地在临摹，但画面上，却根本不是那么一回事——卢梭完全按照自己主观的感受在临摹，管他是鲁本斯还是达芬奇，看看都像卢梭自己的画——笑？没关系。我就这么画，我眼睛看到的就是这些！我感觉到的就是这些——画家最重要的不就是感觉？

卢梭冷静地从博物馆寻找他所需要的东西——他不迷信权威，艺术就是艺术家对客观世界认知的一个管道，它有着极端的个人色彩，大师可以给自己以启发，然而却不能代替任何人用自己的眼睛观察世界——把他们拉下来，和自己站在一个行列，去学他们的长处，同时也发现他们的短处，卢梭甚至在自己的本子上写下这样的话——面对大自然的万千变化，我不觉得艺术应该有任何老师……

对着风景，对着人物，以主观的感受画画，创造属于自己的艺术语言——哪怕这或许是让人讥笑、让人不理解的语言。艺术家最大的优点除了不断创造自己的风格外还有一个最重要的资质，就是守着自己认定的目标坚定不移，自信，踏实，该怎么着就怎么着——别管别人怎么着怎么想。

苍天不负有心人——这个中年才出道的画家，竟然在短短的专业绘画过程中找到自己的方向，并画出一些足以让人刮目相看的作品。

印象派著名画家西涅克，很早就发现卢梭作品那独特的语言风格，他没有因为卢梭和自己作品完全不同的美学追求而存在任何成见，他明白，卢梭所追求的正是自己所不具备的东西——印象派外在的色彩浮华，特别是点彩那种技法上的机械模式已经掩盖了艺术的本真，对于一个画家，那种不加掩饰的淳朴和天真是多么可贵的资质！西涅克极力向画廊和沙龙推荐，法国著名的独立美展一八八六年第二届年展中，展出了卢梭的四幅作品，其中，卢梭早期著名的作品《狂欢节之夜》，让观众耳目一新，画面上，宁静的夜晚，两个身着传统服装的恋人，手挽手并肩走在冷月高悬的林子中，林子中的树，简单得让人看不出是什么树，多少还有点日本画中那些做装饰用的树——那对在爱的情境中缠绵着的人，是嘉年华会的演员？观众？或者是卢梭理想的人物？这些其实都不重要，卢梭并没有多费脑筋去告诉观者任何和艺术无关的"故事"——情节在真正的绘画艺术上原本不应该有多重要的位置——卢梭明白这个道理，他试图用一种单纯唯美的绘画风格打动人，设色几乎就是平涂——看不出任何色彩技巧，这在当时印象派如日中天的法国画坛也算一件奇事——画面渗透着一种悠扬辽远的清新气息，自然、朴素、简洁、美——够了，卢梭要的不就是这些因素？参加独立画展对卢梭是个极大鼓舞，更为重要的还是在《狂欢节之夜》的画中，他找到一个自己绘画精神性的东西，是什么？卢梭心里明白但嘴上没

法说出来——这种"说不出"的东西，一直在卢梭日后的绘画中不断出现。

卢梭出名了，影响还在不断扩大，尽管是毁誉参半——有人说巴黎将会出现一个真正的现代绘画巨匠，卢梭的画最终将和卢浮宫那些大师的作品媲美，也有人说，他只会画那种孩子似的平涂加勾线，换个方法他准完蛋，素描绝对不过关，色彩的构造也没有真正搞懂——但无论如何，名字传出去对画家就不是坏事，他的作品常常和雷诺阿、罗丹、劳特累克摆在一起，他还和德加相识，在一块讨论艺术，德加是个思考多过表述的画家，见面时卢梭总说个不休，他不知道德加已经功成名就，两杯酒一喝，云山雾海地，甚至好心地要为德加介绍一些巴黎艺术圈子的朋友，以便德加和他的作品在巴黎能够多些机会，但德加从不打断卢梭，有时候也不置可否地无声笑笑……这似乎也不错，如果卢梭真正知道德加在艺术界那大师级别的地位或许就不会那么自在——卢梭有时候就像个涉世不深的孩子。朋友们也常常给他忠告——不要随便去说教别的画家，特别不要给那些比自己名声大很多的大师去介绍什么机会和路子时，卢梭若有所思：这样好像有失体统，不过，大师也是人，不是吗？绘画不是大师的专利，同时，大师也会有画坏的，或是不如我的作品。

卢梭是个好好先生——艺术上他也不会和别人过多争执，他知道自己在干什么或是怎样干，生活上，他则更是能简单就绝不复杂，人活着，要好好活，按照自己的意愿活——不是自己打心眼里认为舒服的生活便多多少少有点问题，哪怕你腰缠万贯、富可敌国，但透过生活那光怪陆离的面纱，懂得这个道理的人不多，能够懂得或者按照自己意愿去活的人，则少之又少。

卢森堡公园的肖邦纪念碑
47×38　1909年
俄罗斯圣彼得堡冬宫博物馆藏

直到真正丢下一切，准备当一个以绘画为自己终身职业的艺术家后，卢梭才明白了生命的真正意义，他选择了一个最适合自己的职业和活法，因此，平常心——这变成卢梭的支柱，不患得患失，以艺术创造为生活的真正目的。在别人的眼里，卢梭多少有点不同，准确地说，一般人以为卢梭弱智——他总是自己琢磨着那些古怪的绘画还自得其乐——妻子死后的单身生活中，他则更加简单利落，不再去计较生活的柴米油盐，所有可要可不要的就都不要了——啃啃面包，随便做碗汤就打发了三餐，到了周末，偶尔熬上一锅子牛肉或是其他杂烩，狠狠吃一通放在床下，然后，就准备不动烟火——一锅子杂烩往往是卢梭准备对付下一周的食粮，然而，卢梭周围那些饿急了的艺术家，一闻到卢梭的小屋里面飘出肉香，便会一窝蜂上门，大块肉大碗汤干个净光——卢梭只好挨饿，他不会发牢骚，这些画家们活得都不容易，今天自己多少还有点，就大家一块对付吧。

卢梭的性格让他有了很多亲近的朋友。

他常常帮助别人也常常被别人捉弄，有时候知道有时候不知道，有时候就干脆知道装成不知道——他记得母亲常常教导自己的那句老话——你先让别人走一步然后自己再走。和画家高更相识以后，他从不掩饰对高更艺术的重视和对与高更友谊的看重——这家伙既不容易也不简单，这年头有谁敢真正放下世俗的荣华富贵不去享受而宁愿做一个穷困的画家呢？高更做了，有胆有识地做了，放下经纪人的好差事不干，抛妻别子就敢闯荡南太平洋的小岛采风，就凭着这一点，高更就应该是自己和许多艺术家的楷模，并且高更有着非常敏锐的艺术直觉和质朴、直率的表现手法，和他在一起时，卢梭常常满怀敬意，高更则不然，他觉得卢梭是个好人，也经常拿着卢梭开涮，捉弄卢梭。一次，卢梭正在画一幅丛林狮子和美人的油画，高更登门，面对卢梭还没有画完的作品，故作惊讶地夸赞一番以后，对着卢梭，面目肃然。

——尊敬的卢梭，你已经渐入佳境了！瞧那用笔，多帅！还有那女人的腰——胸部下面这根细线，下巴和鼻子的组合——这简直是个小夜曲的旋律。

高更言不由衷，他喜欢恶作剧，和画家梵高相处那一阵子，他没有少戏弄那个画疯子。

——谢谢，不过说真的，高更兄弟，我，怎么就自己觉得还是懵懵地找不着感觉呢？

——你在做一个伟大而严肃的艺术建设，昨天，市政府有人告诉我，他们准备找你去画一块巨大的壁画，好像就是要你所擅长的那种南美洲风景之类的题材。

高更说着，脸上挂着羡慕和尊敬的神色。

卢梭心里美滋滋的。第二天，穿上自己最好的那件粗呢制上装，将脚上暗红色的皮鞋擦了又擦，还好好梳理一番自己的头发和胡须——然后，对着镜子琢磨半天，想找到一点学者的感觉，以便自己在和政府谈壁画制作的条件时多点力度——打点好一切之后，出门直奔市政厅。

结果，市政厅负责文化和艺术的官员莫名其妙——这压根就没有的事，事情原来全是高更凭空编出来的故事——他真想看看卢梭信以为真的时候那副孩子气，或者是那分傻气——卢梭有模有样去市政厅时，高更和几个好事的家伙忍不住躲在边上大笑。

一次，邮差给卢梭带来一份请柬，发信人一栏分明写着法国总统的名字——一个以表彰和款待成功人士和艺术家为

一束花　61×49.5　1910年　伦敦泰特美术馆藏

主要内容的晚会——请大名鼎鼎的画家卢梭赴宴。

接下来，卢梭也是一番穿戴、装扮，拿着根拐杖又去了。

不久又回来——当卫兵挡驾时，卢梭还莫名其妙，向卫兵展示着请柬试图解释什么——当自己坐着车回到家里时，看着一屋子正襟危坐的画家——他们准备看卢梭回家那沮丧的表情——灯下，高更那个高高的红鼻子发出油亮的光彩，鹰一般的眼睛笑成一条细线——卢梭明白，又活活上了高更的当！自己也不觉嘿嘿直乐——这个倒霉的晚会从请柬制作到邮递，粗细活儿都出自高更画南太平洋小岛妇人的、那双粗壮有力的手！

——怎么这么快就回来了？总统的晚宴就这么简单？

——不，总统要我穿得体面一点下次再去——卢梭回答得郑重其事。

外人也许一下子就会明白——这不过就是个捉弄人的小把戏，而卢梭信，他不会想到人为什么会捉弄别人，更不信自己的朋友和自己敬慕的画家高更——他从不生气，干嘛呢？也不正是因为和自己近乎才会开玩笑嘛！穷欢乐穷欢乐，大家嘻嘻哈哈，我也没少掉什么——好好先生的名气比画的名气更大，几乎很多艺术家都喜欢和这个年纪不算小的画家交往，还常常光临他举办的晚会——卢梭的晚会在巴黎很有点影响——他会自己安排晚会的曲目，自己表演小提琴独奏，快乐比所有的内容和形式都更重要——艺术家们不请自来，来了大概都会闹得通宵达旦。

画家毕加索和卢梭的一段友谊，则多少有点传奇的色彩。

一次，画画间隙，毕加索漫不经心地闲逛，看到一家旧货店，他走了进去——逛旧货店算是毕加索的一个嗜好，也是他的一个休息身心的方法，那些杂乱无章的货物有时候会启发他瞬时的灵感——他甚至在那些看着不起眼的旧货店发现宝贵的黑人木雕——这不，那双明亮的眼睛发现了一幅看起来不是很显眼的油画，一个女人肖像，背景是隐隐约约的群山，画上面还有一些浮尘——画幅很大，随便摆在地上，好久没有人管它。

清理一下画面上面的灰尘，毕加索眼睛更亮了——这是多么朴素、单纯的绘画！它一点都不张扬，不做作，远比巴黎眼下流行的那些现代艺术作品有价值得多。

——这画多少钱？

毕加索轻轻问了一声。

店主脸上堆着笑容，他根本没有准备会有人问这个摆了很久、自己甚至都记不得来历的作品。

——这幅画不算好是真的，不过，画幅这么大，您还是可以把它拆下来，在反面打个底子重新画画——要不，您就给我五法郎，怎么样？

毕加索没有还价，当时就付钱，拿着画兴高采烈回到自己的住地——洗衣船。画家明白，多少年来，自己一直想冲破那些学院派在自己绘画上面的限制——有形和无形的限制，被眼下这件作品的主人轻而易举地解决了——这种朴素和原始的绘画意识，不就是让自己离开学院绘画牢笼的最佳途径？！

毕加索买了卢梭的作品！

——这消息很快传开来——骄傲而自负的毕加索，他哪会把一般的画家放在眼里？更不要说是自己掏钱买画，收藏别人的作品了。艺术家们将信将疑，消息传到卢梭的耳中已经变形——只有卢梭自己没有在意。

妇人肖像　1895年　巴黎毕加索美术馆藏

毕加索当真了，他觉得这是自己一个了不起的发现，他甚至很多年以后还对别人说过——卢梭的出现决不是偶然的，他代表着一整套完整的思想和观念——那天，我在一堆废料中发现这幅肖像，画面上那双僵硬的法国妇人式的眼睛透着果断明晰的性格，真是一幅优秀的、法国最真实的人物心理肖像。

毕加索为了这幅画要开PARTY庆祝。

他通过自己的朋友——也是卢梭的朋友、著名诗人阿波利奈尔去请卢梭赴会。朋友们来了，毕加索的PARTY可以说是冠盖云集，画家、作家、收藏家、富商，美人是不会缺少的——毕加索就是有办法让他们聚到一块，同时还让他们在一块还挺和谐。晚会一开始筹办时就说好，在附近那家牛尾做得特别好的餐馆订晚餐，除了卢梭之外，每个人要自己掏钱平摊晚餐的费用。房子重新整理过，四围摆放着毕加索十分喜爱的非洲木雕，墙上挂着从科特迪瓦收集来的面具——墙角还挂起了一排排中国的纸糊的灯笼——从天花板垂下一串串装饰用的树叶是毕加索妻子的杰作。为了筹备这个PARTY，毕加索可没少费力气，卢梭那幅妇人肖像，被放在屋子正中最显眼的位置——一个三角画架撑起这幅毕加索在废品堆中发现的名作，周围还贴着写着赞美话语的纸条，其中一张写着：伟大的艺术属于卢梭。墙壁前面，放了一个用两张椅子做成的台子，这也一定是为晚会最重要的客人卢梭准备的宝座。

卢梭是被阿波利奈尔用马车接来参加晚会的，六十多岁的卢梭按说没有那么大的兴致，和晚辈们玩这艺术家才会玩的疯狂游戏，可卢梭来了——老画家戴着平时见重要客人时才会戴的帽子，在阿波利奈尔的陪伴下，有点拘谨地走进来——手里还端着一把小提琴，当他看到自己作品前面写着"伟大的艺术属于卢梭"时，眼睛不由得一阵子发湿——对于一个画家，有什么比自己的同行打心里喜欢自己的作品更令人高兴的事情呢？

晚餐没有送来——订菜的人把日子搞错了！菜绝对不会来了——来不来也无所谓——没有吃的，可是有喝的——而吃对这样一种风格的晚会原本也不重要了，喝，一瓶瓶地灌

森林里的约会　73×92
1886年　美国国家美术馆藏

着，不管是什么酒，苦艾酒、杜松子酒，还有不知道谁带来的自己酿造的葡萄酒，那看起来不怎样而一喝就让你面红耳赤那种——艺术家、诗人忘情了！酒不醉人人自醉——灵魂的圣洁和行为的放荡，艺术的伟大和个人的卑微，思想的痛苦和创造的欢乐，永远的追求和坚定不移的反抗，在这里，在今天晚上变成一个巨大的能源在塞纳河畔涌动着——这些人中，谁没有那对艺术敏锐而准确精良的直觉？谁没有将艺术视为生命的热情？谁没有那多多少少因为艺术而剪不断的生活乱麻似的愁绪？然而，今晚的洗衣船不承认生命中那些不能承受之轻、之重！今晚是艺术家精神的大餐！忘记那些不愉快，哪怕明天的早餐没有面包，忘掉那些自以为是的艺术经纪人，忘掉那些装模作样的买家——你们永远不会是艺术家精神的真正主宰——欢快地唱着，欢快地跳着，桑巴或是华尔兹——烟雾腾腾的晚上，毕加索孩子似的钻来钻去——他没有忘记给自己刚画好不久的作品《阿维尼翁的少女》盖上一层棉布——他不想艺术家们在今天晚上讨论学术，那些收藏家们也按耐不住，今晚，就暂时忘却平常那衣冠楚楚莫名其妙的生活吧！丢下你装腔作势的门面吧，和艺术家在一起是个多么美妙的经验——诗人先醉了——阿波利奈尔鼻子都喝红了，两只眼睛炯炯有神，说话开始打结——但他还是当仁不让，麻利地脱掉身上的夹克，一下子站在屋子中间的椅子上，挥着双手嘶哑地叫着，请大家安静，然后，他抢先开始了自己

的节目——诗人要朗诵写给卢梭的作品。

——你，从没有忘却那悠远的风光

满是芒果和菠萝的丛林

温情的猴子，掏空西瓜带血的瓜瓤

森林之王在开着杀戮的盛筵

你画着墨西哥的风景

一望无际的葱绿顶着深橘色的艳阳

天国那舒展的诗行

像音符一样跳上你的心房

……

诗写得好不好、朗诵得好不好没人管——阿波利奈尔真是卖力了，他那肥肥的脖子上也由于高声朗诵而爆出青筋——阿波利奈尔比别人更早发现卢梭，并一直在报纸上写文章赞美卢梭的作品，还曾经和女友一块，做卢梭的模特——画家把诗人和女友画在绿树丛前，还冠以一个美丽的题目《激发诗人灵感的缪斯》。

艺术家们按照自己的方式热闹，有人跳到桌子上抖动身段，跳起非洲舞蹈，有人唱起诺曼底民歌。没有章法，没有条规，像他们在画布上撒野那般自由自在。

——该卢梭了！

老画家激动得手足无措，这个由毕加索牵头组织的、为了卢梭的晚会，远比给卢梭一枚紫色勋章更让这个老小孩开心——所有的肯定莫过于自己同行的肯定，所有赞美也莫过于和自己一样在艺术的世界里呕心沥血的艺术家们的赞美——他整理一下自己的衣服，拿着自己心爱的小提琴演奏起来——还不过瘾，就边拉边唱，唱着自己儿时的歌谣——

瀑布　1910年

呵，我的乡原上奔走的母牛——我那摇着叶子的橄榄树，还有，还有我那多情而健康的姑娘……卢梭把自己所有的本事拿出来，他从心里感激毕加索，这个公牛般的西班牙人，本身就是个放着光芒的艺术品——就在刚才大家兴高采烈欢歌跃舞的瞬间，卢梭找到和毕加索独处的瞬间——毕加索的笑容是亲切而真诚的，卢梭醉了，他握着毕加索的双手——巴勃罗，我想，这个世界，我们两人是最伟大的画家，你代表着埃及古典主义的辉煌，而我是现代语汇的崭新呈现……喝了酒的言语可算可不算——毕加索没有多在意，他表现了少有的谦逊和真挚。

激发诗人灵感的缪斯 146×97 1909年 瑞士巴塞尔美术馆藏

蜡烛颤动着欢快的火花，洗衣船不会沉睡——巴黎的夜晚不会沉睡。

晚会渐入佳境。

诗人醉了！

画家醉了！

应邀参加晚会的街坊邻居醉了！

其实没有人不知道，无论多么长久的晚会也会酒终人散，这些今天晚上忘情折腾的艺术家们，有好几个可能掏不出明天买早餐的法郎——生活对他们远不是兴高采烈的嘉年华会——但是又能怎样呢——欢聚今宵，消受当下——你不能太清醒，你不能太计较，你不能太忧虑世俗生活那些酸甜苦辣——如果你想做一个真正的艺术家。

卢梭喝多了！在表演的过程中他还呼呼大睡起来——那顶做客或者其他重要场合才会戴着的、有着浅色条纹的呢帽子，竟然被蜡烛油滴得到处都是，没人在乎，也没人叫醒他——艺术家们忘情地自我陶醉，想得到的节目都没有保留——猛喝酒狠抽烟，这时候，大师和初学者没有区别，贫穷和富贵没有界限，有名气和没名气不会成为交流和欢愉的障碍——高尊卑贱都让它们见鬼吧！黎明时分，大家凑了钱雇来马车，把卢梭送回家后，在洗衣船中继续折腾。

毕加索的这个晚会，竟然成了文化史上一个不大不小的事件。多少年后，与会的艺术家谈起来还是津津乐道。

……

艺术家，有志同道合的朋友是一种幸福，一种财富。

卢梭有许多朋友，画家，诗人，评论家，他们善良而才华横溢，其中，有很多在法国艺术的历史中占有不朽地位的艺术家，他们对卢梭是一种发自心底的尊敬和爱戴——然而巴黎艺术界的另一批人却以为这不过是毕加索的一个游戏，一个行为艺术而已——他们不觉得毕加索会从心里佩服任何一个画家，尽管在年长的马蒂斯面前毕加索多少还有点敬爱有加的态度，那也不过是英雄惜英雄而已，对于几乎是半路出家的卢梭，毕加索怎么可能佩服得如此那般？于是，反对和赞美的双方各执一词。卢梭也身不由己地卷入是非圈子；毕加索的朋友们也不是平凡人等——为这事诗人萨尔蒙甚至在报上写道：我们热爱卢梭，喜欢他纯洁无瑕，喜欢他在艰难困苦的环境中坚韧不拔、超凡脱俗的精神。对于一个艺术家来说，我们佩服这种伟大的精神和他的雄心壮志，在艺术界，除了毕加索和马蒂斯外，我们这个时代几乎很少有人像他那样勤奋创作。卢梭看重这些情分，他尊重朋友们那些与自己完全不同的资质和绘画风格，对他来说，朋友是第一的，艺

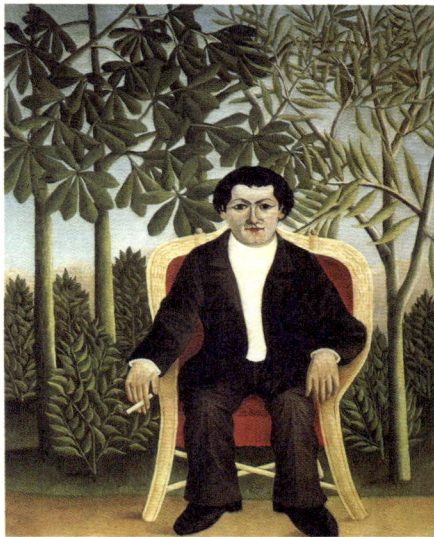

约瑟夫·布鲁默肖像　1909年　英国国家美术馆藏

的地位并不重要——除了深深的感激，卢梭也常常在自己的画室邀请朋友，没有大餐美酒，他也会排个菜单，把晚会要表演的节目编成节目单，然后，按照顺序，亲手工工整整写在硬纸片上——客人来到时候，卢梭总会穿戴整齐在门口迎接，还会在用小提琴拉一段法国国歌之后，再拉一段自己作的曲子。还有一个对朋友表达感激和敬意的方法是把他们画到作品中，除了阿波利奈尔和女友被卢梭安置在自己梦一般的画面中外，卢梭还画过一幅《为自由，邀请艺术家们在第22届独立沙龙展出》，不管是入选者或者落选者，不管是春风得意的成功者还是名落孙山的失意者，卢梭全不在意这种外人对艺术家的评定——他把伙伴们全部带到画中，他把友谊和梦带入画中——彩旗飘飘，绿树成荫，天高云淡，翩翩起舞的天使，在长空为画家叫好加油——巴黎常见的木轮马车在画面上出现也并非偶然——卢梭和伙伴们就是用马车把作品从画室运到展览会，再从展览会运回画室——画面上还有一头狮子平静地卧着，林中之王没有那常见的威严和杀气，它看起来是画家队伍中的一员，这似乎没有任何道理却让人觉得合情合理——合卢梭的情、卢梭的理，那一派欢乐、祥和的气氛中，画家朝着天空吹起喇叭……

　　作为一个画家，卢梭没有毕加索很早就显露出来的、过人的艺术才华——他没有像毕加索那样有个艺术家的父亲，在孩童时代就给画家最好的熏陶，他也没有马蒂斯学法律那种逻辑的思维训练，没有马蒂斯那种学者般的理论结构和对自己艺术语言直接而准确的吐呐——卢梭初看起来，

为自由，邀请艺术家们在第22届独立沙龙展出　1906年　日本国立西洋美术馆藏

梦　204×298　1910年　美国费城美术馆藏

被豹子袭击的黑人　114×162
1910年　瑞士巴塞尔美术馆藏

也就是个平庸的叙事式的画家，特别是早期的作品中，画家那谦和得近乎卑微的态度，常常若隐若现地在画面中出现，而透过绘画形式上那些无关紧要的装点和文学化的铺陈、描述式的矫饰，卢梭那本真的气质露出来——他没有学院画家那种洋洋得意的自信，但他却把着生命最真切的脉搏，贴着生活中最坦然最平凡的层面，并在这些看起来毫不奢华毫不惊人的图画里，自在地做梦，做自己艺术的白日梦——他像一个孩子，在自己的玩具箱子里面了解宇宙，像一个梦游者——不时从家门口的小溪畔茫茫然走到屋后的山坡丛林——卢梭游荡着，带着个人美学的情怀，带着自己艺术的畅想——诗意地漫步游荡在他那理想、自由的天国，欢乐无边的天国。

　　——看那葱葱的森林

　　——看那潺潺的水流

　　——看那繁星璀璨的星空

　　——看那温暖含蓄的沙漠

　　——看那狮子和少女和睦相交温馨浪漫的世界，鸟儿最动情地呢喃，花儿最灿烂地开放——就是那看起来吓人的热带丛林中穿梭的毒蛇，也似乎在卢梭的画中改变了属性——成了和平和理想的音符，果子，那些不知道名字的果子、植物、花蕾——蓝色、粉红色、象牙白色、橘黄色、浅绿色还有灰蒙蒙的褐色——那些印象派画家不屑一顾的原色，不带一点儿光学作用和原理的原色，在卢梭的轻描淡写一般地安排下，排成最纯粹响亮的旋律，将画家在世俗生活中所不能拥有的世界，以及只有在这种世界才可能得到的精神享受唱了出来！

　　——森严的结 构不再重要

　　——苟刻的造形不再重要

　　——时间和空间的合理性不重要，风景的出处和狮子是否咬人毒蛇是否咬人老虎云豹是否咬人不重要——画面上戴着阿拉伯衣饰的女人是歌女是贵妇是洗衣妇是厨娘不重要，曼陀铃和白布袋子做什么为了什么一点都不重要——情节、故事，有和没有一点不重要，真的假的一点不重要，艺术真实不承认客观真实——卢梭从容地、坚定不移地，在其最简单、最平凡的绘画地基上，耸立起来个人审美的如信仰一般的巍峨高度。

　　……

　　按照自己的艺术设计，卢梭一步步走来，那幅《狂欢节之夜》表露着卢梭早期的才华，而《我本人·自画像·风景》则在不经意的状态下，展示卢梭那自视很高的一面——风景和肖像一起画，这算是卢梭的一个创造，当时的巴黎，几乎没有人将肖像和风景画在一起而又处理得相得益彰——那是法国1889年的万国博览会开幕期间，彩色的巴黎诗意盎然，刚刚建成的艾菲尔铁塔露出动人的身姿，塞纳河上，插着各国旗子的船舶成了卢梭装饰的背景，云朵按照卢梭的旨意飘着，太阳如一个煮熟的蛋黄——画面正中的卢梭精彩极了——他头戴一顶古代的帽子，身着黑色礼服，正气凛然，卢梭权当自己就是一个绘画大师——或者这也算是一种心理暗示，就按照大师那样去作画，去思考，去生活。手里端着的调色盘上刻着妻子和已故前妻的名字——这还是在海关工作时期的作品，海关周而复始、烦琐无趣的工作，更让卢梭决心成为一个能够细致深入表达思想情感、有所作为的艺术家——评论家说这更像一幅幼稚的、孩子的作品——言词中分明带着贬的意思，然而重要么——这幅自画像正如卢梭自己吹给自己的进军号。

我本人·自画像·风景　143×110
1890年　布拉格国家美术馆藏

　　卢梭给阿波利奈尔及其也是画家的女友玛丽·罗兰桑所作的《激发诗人灵感的缪斯》，用阿波利奈尔的话说——我和玛丽画得并不像，也不能说好看——那也无所谓！但卢梭画出我们的内在精神——我们被画家画在一个本世纪伟大的作品中，感到十分荣幸——卢梭当时准备画这幅诗人肖像时，在画室里等待模特到来——腹稿早已打好，他了解阿波利奈尔的才气和个人素质——这个对现代艺术有着极其敏锐的洞察力的才子同时也是卢梭相知很深的朋友，模特对于卢梭也只是一个借口——事实上，那天，阿波利奈尔和女友并没有按照约定的时间出现，卢梭自顾自画着，画上背后的丛林，画上前景的画——所有作为陪衬的风景画完了诗人还是没有出现——卢梭最终把阿波利奈尔搬上画面时，他那美丽的女友玛丽被卢梭夸张了——这已经不是一个普通的、秀丽端庄的少女——她变成一个带着卢梭理想的女神，金色的长发点缀着深紫色的小花，让人想起波提切利笔下的那幅维纳斯——紫色的古典长裙，为人物添加了典雅的风致——平凡的人变成了理想的神——美神，诗人变得比生活中自由散漫、食欲很强、对任何新鲜事物都有极强的好奇心的阿波利奈尔更加精干、利索，浑身上下一袭黑色衣裤，打着领结——诗人平常还是挺注重装扮，手执那写下多少辉煌诗篇的鹅毛笔，紧锁着的眉头，思考着的神情，让人想到诗人为立体派高唱颂歌的风采。

《激发诗人灵感的缪斯》、《谢尼尔老爷的马车》、《乡村婚礼》、《家族》、《炮兵队》——在这些作品中卢梭依然秉持着朴素的现实主义审美的标准，在绘画语言上做最大的生发，人物也好，风景也罢，还是人间理想世界的诗意描述，谢尼尔老爷是个做蔬菜生意的商人，常常接济贫困的画家，卢梭为了生活，还欠他不少钱，这幅画原来说好是用来抵偿债务的，卢梭没有把欠债的沮丧放在画中，还是那么一派祥和安静的风景，还是那么与世无争的心态。然而，当他那一系列热带丛林绘画出现时，对于巴黎美术界就如同一个重磅炸弹——它们震醒了那一帮子围着政府沙龙和收藏家团团乱转还自以为是的艺术家——这些绘画，是卢梭对以往的艺术生活告别的标志，是卢梭步入大师之林的凭证，是卢梭作为一个画家真正找到自己的语言自己的风格和自己的美学符号的一个力证——从此，卢梭艺术生命的崭新旅程开始形成——他那神奇、浪漫的天国梦游，无边无际、无始无终地从这里开始展开。

有一阵子，卢梭迷上巴黎的动物园和植物园，他喜欢植物园那股湿乎乎的气息，那些他叫不出名字的植物，那些在不同季节中盛开着的奇

吞食猎物的狮子　301.5×201.5　1905年

花异卉，总给他遐想的空间，那叶瓣多么抒情，那花蕾多么含蓄！而动物园中的老虎、狮子、猩猩、斑马和猴子，这没有"人"的世界常常会让卢梭开心得手舞足蹈，这里，没有欺骗和讹诈，没有不平等，没有社会政治和战争苦难，没有账单债务，这里有平等的欢乐，这里有自由自在满是生命本真的图画，瞧那孔雀，任你怎么吓唬它也依然不时向你张开那彩色的翅膀，猴子大模大样从游人手中拿走它们需要的面包和香蕉——应该把它们搁在一起！卢梭很快产生一个念头，编造一个理想和平阳光灿烂的世界，让它们在一起！

在理想的天国梦游，终于要开始了，卢梭已经不再年轻，背稍微有些驼了。尽管他常常柱着拐杖往直里挺着——看起来已经没有毕加索和阿波利奈尔那般的活力——他已经不能在立体派张牙舞爪的画面上再玩花招，他已经不能在印象派的色彩游戏中再耍魔术——尽管平面绘画从塞尚到毕加索可走的路子不多，可做的建设越来越少——但他还是很明白，明白自己身处的位置和手上握着的"纯真"和"天然"的秘密武器——绘画还不完全光凭着一股子血气方刚，它还有聪明、有智慧、有大彻大悟的夹层——用你的眼睛你的能力去寻找，去揭示，去呈现。

卢梭的画布上，来自巴黎植物园的叶子开始迅速地变形——它们在卢梭的笔下膨胀，变成热带奥秘丛林中的景观——郁郁的兰花远比市场上买来装点客厅和厨房的兰花来得肥硕，香蕉变成有节奏、有情趣的黄色小精灵，一串串挂在树上，剑麻也没了以往剑拔弩张的性格，它们变成一排排情意绵绵的屏障，叶脉和枝干色彩几乎都是原色，卢梭用明暗调节画面的阴阳和轻重——这是一种最原始最单纯的绘画方法，也是印象派的画家们不屑一顾的绘画方法和色彩意识——卢梭没有外光七色变化条件下那科学的色彩——卢梭不管，科学

不科学不是他的任务，有真情实感就好——含苞待放的花朵穿插在枝桠和叶子之间，点线漫不经心地交叉，形成卢梭独一无二的美感信息系统——思绪随着画笔起舞，感觉跟着色彩跳跃——卢梭眼睛里面出现一片纯美的幻觉，是梦？是幻？是真实可触可居可游可耕种可收获的世界？他在丛林中解析生命系统中那繁杂的密码，他在绘画里面发现美学万花筒中隐藏着的彩色碎片——在纯美的幻境中他浑然不觉置身何处，置身何处已经不重要——在自己美学的阁楼中做着春梦，在自己绘画的天国中赤条条地梦游——梦游，到黑海之滨，到东非沙漠，到南美丛林——亚马逊河的凶恶的鳄鱼，被卢梭调教得如可人的少妇；非洲的雄师出落得如武士一般英姿勃勃、气宇轩昂，顶着头巾的阿拉伯少女吟唱着祖先们流传下来的歌谣到处流浪，不要问她从哪里来，让她寻找属于自己

的橄榄树，寻找自己的乌托邦——梦游，梦游，躲开世俗所有无聊的应酬，躲开那些无关痛痒的功名利禄莫名其妙的纠缠，躲开那些口若悬河的政客声嘶力竭的表述——在真正自由平等的世界，社会机制的作用往往最小——选票在动物世界更加公平——躲开那些只会让真正的艺术家更不好过的政府管理机制，躲开那些自以为掌握着画家艺术生命绳索的批评家、买家和艺术商人，没有你们艺术家不见得活得不如意——有你们也许更不如意——梦游，梦游——让狮子老虎挣脱锁链回到自然的怀抱而不在动物园的笼子里面，

蜕化生命原本就带着的野性气质，让它们高高举起原本属于它们的旗帜在浑莽的苍原高高吼一声；让鸟儿欢唱，让美丽的蛇和绿毛乌龟"嗖嗖"川流并旁若无人地漫步在阴凉清净的小溪；让猴子和斑马也能安心享受足够的自然食粮而不需要东张西望防范着猎人乌黑的枪口和阴毒的夹子——不要掠夺，不要残杀——凡是生命就有生存繁衍生老病死的权利，就有欢快乐观通达悲伤和流泪忧郁的权利，就有发情交合互相爱护互相扶持的权利——梦游梦游梦游——在希腊的静穆中梦游，在罗马的雄伟中梦游，在艺术天国的古老圣殿梦游，在透明真率的绘画世界中小憩——梦游，梦游——带上你多情的少女浪迹天涯，带上你悦耳的丝弦无忧无虑地远足，带上你描摩风景的颜色云游四方——能走多远就走多远能飞多高就飞多高——一直走不要停，把你人生之梦做得扎扎实实，把你艺术的梦做得五彩缤纷——笔触没有变化？就不要那么多变化！构图，没有"A"字或是金子塔结构原则？我本来就没打算要任何原则——艺术原则都是一种教训人的戒尺——看起来没有变化的笔触藏着最深沉的玄机，不讲求构图的构图才是最好的构图。

梦游，梦游！

——卢梭在《狮子进餐》中梦游——血腥被置换成诗意盎然的夜曲，黄花和白月亮唱着和声。

——卢梭在《袭击野牛的老虎》中梦游——生死搏杀的嘶吼也成了悠扬感人的牧歌。

——卢梭在《有猴子的热带丛林》中梦游——兽的世界也满是人性的绵绵情谊，那颤动着的红叶和绿叶舞着摇着——风也和水也兴。

——卢梭在《被豹子袭击的黑人》中漫游——袭击不过是个自我设置的借口——只是游戏——这更像一个华尔兹，生机勃勃的树毫不吝啬地舒展那美人般的腰肢，排排站着撑起卢梭绿色的理想，一轮红日嫣嫣爬上天幕，悄无声息地浅唱低吟……

谢尼尔老爷的马车　98×129　1908年　巴黎橘园美术馆藏

　　——卢梭在《梦》中漫游——这是梦的天国，这是天国的梦——鲜花丛中，老虎出现了，大象出现了，蛇游鸟叫，月光皎洁，美人如睡，远方，一个若隐若现的身形吹着喇叭，把这幽幽梦境再镀上某些神秘的、不可言传的光色………过去、现在、未来、地下、天上、人间被浓缩——时间静止，空间被卢梭信手改变。

　　——一切都在静寂的瞬间化为永恒。

　　《梦》是卢梭最伟大的作品之一，如果说森林绘画是卢梭艺术的最高境界，《梦》则毫无疑问应该置于最高处——它充分而完美地展示了卢梭对于绘画技术和艺术两个层次纯熟的把握和表达，也呈现了卢梭对生命的热忱，对和平与安静的大自然的喜爱及赞美——一次，这幅画被送往沙龙展出，画前围了一圈人，卢梭出现时，观众报以赞美的掌声——一个戴着深度近视眼镜的报社记者向卢梭挥了一下记者证——卢梭知道这是巴黎的一家小报，记者证是墨绿色而不是《费加罗报》那种深褐色，还有，小报记者会少些那种大报记者常见的莫名其妙的傲慢之气——尊敬的卢梭先生，我能不能问你几个问题？

　　卢梭笑笑——请便吧先生。

　　——为什么在丛林中会出现沙发？为什么沙发上还有裸体的美人？人和野兽这样安排在一块好像有违常理。

　　——那是我的梦境。

　　——这森林是哪？南美洲或是非洲的原始森林？

　　——我不知道——它在我心里。

　　——你是否去过墨西哥或是其他有着像图画中一样的风景名胜之地？

　　——我没去过——可这一点也不重要。

　　……

　　卢梭踱着细碎的步子慢慢走开——过了好一会，他转过身子，小报记者还在画前发着呆——那双多多少少带着都市人小聪明的眼睛满是狐疑，满是似懂非懂的茫然——卢梭看着多少有点不忍心，于是，他又慢慢走回去，轻轻拍了拍记者那单薄的肩膀——要不老弟，你就当我去过，而且去过很多次，好吗？还有，你能否赏光，我们一块到街角尝尝那家的牙买加咖啡？他们那现磨的咖啡一点糖都没放，黑乎乎的好像罩着一层油，整个巴黎数这家的味道最好，真的，他们的最好。

劳特累克

一九〇一年九月九日，劳特累克母亲的心里刻下了这个看起来很普通的日子——那天，她的儿子劳特累克是在她的面前咽下最后一口气的——走前不久，劳特累克的绘画经纪人带来一个让人振奋的消息，劳特累克的作品被收进卢浮宫——法国最具权威的艺术博物馆——大师的桂冠戴在奄奄一息的劳特累克头上。

Lautrec.

Lautrec

伴随着住进精神病院的尴尬，也等来了好的消息，劳特累克接到由总统签名的通知书，这位浑身是毛病的画家劳特累克被列入下一届受勋的名单，因为他在绘画上的卓越成就和对法国文化的贡献——这在法国艺术界几乎是最高荣誉——劳特累克仅仅三十多岁的年纪，对他而言，什么样的荣誉都不重要，而对于一辈子袒护着自己的母亲是一个莫大的安慰——妈妈，你儿子是个优秀的艺术家，他绝不靠画那些肮脏的淫秽作品而出名。

——本书作者

十三，对西方人来说，不是个讨人欢喜的数字——而三十七，则是令很多西方画家心有余悸的数字——许多杰出的艺术家都在这个岁数撒手走人——印象派画家梵高死时，是在这黑色的三十七岁；意大利画家莫迪利阿尼也在这个岁数，因为肺病离去；早一点的西班牙画家格雷柯，在熬过三十七岁之后一点——三十八岁默默西归——十三，三十七，不管你信不信，它们多少会让西方艺术家有点紧张——法国画家劳特累克（Toulouse Lautrec）就没能在这个岁数上躲过去——十三、三十七——这两个宿命的数字，暗暗地给他的人生和艺术定下底线——少年时代，劳特累克在十三岁的那一年，分别摔坏了左腿和右腿——两次摔坏两条腿，其中只隔开十几个月——医生接好断骨之后同时给他和他的父母一个比断了骨头还要坏十二分的消息——受伤的骨头可以接好，而下肢从此不能继续发育，换句话说，即便劳特累克以后上肢像摔跤选手那样发达，他的双腿将永远停在十三岁的阶段，甚至还会多少有点萎缩——三十七，这另外一个数字，给劳特累克一个更彻底的交代——那年，秋高气爽的时节，他死去。

没办法，劳特累克一生，和这两组数字的关系永远也扯不开。

按说，劳特累克是个幸福的孩子——他有极为良好的家境，父母双方都是贵族的后裔，在小镇阿尔比，谁不知道劳特累克家族？劳特累克在记事的时候，就常常听自己喜欢骑马、打猎的父亲对自己说——儿子，不要担心，你的人生是上帝安排好的——延续我们这个显赫的家族，你会有一切你想要

红磨坊的舞娘　1891年　美国印第安纳波利斯美术馆藏

自画像　40×32　1880年　法国劳特累克博物馆藏

的——鲜花、美酒和古堡，还有爵位，这一切是你的，也是你儿子和孙子的——一代代传下去，只要法国存在。父亲喜欢户外运动，他同样很希望自己的孩子将来也是个骑马射箭的好手，因此，在劳特累克刚刚会说话的时候，父亲常常把他抱在马背上，给他穿上仿制的军服，戴着有飘带的军帽，跟着自己在林子里面打猎——劳特累克也喜欢这样的游戏，他甚至还拥有一匹专供自己使唤的枣红色小马驹子。

打劳特累克记事起，家里面从来没有听谁说起过任何关于生活的埋怨——这是个真正的宠儿，除了父母，还有祖母及一堆帮佣们，喜欢这个调皮而且漂亮的男孩子——劳特累克不但叽叽喳喳说个不停，他还会唱歌、会跳舞——这是个生性活泼多动的孩子。父亲从一开始想都没想过自己的孩子会去学画画——他甚至骨子里面瞧不起画家，从自己到自己的爷爷，劳特累克的家族事实上每个人都可以在油画布上随手抹两笔的，可那什么都不能算，就是一种消遣。说好听了，就是一种气质培养和文化熏陶吧！打猎、骑射——这才是男人的游戏。

晚上，父亲喝葡萄酒，红着面孔，看着儿子，说着自己的想法。

——记住孩子，男人应该动起来像我骑着的这匹骏马，不要总待在屋子里面，草丛里面长不出大树的——和骏马交朋友，和猎鹰和狗交朋友，它们会给你勇敢、速度和征服的美感。

父子即使是再亲近，老劳特累克也不让小劳特累克有自己的选择——父亲生来是个急脾气，而且，他总觉得自己喜欢的事情应该也是孩子喜欢的，或者最起码是对孩子有正面意义的——吃穿用度都不要发愁的家庭，人，可以选择自己喜欢做的事情和想过的生活，劳特累克的父亲似乎早就想到，十几年之后的劳特累克会是自己的一个帮手，那时候，狩猎不仅仅靠自己那些严格训练过的鹰犬——他还有一个和自己一样健壮而身手矫健反应敏捷的儿子——也许他们除了那些野鸡、山兔子之外还可以去找野猪、黄羊和小豹子，甚至还能去非洲碰碰狮子——老劳特累克一提到打猎这档子事情，就激动得像个刚刚凯旋归来的战士……他期待着孩子早点长大、

珍妮·阿弗莉　130×95　1893年　美国纳尔逊艺术博物馆藏

长壮实，爷俩有一天可以带着干粮，带着水和帐篷，一块去钻深山老林子。

然而，爸爸的梦再也不会实现了。

妈妈的梦也不会实现——她也曾经企望自己的孩子劳特累克，会像自己的丈夫一样长得人高马大、仪表堂堂，可以带着自己喜欢的姑娘在华美的地毯上跳着华尔兹——这一切的理想、愿望、等待还有计划——都随着那个红头发的外科医生对小

床上　54×70　1893年　法国卢浮宫收藏

劳特累克的残腿宣判——再也不能继续发育生长之后，成为泡影。

劳特累克的十三岁，事情一件件发生了，对于一个孩子，这算是一个致命的打击——这创伤足以让他自暴自弃，足以让他从此一蹶不振。十三，十三！这个让人心寒的数字！以往，他听过许多关于这个数字的不祥故事，也就是听听而已，然而，现在他信了——信那些看起来好像没有思想、没有情感的数字，原来暗藏着玄机——就是这个晦气的数字，让还是一个少年的劳特累克再也不能站起来！

……

那天，爸爸打猎回来，收获不错，离家门老远，他就夸张地笑着，连声喊着要儿子帮忙。

劳特累克从椅子上跳下来，腿一软没有站好——啪嗒——一声闷响，跟着是一阵子钻心的疼痛——啊，我的腿，我的腿哟……疼！疼死了。

骨折。

劳特累克的父母，算是近亲结婚——贵族也许不情愿将自己的财产外流，近亲结婚便是一个顺理成章的理由。而近亲生下的孩子，无疑有一大堆看得见和看不见的毛病，劳特累克的骨质中，就带着这近亲结合的罪恶因素——他天生骨质疏松。

劳特累克的左腿被医生裹上了一层厚厚的木板——还被牵引着挂起来，劳特累克必须按照医生的要求卧床，哪都不能去，不能乱动，就那么傻待着，无滋无味地躺着，护士给了一堆药，医生仔细而繁琐地在那裹着纱布和木板的腿上轻轻敲打着——孩子，你必须听我的，不能捣蛋，如果你今后还想去骑马或是当将军什么的，只要你耐心躺着，我可以让你三个月以后去踢足球——妈妈怕劳特累克烦躁无聊，除了教孩子学习拉丁文以外，还买来蜡笔，买来一个很漂亮的本子，让这病孩子在床上可以信手画一些自己的想法。

劳特累克除了那本子外，还在自己的课本上和字典上都画上图案，马暂时是不能骑了，但他可以画马，画自己骑在一个比父亲那匹还要高大的马上驰骋——劳特累克对读书简直一点兴致都没有，可一拿起蜡笔，他就

红磨坊的沙龙　115.5×132.5
1894年　法国劳特累克博物馆藏

开心了。

　　一转眼，三个月，当医生解除那缠着纱布的木板后，劳特累克多少还有点不习惯这突如其来的轻松——腿少了那已经变得脏兮兮的木板之后，还多少有点不会平衡——劳特累克不服输，他试着走路，先是扶着墙壁慢慢挪，再放手一步步走起来，然后，他终于可以小步跑起来。劳特累克在医生指导下做着康复的训练，他每天要按时休息、走路，医生有信心能很快治好自己病人的伤腿，妈妈也准备如果孩子腿好了之后的一系列教育计划——劳特累克的功课因为腿断之后落下来不少——然而，好景实在不长——劳特累克又在一次散步中不小心跌倒——伤了右腿。

　　还是同样的医生，同样的程序——那些木板和那些难闻的药水——劳特累克还要在自己厌恨的病床上继续躺下去——然而，诊断结果却和上一次截然不同——孩子，我可怜的孩子，你的腿我还是可以把骨头接上，可有一点，你腿部的肌肉开始萎缩——这很要命，很有可能，今后你即便发育良好，身体强壮，但你的双腿可能就永远不会再长了。

　　——尊敬的医生，你是说，我今后就永远是个残废人，一个长不大的矮子？你，你难道忍心吗？

　　——孩子，医学其实是很残酷的——恕我无能为力了。

　　那一天，天气很不好，云彩是灰色的——劳特累克记得那一天的

［左］在咖啡馆里　53×67.9
1891年　美国波士顿美术馆藏
［下］红磨坊系列：跳舞
156.7×150　1890年
美国费城美术馆藏

每个细节直到他死——心中再也没能驱散的愁雾恰如那满天灰蒙蒙的云。

劳特累克在上天给予的灾难中早熟，他长大了，远比同龄人看起来成熟得多，稳重得多，还有，也许是下意识对自己身体的一种反弹，劳特累克更加注意身体锻炼，他看起来很棒，胸大肌发达得看起来像美术学院的那些男模特——腿是彻底不行了，还有脚——那双看起来永远十三岁的脚。唯一让自己和母亲感到快慰的是，劳特累克开始认认真真地学画，一开始完全是自己琢磨着画，但是，在很短时间内就显现出了让人吃惊的艺术天赋和才华。母亲更没有想到的是，自己的儿子——一个残废的儿子竟然凭着自己的绘画作品，成为法国艺术史上的一个重要人物。

……

——亲爱的，过来，让我好好吻你——还有，让我好好抱你，我会用画笔把你的美丽记下来，你的这一身晃动着的色彩多动人——我看你很久了，我会为你画出很好的画来。

——呵呵，我只要钱——有钱我自然会变得美丽，还有，我一点都不喜欢画。

——你气质真高雅，一点不俗气。

——我亲爱的王子劳特累克，高雅不能换面包吃，不能换一杯杜松子酒喝——不错，你有资格在这谈高雅，你素质高雅不俗，还有，你家里面有的是钱。

——你，能不能再别出卖自己——出卖你的肉体和灵魂，就跟着我，给我做模特——我会付你足够的钱，你看你有多漂亮——还有，我觉得我很喜欢你，也许会爱上你，最后，我会想娶你做我妻子……

——什么？做你的妻子？！啊呀我多情的王子！劳特累克，你不会是傻吧？瞧瞧你这双丑陋的黑腿吧，看在钱的份上，我可以坐在你边上，说真的，你别让我恶心好吗？

——你，这个下流的东西！……

——下流？下流是看不见的——也许你是个属于上流社会的人，可你那双残废的腿可是众目睽睽的！

这个披蓝挂绿染着一头紫发满脸苍白略带青灰的歌女，从那抹猩红的嘴唇中，徐徐吐了一个长长的烟圈，轻佻地翻了劳特累克一眼，把脚下那双橘黄的、跟高得有点不自然的鞋子踏得"咯、咯"乱响。

——下地狱吧！你这只荒唐的猫！

"哗啦"一声，劳特累克把酒杯摔碎了。

……

这是劳特累克生活中的一个很普通的侧面，当时，二十岁出头的劳特累克有

一次在巴黎的蒙马特，和朋友们去夜总会喝酒，蒙马特有许多各色的小酒馆、咖啡馆，有各色人等，当然少不了艺术家——他喜欢那里的颓废和疯狂，常常在那儿随手画着舞女写生，同时，他很喜欢其中的一个姑娘，希望她给自己做模特，于是，一次不是很轻松、很顺利的表白，一次无聊的争执，一次无情的冷嘲热讽之后，劳特累克知道，自己真的有一个致命伤痕——腿！就是这双腿，让这个吃皮肉饭的妓女都看不起！酒喝得不好，画也画得不好，还有，劳特累克因为这一段让人气结的对话，那天晚上翻来覆去没有睡好。

劳特累克常常用画画解嘲——自我解嘲。

这个世界看起来什么都不对——自己则更不对——还是艺术干净一些，什么人情，什么爱，都他妈的见鬼吧，人除了折腾还是折腾——除了胡乱折腾还是胡乱折腾——这世间还有爱吗？爱也许就是自我欺骗——有美吗？美又是什么呢——孩子时代的那些价值判断难道真的一钱不值？

劳特累克苦思不得其解。

……

当初，当浑身是病、双腿萎缩的劳特累克告诉家人，他准备学画时，父亲起初不以为然，因为他不知道这对于劳特累克而言，是一个多么重要的人生选择，不甘心的劳特累克知道，以自己近乎先天不足的生理条件，如果要在这个世界上活着，无论如何都将要面临许多不能回避的现实问题，不能回避那些冷嘲热讽，那些苦的、酸的、辣的或是五味杂陈的人生滋味——就好好画画吧，艺术会成为我表达人生信念的一个管道，也是我将比许多看起来健康的那些人更高一筹的利器——艺术会帮助我说话——艺术会让我比许多人站得更高，看得更远。

坐在早餐桌前的妈妈 94×81
1883年 法国劳特累克博物馆藏

还是细心而且善良的母亲，对劳特累克的想法总是尽量予以尊重，她不但给劳特累克买绘画的材料和工具，有时候还坐下来给劳特累克做模特——只要孩子高兴，母亲可以一坐就是几个小时不动。当时，法国的印象主义绘画正大行其道，劳特累克细心地研究马奈和德加——前者，在绘画构成上给了劳特累克启发，而德加则在绘画技巧，如行笔和用光上给劳特累克非常重要的影响——劳特累克以母亲为模特画成的《坐在早餐桌前的妈妈》，已经展示出他熟练的技巧和绘画意识，除了技巧外，劳特累克成功地刻画了母亲亲切、善良，多少还有点羞涩的表情，羞涩之外还藏着淡淡的忧郁、惆怅——谁能说母亲不是在为劳特累克操心呢？劳特累克知道，而且成功地把这藏在内心深处的、非常隐讳的刹那表现出来，细致、动人，他没有在绘画背景上花更多的笔墨，对母亲的刻画让他故意舍去可有可无的环境装点，而这时候的劳特累克只不过是个自学的业余画家。

　　劳特累克提出要去巴黎学画，今后，他要做一个自食其力的专业画家。

　　父亲不置可否——他不信劳特累克今后就靠这个手艺安身立命，但他同样也不做那个让孩子和自己一起扛枪打猎的梦了——劳特累克的腿彻底完了。

　　母亲不会放弃，她为劳特累克坚持着——不管怎样也要让他试试，是他的梦想就让他好好地做梦吧！母亲能给这个残废儿子最好的礼物便是理解和尊重，还有，就是全力地支持，为了让劳特累克安心画画，母亲甚至在巴黎买下一个公寓，让劳特累克安心住着。

　　巴黎学画，对劳特累克是个非常好的经验，尽管他不能算是一个传统意义上的好学生——劳特累克打心里反对学校所奉行的古典主义教学方法，好在，学校让他结交了一批很不错的朋友，很多朋友最后成了大名鼎鼎的画家，其中，有莫奈，有雷诺阿，还有一个从荷兰来的、满头乱发、法语说得很不好的叫梵高的家伙——看起来像一匹瘦马，他成了劳特累克的至交——梵高比劳特累克年纪大一点，但在社会上几乎一点能力都没有，同时，在绘画学习班上，梵高的作品总是没人正眼看一下——还是劳特累克，他觉察出梵高作为一个艺术家最可贵的素质——这不会是个简单而庸俗的画家，总有一天上帝会对他垂青的。

　　两个人，常常一块出去画写生，一块出去喝酒、聊天，梵高丝毫不会对短腿的劳特累克有任何歧视——同时，梵高也喜欢劳特累克作品中一种深沉的忧郁气质，这种忧郁，往往又通过喜剧般的手法描绘出来，便更显得无奈和酸楚，梵高看得懂劳特累克的作品，他们还互相给对方做模特——劳特累克为梵

在屠坊舞会　88.9×101.3　1889年　美国芝加哥艺术学院藏

高画下的一幅侧面的写生，是行内公认的画梵高最好的一幅作品，梵高总会在很多生活问题上请教劳特累克，劳特累克也常常在艺术上给梵高提供建言，他们算是英雄惜英雄。这种友谊一直保持到梵高去了南方——当时，梵高很不适应巴黎那昂贵的生活和世故的画商，他混得一点不好——想画画，但满眼的城市景观并不让自己激动。劳特累克在梵高犹豫不决的时候还很真诚地说过自己的想法。

——梵高兄弟，你应该去南方乡下，那里才有活力，才有生命。那里的阳光如火如荼，那里的向日葵会让你激动不已——画风景会是你的一条出路——我和你不一样，你对自然一往情深，我只喜欢挖掘人，挖掘人才有的那灰色的心理范畴——它藏在都市肮脏的角落里。去南方吧，你在南部乡下，我就守着这满是污浊之气的蒙马特——我们一定会在不同的方位有所建树的。

梵高最终去了阿尔，并在那里成就了自己最灿烂的艺术，最真诚的人生——直到死，梵高对南部那热辣辣的阳光还感慨不已。劳特累克也同样按照自己的既定方向，把笔瞄准人——把剑一样的画笔瞄准世俗的芸芸众生，为小人物写照，为悲剧传情。两个在学校里面的坏学生，最终都成就了一片比那些唯唯诺诺的"好学生"好得多的功业。

蒙马特像个磁铁，紧紧吸住劳特累克。

这里过往着各色各样的人物，其中，多是一些落魄的艺术家，街上，随处可见衣衫褴褛的诗人旁若无人地高声朗诵着自己即兴写出来的作品，还有画家——形形色色的画家，有人画风景，有人画肖像。还有人什么都不画——画画或许对他们还不是一个最重要的事情，他们习惯或是喜欢或是不知道是喜欢或是习惯这样一个约定俗成的生活方式和节奏——这个氛围对于劳特累克更好，一来，他可以发现许多生活细小的切片，同时，在这样的环境里面，似乎没有人在乎他是长着一双正常或是不正常的腿——他们漫不经心、视而不见——在他们那看起来乱七八糟的装束下，往往有一颗非常良善的心——这使常常在贵族圈子混的劳特累克看得很清楚。

劳特累克画这些无关紧要的小人物，和他们一块喝酒聊天，一块去夜

梵高像　54×45　1887年
荷兰阿姆斯特丹梵高美术馆藏

总会找那些廉价的妓女，日子一天一天过去，劳特累克也一样酗酒、发疯——他在酒醉之后感觉最好——画画没有什么技巧，就剥开自己的灵魂，剥开人的灵魂——不管是干净或是肮脏的——真实就好。

　　画家总是对那些三流的小剧场情有独钟——就那么几个已经演滥了的戏码，情节也许每天多少还会有点改变——喝醉了的女演员也许忘记哪一段台词——没关系，观众会借着酒劲大声给她提醒，给她更正，烟味、酒味，还有人味——劳特累克喜欢泡在这儿。朋友们往往好心劝他去那些体面的大剧院，劳特累克笑笑，大剧院也许有华贵的帷幕，但决没有生活真实的细节——没有这些不需要化妆、不需要彩排就可以随时上台的演员——他们在下层生活中演着自己的人生角色。他们在生活最不起眼的角落也用自己的方式欢乐，他们更为了每天的面包挣扎——活着其实对他们不是一件很容易的事情，命运似乎是个玩笑，活着、吃饭，吃饭却是为了更加困难地活着和更加困难地混口饭吃。

　　劳特累克看着、想着——人生永远有这样那样的不如意，美好的生活总是最吝啬的侧面——人一辈子如果用一个刻度去划分，你也许会发现，痛苦和不幸的密度将远远超过幸福和欢乐，艺术在某种意义上就是一个超度自己的方舟。

　　劳特累克尽可能地接近生活的真实——一个他想要的，也带着自己苦恼笑声的真实——

真实往往就是无奈，他细心画着，他为小人物作传，为蒙马特作传，也为巴黎那个独特的历史时刻作传。

劳特累克在印象派的营养里面长大，但他不沉浸在印象派那漂亮的外光游戏中，他关心的除了带有哲学倾向的人生问题外，对绘画语言深度的美学探索也一直是劳特累克由衷的目的，就形式而言，他喜欢研究印象派以画舞女出名的德加，德加就像是个细致的、才华横溢的正剧导演，而劳特累克则是个喜剧的导演，同时还客串着悲剧色彩的丑角——他避开一切世俗意义上的漂亮，往深层挖掘，挖掘那些美的、有时是以丑的面目呈现出来的绘画语言方式——同样画舞蹈着的女人，德加的舞女显得生机勃勃，除了眼睛看，你甚至可以闻——闻出那些画家想要的美的气息，而劳特累克一开始就以"丑"的面目，把一大堆美学问题端出来——他不轻易给自己的绘画做美学的定义，他把审美的权利和标准全部放在观众面前。

那肥腴的舞女，在那些绅士云集的舞厅中显得格格不入，正人君子们打着幌子到三流的色情场上寻欢作乐，舞女们看得多见得广，来的都是客人，全看你口袋装着的银两，舞女看着寻芳客人的脸色，在任何国度任何时间，都是显而易见的，然而，在劳特累克的画中，偏偏不然——他狠狠地把舞娘的脸涂上骇人的绿色——像鬼——黑色的发夹，橘黄色的头发，鲜红而夸张的嘴唇——最惊人的还是这绿脸。

——劳特累克给这幅作品的题目是《红磨坊》，同样的地点，同样的题材，印象派画家画过不少。

德加画过同样的题材，那些穿着黑色礼服的乐手们是那么彬彬有礼，就那神色而言，好像正在吹奏莫扎特或者是斯特劳斯的圆舞曲——在很长一段时间里面，德加看了劳特累克画同样题材的作品，并且，多少因为劳特累特作品的表现方式和题材与自己太像而有点不平。他想，这一定是个初出江湖也没有多少才气的画家，跟着我的风格混口饭吃——尽管如此，这家伙还是比那些

[上] 炮兵和他的马　1894年
[下] 人物肖像

操弄假画、模仿我签名的人好得多，至少，他还想表达自己。

德加和劳特累克终于有一天见面了。

那是在画廊，当时，画廊正在展出劳特累克的大作《红磨坊》，画家的作品下面，一张淡黄色的标价卡片：六千法郎——一个穿着不俗的收藏家正面对着画中的那张绿脸拿不定主意——他知道，这幅作品有它的魔力——你眼睛总是最早、最快被吸引。但是，收藏家不愿意为不太有名的劳特累克的作品花上六千法郎——六千法郎不是个小数字。

晚上，七点，画廊几乎也到了关门打烊的时间。

德加和惠斯勒——两个在巴黎大名鼎鼎的画家就在这个时间并肩走了进来，和正在闲逛着的劳特累克不期而遇。

惠斯勒朝着劳特累克微微点头致意，德加则一下子就对着《红磨坊》目不转睛——在这之前，他并不知道作者就是那个和自己有点相像的劳特累克。

——这，看起来是一张好画！

劳特累克一点都没有在意——本来就是一张好画！不过，他觉得德加算是诚恳的，但他靠的是画家那点直觉——他不一定知道自己作品中的所以然。

——那么，年轻人，那个舞娘的脸上为什么是绿色——尽管不算正确，但看起来不错，很不错——我看不清楚细节，但我想，这幅作品因为那个绿脸让人过目不忘，仅仅是这一点，这画也算得上是一个成功的作品。

德加仔细看着，想着，不知不觉，一个多小时过去了，对于德加来说，这个画展看得很累，他用脑子看画——边看，边思考，惠斯勒间或还礼貌地和劳特累克交谈着，而德加全神贯注地看着每一幅作品。

——尊敬的劳特累克，你今年多大？

——三十二岁。

——呵呵！这真是好年华，我整整大你三十二岁。看着你的作品，我真想回到三十二年前，像你这样深刻观察，像你这样不顾一切地表露——你发现社会下层的问题，发现藏在丑恶中的瑰丽……你这样的年龄和绘画技巧让我吃惊，说真的，我在你的年龄时远远不如你。

德加，丝毫没有掩饰自己对劳特累克的人和作品的喜爱，这是个有眼光也有胸襟的画家。

——亲爱的劳特累克先生，你会进入法国伟大的绘画史——你一定会的。

那天，劳特累克非常高兴，他结识慕名已久的德加，同时，画廊的老板告诉他，法国国王买了劳特累克的作品——画廊老板希望在最快的时间内向评论家发布这个消息。

劳特累克那晚没有吃晚饭，他喝酒，大杯喝着白兰地，醉了——他把德加丢在一旁只顾喝酒了，喝到吐，可他开心、满足——其实很早的时候，他就迷上了酒，和女人那种若即若离的关系让劳特累克累不够洒脱，喝酒多好！你有理由在喝醉的时候把你所有的不愉快忘记——把那些不幸忘记，把那些平常说不出来或是不能说的说出来——劳特累克手上经常拿着一把手杖，打开，里面有玄机——一个小巧的

路易斯·帕斯卡先生 1891年 图卢兹·劳特累克博物馆藏

酒杯藏在里面，随着劳特累克走哪喝哪，酒已经不让劳特累克走开了。

喝，喝痛快！喝醉——梦里寻找温柔乡——劳特累克不需要为金钱烦恼，也不必为情感多虑——以前会，现在和将来都不会了，一切不过是过眼烟云，劳特累克不相信自己此生还有什么他妈的爱情，爱情对他像个猥亵的笑话——就那么一档子事情，别把女人当真，也别把自己的感情当真——女人，这些涂脂抹粉的女人，她们看着我的钱包——我也在她们那肮脏的肉体上寻找乐趣，忘记那些神圣吧，忘记那些情意绵绵的故事吧——肉体是交易——醉后的交易更加彻底。反正，劳特累克明白，哪一个女人都一样，她们欢喜是因为劳特累克付钱的那种慷慨，然后，多少会对劳特累克那和常人不一样的腿表示出带着同情的大惊小怪——劳特累克知道，这种同情背后的实质是厌恶。劳特累克也一样，在女人身上逍遥的时候，再也不记得情感这样的事情了。

可是，画家有梦！有理由也有权利做梦！没有爱情的人会更加强烈地期待爱情——劳特累克曾经多次被女人伤害过，她们以他长相丑陋作为分手的理由和借口，她们忽视劳特累克那十分善良的心——劳特累克最后一次算得上爱情的"爱情"，让他常常回味——那女人叫阿拉姆，拥有光滑而透着青春魅力的皮肤，纤细的腰肢和一对高耸健康的乳房，她看起来好像有阿拉伯的血统。

那天晚上，劳特累克把她带回画室——冬天大雪的晚上，有热烘烘的火炉，有酒，还有女人，还要什么呢？

——我的小猫，贴着我，别动，就这么着，热火炉真好！你这一身光洁的皮肤是上帝给的！

——呵呵，我亲爱的勇士！你不是很讨厌女人的吗？

——不，我只讨厌那种目光短浅的女人，你是个让我真正心动的女人，我觉得我会爱上你。

——不说爱——这词太有压力。

待在一块，纠缠着，厮磨着，整整三个星期，劳特累克几乎没有画画，他享受这晚来的爱情生活，温暖是可以看得见摸得着的——这一切会持续多久呢，劳特累克并不知道——他更怕，怕这昙花一现的情感之后会带来更久、更深的孤独——那一分除不掉的孤独，就像病毒一样，在身上，在心中。

他们出去散步，逛公园，手挽着手像情人一样，穿着礼服去听歌剧，听

劳特累克肖像　63.5×41.6
美国洛杉矶诺顿西蒙博物馆藏

管弦乐团的演奏，在商店里面买时装——劳特累克没有任何计较，大把地花着法郎——如果钱能够给自己爱的人一个满足，劳特累克不在乎把手上的银子一下子花光。

劳特累克觉得自己真正爱上了阿拉姆——每天，阳光从百叶窗上面的缝隙中射进来，看着早上刚刚睡醒的阿拉姆，看她微微张合着的嘴唇，劳特累克觉得新的一天将会非常美好——晚上搂着阿拉姆上床，做爱，不顾死活地做爱——肉贴着肉，这让劳特累克觉得真实，觉得有着落。

劳特累克一辈子没有看过任何人的脸色行事，不在意任何人的标准，放任自流，而现在，他在乎一个女人的细小反应，他会仔细把那以前总也不修理的小胡子规规矩矩地剪好，把鞋子上的尘土擦干净，他要让这个女人喜欢自己，要让自己尽量适应这个女人——爱情，对于劳特累克这个已经死了心的人，一下子又活了起来。

一天晚上，劳特累克拿出自己藏了很久的一个戒指，有点惶恐有点不安，他想对阿拉姆表白，他想摊牌——自己喜欢并且爱上阿拉姆——将来想娶她一块生活。

——我的阿拉姆，你坐好——我想，我想把这个给你，其实……其实也没有什么其他意思，我只想说，我爱上你了，从我们见面那个晚上，我这辈子经受过不少耻辱，已经不敢奢望还有爱情，但我见到你，才知道你是我想要的女人，我渐渐枯死的心田重新开花，让我爱你吧，我会好好爱你，照顾你一辈子，一定的……这话，在我心里盘旋了很久，我想，我想我还是把它说出来。

劳特累克说完，觉得刚刚过去的五分钟像五年那样长——他看着阿拉姆一脸错愕，心中忐忑不安。

——我的劳特累克，我想，我不能接受你的戒指，真的，我只想提醒你，也许你心地善良，为人诚恳，但每一个女人都不会喜欢自己的丈夫拖一双残废的腿——即便你给我戒指，即便你能够在巴黎再给我买几栋公寓，给我买最好的皮大衣——也许我会喜欢你但决不会爱上你——更不会想到做你妻子。实在对不起，这戒指我不要，劳特累克先生！

卡迪厄　1893年

他们没有马上分手，劳特累克沉默着，照旧每天和阿拉姆享受这不知是夫妻还是情人的生活——他不再多想，就这么过下去，过一天算一天，直到阿拉姆真正有一天离开自己，他将不再想着把那枚戒指戴在任何一个美丽的指头上了。

最后的分手像以前所有的分手一样，女人，找到一个借口，把劳特累克的腿再度讥讽一番，走人。

——这条腿，给劳特累克带来太多厄运，有时候想想，十三岁那年干脆摔得重一点，干脆摔死，也不要这绵绵不绝的心理折磨，这种让人难以忍受的羞辱。

滚吧！都滚吧！不属于我的就别再来了，玩命画画吧，拼命喝酒吧，在下流的女人床上寻欢作乐比爱情更加真实，在妓院，画那些可怜的娼妓，和她们睡觉不是很简单吗？简单得像喝杯咖啡！只是不要等到天明，看那脂粉掩饰着的皱纹——不想，什么都不想，什么都别再想了，我劳特累克的生活再简单不过了——女人肉体——烈酒，还有就是好好画几张画——这是自己作为一个画家的唯一交代——还有，给自己的母亲——为这个残废儿子担忧了一辈子的母亲一个交代，一个

[左] 大使酒店中的布留安　150×100　1892年
法国巴黎国家图书馆藏
[右] 女王的喜悦　136.5×93.3　1892年
图卢兹·劳特累克博物馆藏

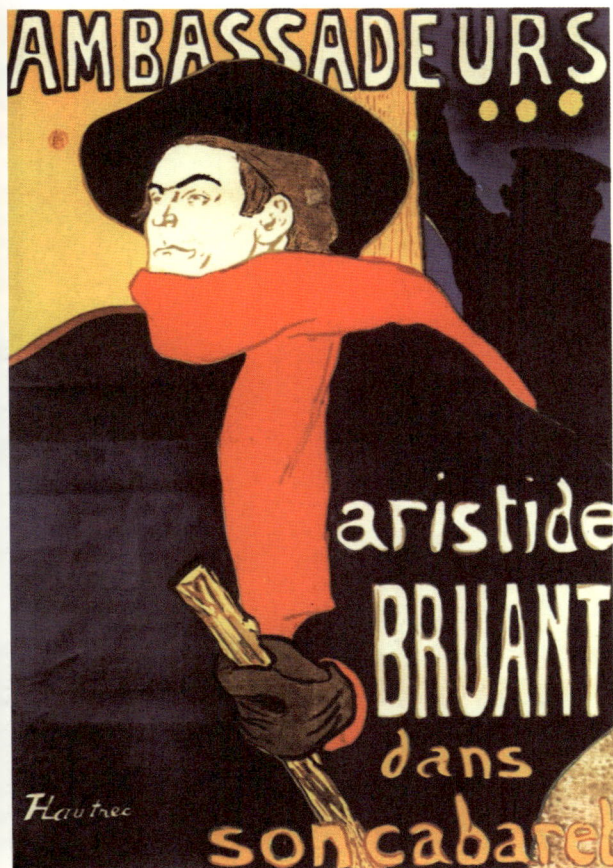

汇报吧。

喝酒，成了劳特累克画画以外的一个重要的生活内容，一次，巴黎一个很有名的酒吧老板找到劳特累克——他是劳特累克那著名作品《费南得的马戏团》的收藏者，因为劳特累克的作品，他灵机一动开了一个酒吧，名字就叫《红磨坊》，一时间高朋满座，远道来巴黎的游客都愿意在这喝上两杯——酒吧老板和劳特累克的协议是，如果劳特累克为红磨坊酒吧画一幅画，他将免费提供劳特累克一个月的酒——劳特累克一口答应，他喜欢喝，也喜欢画，不管

招贴画

画值多少钱最后还不都是买酒？他拿着笔，几下子，把红磨坊酒吧跳舞的舞娘画出来。

——这幅叫做《红磨坊和拉古乐舞娘》的作品，被生意眼光极好的酒吧老板印成石版巨幅招贴画，并在最短的时间内贴满巴黎的大街小巷——酒吧成为名胜，那个舞娘也成为家喻户晓的名人，劳特累克传奇的生活和个性独特的绘画，也成了除了艺术界以外的社会议论话题。

呵呵！春风得意！巴黎的游戏原来好玩而已。

由于劳特累克画过的舞娘成为大众的焦点，许多贵妇人把眼睛盯住劳特累克，希望请他给自己画像，女模特、演员、歌手、舞娘更希望由于成为劳特累克笔下的人物而走红欢场和剧院。劳特累克的画笔会让明星更红、更热，劳特累克也可以让很多名不见经传的小人物成为名人——劳特累克画着她们，把她们按照自己的想法画成各种各样的造型——画得漂亮或是画得丑，不管模特喜欢或者不喜欢，成为劳特累克画上的人物就是一种荣耀，劳特累克也没有忘记趁画画的机会和她们打情骂俏——逢场作戏，让劳特累克和这些特殊的模特们各得其所。

……

喝酒，画画，不管明天是阴还是晴。

——酒乡，画乡，温柔乡——劳特累克还要什么呢？有什么样的生活会比

梳妆 67×54 1889年 巴黎奥赛美术馆藏

这没有生活压力，又可以声色犬马、游戏人生，人生游戏，这样的生活看起来也许更适宜这个断了腿、长不高的劳特累克呢！

然而，光是烈酒，猛烟，这还不够——劳特累克最后开始吸毒。那时候，他觉得自己好像在升天，回到童年，回到最美好的每一个似曾相识的瞬间，那时那地让他彻底解脱、彻底升华——那样的吞云吐雾会让他真正忘却，忘却一切不美满，还有，他那双让自己看了也会生气的腿。

日本浮士绘作品在巴黎的出现是个偶然，商人从日本进口瓷器，用印着浮士绘作品的纸做包装，以防止在运送途中破损——然而，聪明的法国艺术家却从这来自东方的艺术中窥见一斑，并且，用浮士绘作为一个借口，改变了法国绘画的走向——在后期印象派的画家手上完成了法国现代绘画的雏型——劳特累克同样对日本的浮士绘发生兴趣，他找来一张张包装纸，就手临摹着．他暗暗为东方那有滋味、有个性的线条吃惊。

多么简洁，多么包罗万象！一根线条可以把形的问题透彻地解决。这对于法国经久的绘画艺术简直是个挑战！劳特累克的眼睛紧紧盯住浮士绘，他想在这个快捷方式上再度挑战自己的艺术。

劳特累克再度回到妓院，他开始用线条和彩色粉笔画妓女。

线条是造型的利器——它不由得你有半点疑惑，画着，笔跟着眼睛，就像乐手在弦上拨弄着音符——从前在学校学过的那些解剖帮上了忙——没这个不行，肌肉附着骨头，皮肉连着筋——准确点，从胸锁乳突肌这延续下来——乳房要有依据，上面是胸大肌——劳特累克画着，那些概念潜在地起作用，在表面上，劳特累克似乎全然不顾这些清规戒律，按照自己的需要表达情感和想法。模特是个借口，他观察思考，浮士绘的线条在劳特累克的纸上还魂、催生，除了技法之外，劳特累克要捕捉的还是那压在生活最底层的哀怨——妓院，这个从巴比伦时代就流传下来的职业，有多少眼泪，有多少悲伤——笑都是假的，都是含着苦恼的假笑，是皮笑肉不笑——那些猪狗一样的居住

体检　84×180　1894年　美国国家美术馆藏

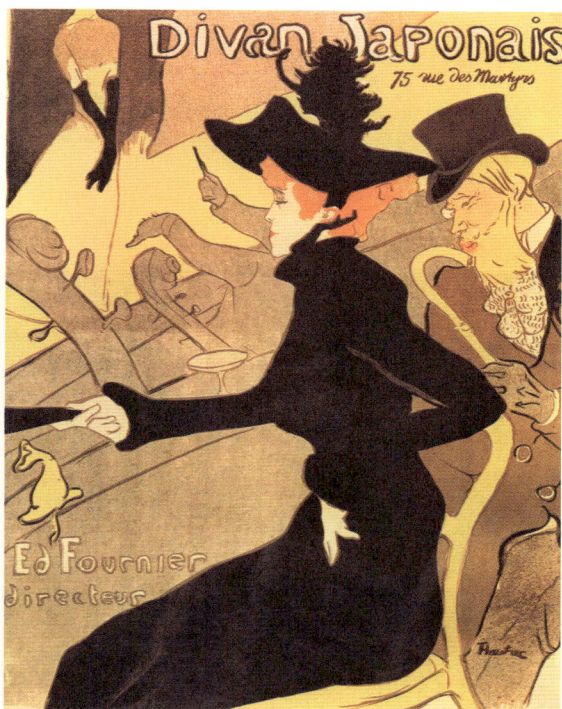

【左】裸体 1882年
图卢兹·劳特累克博物馆藏
【右】日本酒店的舞娘 78×61
1893年 罗格斯大学齐默利艺术馆藏

条件，那些劣质的饮食，那些不知道真实姓名不知道来自何方的女人，把身体廉价地出售，乘着还年轻拼命地甩卖——机械地、毫无感情的性生活让她们麻痹，那些装模作样的叫床声不过是为了几个赏钱——肉体和心灵双重的麻痹——她们会酗酒、抽烟，满嘴脏话还若无其事——劳特累克熟悉这种破罐子破摔的心态。

——《化妆的女人》仅仅是个背面，那也足够了！那没有发育完备的后背已说出多少心酸，它和罗丹的那个著名雕塑《老娼妇》发出同等的悲鸣。劳特累克不在意周围环境的装点，就直接面对吧！面对这让你心悸的、还没有真正长成的肉体——晚上，它将在那个罪恶的床上等待嫖客。

——《体检》更彻底——妓院这个行业还算有职业道德，每一个阶段例行的性病检查对这些要用身体来活命的女人已经习以为常，像兔子或是鸡鸭似的被扒个精光——谈不上什么耻辱，硕大的乳房上串下跳着，肉，不过就是商品，灵魂？面子？见鬼吧，圣女不会来干这个行当。人和动物没有两样——尊严？谈不上，做了婊子的人还谈什么尊严？

——男人的钱，女人的血，悲剧也是既古老又新鲜——等价交换是商品社会最简单的尺度——人性，在贪婪和不公平的时代是个奢侈的话题……

粉脂，即便再厚，也掩饰不住那一双双含怨的眼睛。

华美的衣服，裹着的不过是一堆堆行尸走肉，还有就是那一颗颗早已麻木的心。

劳特累克忠实地把自己的见解放进去，把自己的疑问放进去，同样，把自己的爱恨情仇放进去，绘画，已经不再是画廊中卖银子的商品，它是劳特累克心灵的镜子，是劳特累克在丑恶中寻找美寻找希望寻找未来寻找来世寻找平等的一个依据，一个坐标！

浮士绘在法国的土地上开出新的花朵，劳特累克在东方那多情的线性语言上开发出新的审美语汇。

劳特累克画下众多的作品，除了油画版画外，他还画下了大批招贴画，并且把它们印成石版画——他甚至买了全部的印刷机器，还招了专业的工人为自己印制作品——劳特累克已经看到工业社会信息流通的重要——这会让他的作品流传更广、更方便，一个审美讯号，哪怕是丑恶的，重复一千遍、一万遍，会变成人们自愿的，或者是逆来顺受的、名正言顺的信号——跟着这个节奏，画家会变得大红大紫，政治家会变得更加让老百姓痴迷和拥戴，明星会更红火——劳特累克怎么也没有想到，自己这样一个几乎是天生有缺陷的孩子，当初，只是为了证明自己还多少有点价值的绘画，会让自己成功，让自己成为满是名流的巴黎的名人——即便如此，这一切的功成名就依然不能把劳特累克从孤独、忧郁、感伤、无奈、自暴自弃的生活恶性循环的怪圈子中解救出来，和日益响亮的名声一起来到的，却是更持久更永恒的孤独，孤独！

——喝酒，狠狠喝拼命喝。什么酒不管，只要有酒精

洗衣妇　93×75　1889年　私人收藏

就喝，就灌吧！黑啤酒、白兰地、威士忌、杜松子酒、苦艾酒，实在找不到的时候还喝过酒精。

——劳特累克还在妓院消度自己那残缺的肢体和破散的灵魂。

——毒瘾最可怕——一上来，浑身发软，流鼻涕淌眼泪——想吸毒而不能自持——不管在什么地方，不管在什么时间，劳特累克离不开这个致命的诱惑。

骑士　52×37　1899年　法国巴黎国立图书馆藏

这不是人过的生活，劳特累克每天这样过着，终于，他病倒了，从三十五岁开始，劳特累克看医生已经是家常便饭——对于医生来说，这个浑身都是毛病的画家能够活到今天已经是个奇迹，医生常常在背后告诉劳特累克的母亲，这孩子不知道哪一天就会去见上帝——即便明天一早走我也不会觉得奇怪——他身体太差，同时，他绝对不听从医生嘴里面发出的任何劝诫——劳特累克打童年开始就没少和医生打交道，在骨子里面甚至有一种与生俱来的和医生过不去的情结——医生不让喝酒，他等医生的脚步消失在楼梯口的时候就迫不及待地拿出藏在床下的白兰地瓶子，不让他抽烟，他也一样越抽越凶——还有，不让他找女人，劳特累克也做不到——不能吸毒？笑话！劳特累克除此之外还有什么乐趣呢？

酒精中毒的劳特累克看起来像个神经病，表现得也像个神经病人——有时候就在街上睡着，有好几次，警察把烂醉如泥的劳特累克送回家——大睡一觉，翻天覆地般地呕吐，呕吐之后第一件事情依然是找酒瓶子——终于，劳特累克被母亲带回家——母亲要看着儿子戒酒。

没用——劳特累克趁母亲不注意还是会偷偷喝酒——对于劳特累克的病情而言，喝酒就是喝毒药——母亲记得那位带着深度近视眼镜的医生说过，你儿子的命最终会败在酒上。母亲，曾经为这个孩子操过太多心，她疼爱劳特累克，特别是劳特累克双腿残废之后，母亲总对劳特累

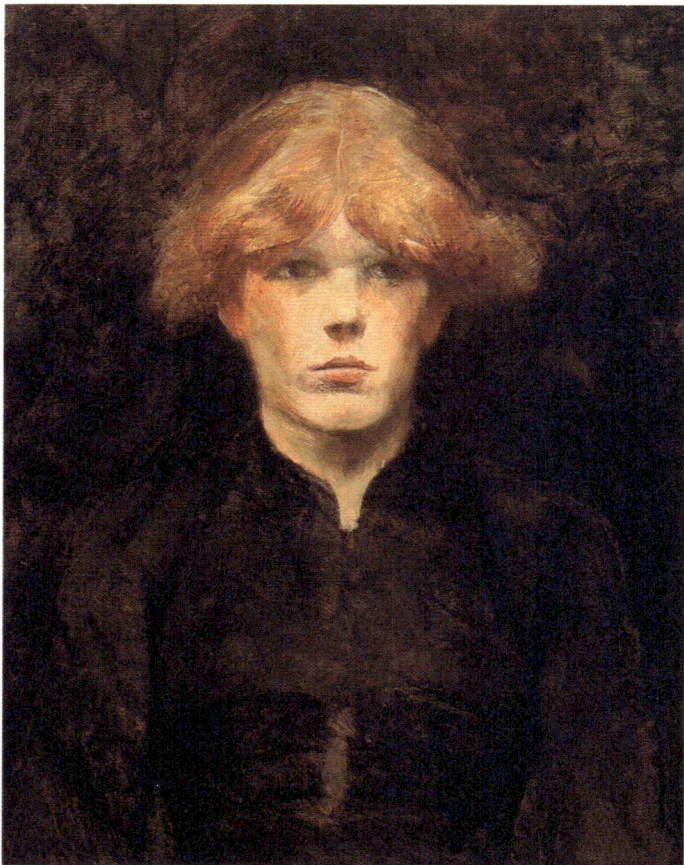

蹲在床上的红发女子
47×60　1897年
美国圣地亚哥艺术博物馆藏

[右] 苏珊娜·瓦拉东肖像　55×46　1885年　布宜诺斯艾利斯国家艺术博物馆藏
[左] 卡门　1896年

克百依百顺——就让这个生理不健全的孩子随心所欲地生活吧，至于画画，母亲并不了解多少，她甚至还隐隐约约听别人说过，劳特累克的画不过是描写妓院生活的淫荡绘画——劳特累克从来不解释，母亲也不问，大家守着一个互相的秘密。

母亲希望儿子和酒从此一刀两断，但实在不忍心看着儿子一把鼻涕一把眼泪的可怜相，有时候，实在看不过去儿子那双乞求的眼睛，她会自己默默地从酒柜的角落找到一瓶陈年的葡萄酒，儿子会迫不及待拿来，像喝水那样灌掉，连口气都不歇——劳特累克已经不想再画画，没有酒还画什么画，还怎么画画呢？

酒精和死神一道，伴随着画家，劳特累克在劫难逃。

劳特累克手抖着，浑身颤着——典型的酒精中毒，不光是生理上还有心理上。最后，母亲不得不尊重医生的提议，将劳特累克送进精神病院——那门，黑洞洞的闷声不响，窗子被夸张的铁栏杆隔起来。

伴随着住进精神病院的尴尬，也等来了好消息，劳特累克接到由总统签名的通知书，这位浑身是毛病的画家劳特累克被列入下一届受勋的名单，因为他在绘画上的卓越成就和对法国文化的贡献——这在法国艺术界几乎是最高荣誉——劳特累克仅仅三十多岁的年纪，对他而言，什么样的荣誉都不重要，而对于一辈子袒护着自己的母亲是一个莫大的安慰——妈妈，你儿子是个优秀的艺术家，他绝不靠画那些肮脏的淫秽作品而出名。

出院，继续喝继续醉——生命像一支眼看就要熄灭的蜡烛。

一九〇一年九月九日，劳特累克的母亲心里刻下了这个看起来很普通的日子——那天，她的儿子劳特累克是在她的面前咽下最后一口气的——走前不久，劳特累克的绘画经纪人带来一个让人振奋的消息，劳特累克的作品被收进卢浮宫——法国最具权威的艺术博物馆——大师的桂冠戴在奄奄一息的劳特累克头上。

劳特累克看着妈妈，大口喘着气，眼睛含着一丝笑意，您还记得，当年给我买蜡笔吗？那时候真的不知道什么是艺术——妈妈，这荣誉，实在算不得什么，只当是儿子给你的生日或是节日礼物吧！

妈妈老泪纵横——儿子，我最亲爱的儿子，你成功了，你终于成功了，在你弥留之际——你可以无愧地说，你是法国当代的一位艺术大师了。你可以安心走了，一路走好吧孩子，妈妈求你一件事，去了天堂别再喝酒好吗？善待自己，还有，你可别再弄断自己的腿了！

劳特累克渐渐进入梦乡——去了那个被很多人称作天堂的地方，其实，看起来也没有什么特别之处，很多人，乱哄哄的，好像也有蒙马特，也有酒吧和妓院，还有画室，那天的梦中，最让人开心的是，劳特累克的双腿居然痊愈，看起来像常人一样魁梧，一样健壮——他的身高一下子窜了起来，还有，他骑在一个高大的枣红马上，跟着父亲打猎去了。

......

调整紧身衣的舞者　1890年

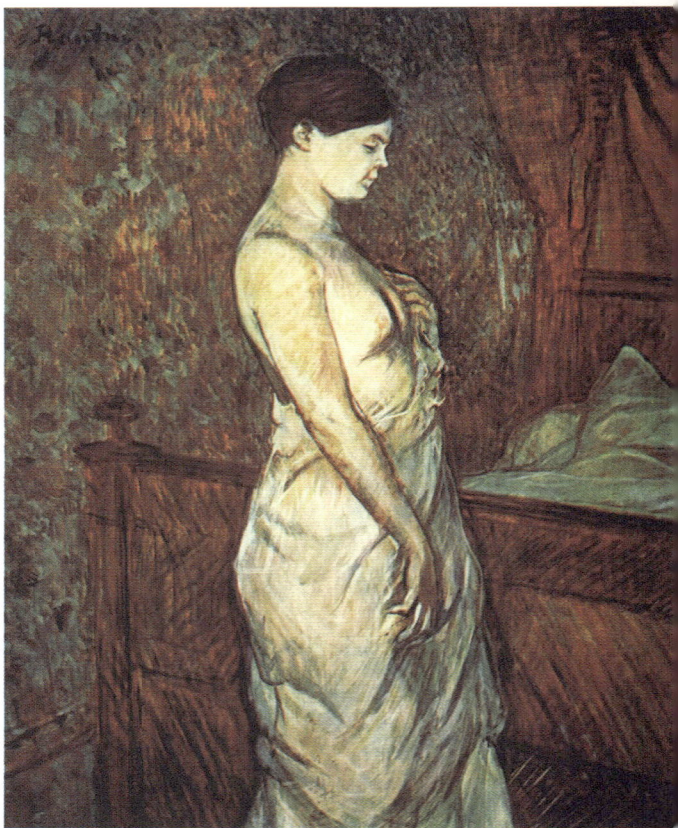

床边穿着衬衣的宝贝　1899年

蒙克，你喊，你喊吧！　蒙克

蒙克画着，蒙克也躲着、藏着，他躲开命运那带着悲剧性的
冲撞，他躲开世俗生活中那些看起来暖洋洋饶有情味的小日子，
他画愁云惨淡的病室，他画那无助的人像——葡萄膝子没有半点
柔情，红色的房子放射着和画家同样密度的疑问，自画像，也把
自己置身在火热的地狱门口，即便应该是欢快的舞会，蒙克也把
它画得冷嗖嗖的犹如死亡之前的告别演出，这不是青春洋溢的小
步舞会——没有诗意，没有应该有的笑声和歌声，蒙克没有办法
再去画那些言不由衷的装饰绘画。

Edvard Munch

Edvard Munch

　　我要向生命喊叫，我向青春喊叫，我向人性喊叫，我向死亡喊叫，我，还要向存在喊叫——就想这么自由自在地大声喊叫，喊出人生那夹杂着苦难和心酸的沉思冥想，喊出理想和世俗人生紧张的对峙和对峙之后的疲乏与无奈——即使我没有任何能力来修正来改变——修正生命苦海无边的根源，改变人世间那些与生俱来和人类自己给自己找来的麻烦和不幸，可是，我还是可以张开我那常常被现实紧紧扼抑着的喉咙，对着铅灰色的云层，对着那漫无边际的荒野，在了无人迹的冰天雪地痛痛快快地喊几嗓子！歇斯底里地喊几嗓子！

——赫尔曼·巴赫尔

桥边的少女们　136×125　1901年
挪威奥斯陆国家画廊藏

春日　169×263.5　1889年
挪威国家美术馆藏

　　——你，就那么着，瞪着大大的眼睛，圆圆地张开嘴巴，要说
什么？

　　——我，要喊。

　　——你要喊什么？

　　——我要向生命喊叫，我向青春喊叫，我向人性喊叫，我向死
亡喊叫，我，还要向存在喊叫——就想这么自由自在地大声喊叫，
喊出人生那夹杂着苦难和心酸的沉思冥想，喊出理想和世俗人生紧张
的对峙和对峙之后的疲乏与无奈——即使我没有任何能力来修正来改
变——修正生命苦海无边的根源，改变人世间那些与生俱来和人类自
己给自己找来的麻烦和不幸，可是，我还是可以张开我那常常被现实
紧紧扼抑着的喉咙，对着铅灰色的云层，对着那漫无边际的荒野，在
了无人迹的冰天雪地痛痛快快地喊几嗓子！歇斯底里地喊几嗓子！

　　把经络喊通、喊顺！

　　——要把太阳喊得颤起来，要把云彩喊得翻滚起来——要喊得感
天地泣鬼神。

　　……

　　——这是挪威画家爱德华·蒙克(Edvard Munch)的呐喊——他借
了画面上那个仓皇、不安、诡异的，看起来丧魂落魄、惊惶失色的，
举止多少有点错乱、不知是男是女的人，喊着自己从少年时代就渐渐
成型的、已经埋了很久的声音。他把他或是她画成油画刻成石版画，
色彩基调在变而造型和身材几乎没有变、构图没有变——喊的内容喊
的声音没有变。

呼喊着，问天地间生命存在的价值——

呼喊着，问人世间既定的、美和幸福的、最底层的那些带着悲剧色彩的无奈——

呼喊着，喊出艺术家心灵上最响亮的声音，喊出大爱，喊出幽怨——

喊声，悲怆，焦灼，震得天地旋转，震得人心惶惶然。

这喊声，不光是蒙克喊过——那些不同的嗓音经过不同语言系统喊出不同的腔调，但内容无非大同小异——瓦格纳喊过——他借着歌剧那排山倒海的声势；贝多芬喊过，他透过交响乐那荡气回肠的旋律；梵高喊过，高更喊过——用他们如血般的色彩和含着生命悲剧情节的造型；尼采喊过，就那么自问自答，他剥开了宗教和人性的外衣，竖着哲学和思想的手术刀——大师们面对一个残酷的问题：为生命的真正价值和生命存在的合理方式喊叫着——这种近乎自残式的喊叫成了艺术。

艺术家的成长过程，几乎多少都会有环境和氛围作为一个先决

病房中的死亡　150×167　1895年
挪威奥斯陆国家画廊藏

条件，而爱德华·蒙克家里，却从来没有一个人是艺术家——病人倒是出了不少，母亲和姐姐早在蒙克还是个未谙世事的少年时，就因为肺病撒手归西——死亡对蒙克不是一件陌生的事情，那些生命的谜底谜面，随着亲人的故去缠着他整整一生。

蒙克恨透了那灰白色的病房，对他来说，这就像是死亡的前一站——人，躺在那洁白的床单上就像一个待宰杀的羊或者是兔，那么无助，那么微不足道——那些救命的氧气瓶，就像一个个闷声不响的炸弹——它们会随时把脆弱的人类送往另外一个世界——一个蒙克始终好奇并且百思不得其解的世界。对他而言，亲人和手足的离去，多少和这些晦气的病房有关。

含辛茹苦的母亲，早早就离开了蒙克，这对于蒙克是一生不能弥补的疼，他永远记得那个黑暗的晚上——爸爸推醒还在梦中的蒙克——孩子，快起来，妈妈已经病重了，蒙克爬起来，揉着睡意朦胧的眼睛——妈妈已经咳嗽得一阵紧似一阵，蒙克彷徨中除了为母亲祈祷，不知道有什么办法可以让母亲再好起来，再和以往那样，从自己的包里面变戏法似的，拿出孩子们最想要的东西——肺病，这在当时是绝症，即便是身为医生的父亲，对已经病入膏肓的母亲也是束手无策，看着她咳嗽，带着鲜红的血，最后，离开人间，离开五个亲爱的孩子——蒙克看着这一切的发生，很久都不能恢复原状，他多想

女人三阶段　1925年

每一个黄昏来临的时候，母亲的笑声会在外面响起来，推开门，带给孩子希望，带给孩子欢笑——母亲的声音总是太具体，母亲的笑容总是太具体——蒙克姐弟五人，家境不能算是有多好，但她总有办法把一个普通的家庭生活变得有滋味，一个简单的、自己缝制的粗布娃娃，也会逗得孩子满屋子的笑声，她还会和孩子一块玩捉迷藏的游戏——她不会忽视每一个孩子哪怕看起来十分细小的要求，父母不算很有钱，可母亲的父亲——蒙克的外公开着一个杂货店，蒙克的母亲总是在最难的时候去杂货点拿些东西回来——父亲往往会很窘——这是个老实人，也没有什么能力，看到妻子从娘家大包小包带回食品时，他会多少有点惭愧，蒙克很小就记住生活这些细微的情节，他还记得，外公事实上看着女儿在自己杂货店拿东西时脸上是满足的笑容——还不就是为了自己的那几个外孙——那几个喂不饱的小蛤蟆么？外公总是给蒙克的母亲无条件的支持。

有母亲的日子真好！孩子们几乎没有寒冷和饥饿的记忆，她会将汤熬得热热的——一家子围着桌子吃着、喝着的时候，母亲总是最开心——在母亲咳出那最后一口血，无望地和人世告别的时候，蒙克觉得自己长大了，生与死对他一下子变得那么具体，一个孩子，因为病魔会轻易失去自己的母亲，失去自己的倚靠——很久很久，蒙克都沉浸在那说不出的悲伤之中——没有了母亲使他更加觉得，一个孩子什么都没有也不能没有母亲。

施肥　1889—1890年

蒙克还有个和自己很亲热的姨妈——她给蒙克买书，还买过一盒很漂亮的蜡笔——谁能说，蒙克今后成为挪威艺术史上一位与剧作家易卜生齐名的画家，和这盒蜡笔没有关系呢？孩子的梦，往往来自于一个成年人看不到的细节——姨妈没有结过婚，视蒙克如己出——直到蒙克长大成人，由工程学校转往艺术学校读书时，姨妈还起到过决定性的作用。

姨妈变成蒙克的保护人——她默默承担了一个母亲的职责——五个孩子的吃、喝、拉、撒，睡！最小的孩子几乎不会说话，就在姨妈的怀抱中哭着要妈妈，哭着闹着……

这个坚强的姨妈对蒙克的母亲有过承诺——尽自己的努力让孩子们尽可能健康成长——她除了关心几个孩子的生活还有他们的教育。读书，在这个家庭是被每个人尊重的事情，蒙克没有例外，他很小的时候就抱着书本啃，没有特别的嗜好，凡是书都喜欢找来读，找来看。蒙克身体单薄，姨妈总鼓励他好好锻炼——男人就要像个男人，除了智慧还

青春期　150×110　1894年　挪威奥斯陆国家画廊藏

[上左] 母亲与女儿　135×163　1897年
挪威奥斯陆国家画廊藏
[上右] 焦躁　94×74　1894年　挪威蒙克博物馆藏

需要体魄，坚定的意志和强壮的身体，缺什么都不行！

　　冬天，蒙克在冰天雪地中练习滑雪，夏天，姨妈带着蒙克去学习游泳，他不算是个多动的孩子，身体不好，但最终还是在姨妈的看护下健康地长大，姨妈希望蒙克变成一个有思想的，同样也有体魄的男人——而蒙克在几个孩子中最亲近的姐姐就没有那么好的运气，像早早离去的母亲一样，姐姐染上了肺病。

　　姐姐对年少的蒙克，简直就是母亲，她常常在蒙克最感伤的时候，将蒙克带去书房，找一本蒙克喜欢的书给他讲故事——很多就是姐姐随口编出来的故事，蒙克知道，姐姐也知道蒙克知道，但大家都不说穿，姐弟之间的心领神会是建立在信任的基础上——姐姐知道弟弟的心思，知道弟弟最喜欢画画，也知道弟弟最喜欢画什么——弟弟莫名其妙画那个躺着妈妈的病房——输液器械、氧气瓶、针管，有着红色十字架图案的杯子、枕头——那是蒙克刻骨铭心的记忆，这幅靠记忆画出来的图画没有阳光，没有欢笑，有的是某种病态的预言，有着某种和蒙克的年纪看起来不相称的对生命的怀疑和对死亡的恐惧。

　　对，是恐惧——看起来蒙克画得漫不经心，其实，这个细心的孩子敏感之极，他或许生来就有一种不安定，一种对明天未知的恐慌，他的恐慌也终于有了结论——一天，姐姐像妈妈一样咳嗽不停。

　　感冒了——姐姐说。

　　——可是烧得异常。

　　——感冒也会发烧。

　　——不对，妈妈上次就这样，和你一样的症状。

　　——别担心，姐姐还年轻，决不会离开你——我亲爱的爱德华，别乱想了。

　　——呵，姐姐，希望不会，我没有办法接受肺病会和姐姐在一起！

受难之地　80×120　1900年
挪威蒙克博物馆藏

也许吃点药喝点水，你会慢慢好起来。

　　——会好的，就请你给我保守秘密，千万不能告诉爸爸——他一直
没有从母亲去世的悲哀中缓过神来。

　　蒙克在心里为姐姐担心，默默祈祷着。

　　没有别的，蒙克在心里还有最后一线希望，向上帝祈祷——它不会
看着不管吧。

　　——终于，爸爸给姐姐诊断——同样，姐姐患上的是和妈妈一样的
那个可怕的肺病！没错，就是肺病！它缠住了姐姐——年纪只比蒙克大一
点的姐姐。

　　蒙克拒绝了爸爸要求孩子们和姐姐隔离的要求，他太固执了，就在
姐姐的床前，他要拉住姐姐的手。他要面对着姐姐——唯有这样，蒙克
相信姐姐才会战胜死亡活下来——他乞求上帝——行行好，怜惜一个有
病的好孩子吧！

　　姐姐同样祈祷着，为自己年轻的生命，也为自己的弟弟，她知道，
失去母亲之后，弟弟就变得沉默寡言——孩子心中的太阳熄灭了，不能
再给他失去姐姐的痛苦。不能，绝不能了！上帝，如果你还有眼睛，就
看，看善良的孩子其实是多么无助！

　　……

　　姐姐咳嗽——发烧——吐血——说胡话，终于，姐姐告别人世，她
含着泪的眼睛里都是不情愿，最后，还是告别了弟弟，去天国找妈妈去
了——蒙克失去妈妈之后，又失去了像妈妈一样照顾过自己的姐姐。

　　蒙克在姐姐告别的那一刻，想换——用自己的生命换回姐姐的生命，蒙克也生过重病，但老天爷还是网开一面，在腥红热的虎口活了下来，然而，这时候对他来说，活着，面对亲人去世是一种生不如死的折磨，特别是面对着和自己差不多年龄的姐姐——应该有花样年华，有着美好前程的姐姐。

孤独的月光，透过凄凉的百叶窗，掠过那些悄无声息的床架，洒到姐姐已经没有知觉的脸上，清冷的光斑若有若无地抖动着——病房，又是病房！这个总给蒙克最坏记忆的地方——今天，看起来一股诡异之气，病魔又赢了，它以它的存在方式宣告着一幕幕悲剧。

药罐子、药盒子、救命的呼吸器械——那些说不出名字的手术治疗仪器——痰盂、量杯、医生护士用过的橡胶手套、那些挂满一墙的白色大褂，面对这些那些看不见的病魔，这些存在显得多荒唐——你们显得多么无奈，多么无用！

蒙克怎么也不肯走，他要在这冰冷的病房陪着姐姐最后一程——去哪？天堂？地狱？那些都不重要了！总之，今生今世不会再有机会像今晚这样和姐姐坐在一块了——他坐在姐姐的床边，看着姐姐，想着昨天、前天——那些和姐姐在一块的日子——那些歌声，那些故事，那些一起画的图画——那些欢笑、悲情，像一把冷涩的剪刀，残酷地绞着蒙克那些甜美的童年记忆。

都走了！

生命不应该这么脆弱！

然而，生命的确确是这么脆弱——医生面对姐姐就像蒙克一样没有办法！

忧郁 64×96 1892年 挪威奥斯陆国家画廊藏

上帝也一样。

——他想，从此，不会再信上帝了——上帝连自己最喜欢的人几乎一个都没有放过，哪怕自己在心中虔诚地、一遍又一边祈祷着，祈祷还有用么？

蒙克撕下贴在墙上的基督画像，撕得粉碎。

生活，难道都是悲伤和眼泪吗？为什么就不能多点欢乐少点病痛呢？姐姐、还有母亲，她们祈祷的时候是那样虔诚，直到生命的最后关头她们依然没有忘记向她们的上帝求救。

如果生活就是一个永远的悲剧，那么，为什么人还要那么艰辛地活着呢？

为什么不能少些痛苦和悲哀？蒙克不要别人的劝解——也没有人可以劝解得了——他接连失去两个最亲近的人，他已经不相信生命会是一首诗或是一幅画这样美丽的说教，对他来说，生命是灰色的不可知，是苍然的

盛夏　95×119.5　1915年
挪威蒙克博物馆藏

恐惧，是周而复始的失望，是束手无策——是彻头彻尾的无可奈何！

这些人生负面的因素，都像涓涓细流，无声地流淌在蒙克早熟的心灵，然后，成为他日后绘画的最基本的资源——倾其一生，蒙克用艺术向死亡发问，向命运呐喊！

姨妈知道蒙克的痛——撕心的痛，她抱着蒙克，默默对他说道：孩子，你哭，你哭出来，这样会好受些，然后，就别再哭了，你是男人，男人的泪水别轻易流出来——把它咽到肚子里！

蒙克在父亲的坚持下，走出家门，报名去读一家工程学校，他让蒙克带着行李走出家门——不能老闷在家里，你还有很长的人生，苦痛和悲伤不能把你真正养大，去学习知识，学习独立生活，你要慢慢长大。

图表、设计、材料、预算——这一切是那么刻板，不学不知道，坐在教室里，蒙克慢慢知道这种机械刻板的生活原本不属于他，加上多病的身体，使蒙克看起来像一棵没有长成的树，一周，总有几天就窝在宿舍里不出来，他显然还没有从丧失亲人的痛楚中解脱出来，同时，这种毫无滋味的工程设计，对他来说一点吸引力都没有，同学们一开始就把爱德华·蒙克视为异类——他实在少了一股学生所该有的蓬勃朝气。

有一天，姨妈来给蒙克送吃的，在蒙克的宿舍，她看到蒙克用蘸水笔画着画——一张自画像，线条不是很老到，但看得出来，蒙克用心在画——他的心不在工程而在艺术。姨妈看着，想着。

——亲爱的爱德华，你看起来应该学艺术！

——姨妈，您知道，我自小就喜欢画画的，可是爸爸的意思是学工程会有一个可靠的饭碗吧。

——孩子，艺术需要潜力，这不是每个人都有的东西，而你有，这是你的天赋，我想，我会和你父亲好好商讨，你去学习艺术，去奥斯陆最好的皇家美术学院，不要耽搁了，你气质上有一股细腻而热情的东西——这是属于艺术家的资质，只要你好好努力，我想，不要很久，你将会成为挪威最优秀的画家。

姨妈冷静、聪明，她准确地看到蒙克的潜力。和蒙克父亲讨价还价一番，蒙克如愿以偿，他成了艺术学院的学生。

蒙克不能说是个很有野心的学生，他一开始并没有意识到自己今后的艺术道路，他缓慢而持久地用功，画着、思考着，面对人体模特，他边画边想，心里所想的东西，那些忧伤那些苦闷，如何透过绘画宣泄出来，表达出来，也许这才是艺术家最重要的任务——进展不算顺利，蒙克在技术上的进步反常缓慢，有时候他甚至不知道这是不是自己最合适的一个学业，当然，他在学校生活期间没有马蒂斯那看得见的雄心——进入绘画史，然而，蒙克尽管进步缓慢，但最后还是成了，他不光成为一个成功的画家，在挪威赢得这个国家的尊敬，他更是一个推动了二十世纪美术发展的优秀艺术家。

蒙克对绘画艺术形成实质性的理解并把这种理解揉入自己的作品

是在十九世纪晚期，当时的挪威绘画主要还是法国巴比松绘画的传统风格，倒是同一时期的法国和德国，现代艺术开始萌生，法国绘画在经历了印象主义的洗礼之后正迅猛地步入绘画的现代思潮，德国绘画也在其现代哲学思想的熏陶下成长迅速，对人文主义的关注正是这个历史阶段艺术家和作家成长的根源。蒙克跳过挪威画坛因循守旧的习惯，直接面对自己过往的生活经历。对人的存在和社会环境的矛盾思索，他从德国表现主义对德国浪漫主义的直接批判中吸收到一些营养，伟大的挪威戏剧家易卜生的作品给了蒙克深刻的启发，并且，生活中所见所感到的悲剧式的体验，也给了蒙克绘画最直接的契机——艺术应该是一个自我的觉醒，艺术家必须站在生活最基本的层面上思考，依据个人的性格选择文学、雕塑、戏剧、音乐和其他不同的艺术语言形式，并在不同的语言规则中找到自己最准确的表现管道——蒙克的一生，过早体会到不幸、悲哀、伤痛、忧郁、孤寂、无助、折磨、苦难——对于一个普通人，这是生活负面的根由，然而，对于一个有思想的艺术家，谁能说这不是一个资本呢？

蒙克和一批志同道合的画友组成一个画会，为了一个共同的目标他们站在一起——改变挪威绘画那长期以来的绘画审美习惯，将艺术放在哲学的层次上重新锻造！

朋友们渐渐知道蒙克的身世，知道他藏在心底的、丧失亲人之后无比的痛楚，也渐渐明白，这样的大喜大悲，最终会让蒙克大彻大悟，并将这样一番深沉的情感在绘画中表达。

一次，画友带来一个病孩子，让她给蒙克做模特。

蒙克太熟悉了，他熟悉病中患者的辛苦，他同样熟悉患者家属对患者那种爱莫能助的心态，他更想让病患者们在自己的画中回到一个美的空间——让病魔见鬼去吧，让死亡见鬼去吧，患者和我们一样有对生命憧憬的权利，一样有对美好未来向往的权利。

呵！孩子那枯黄的头发，忧郁的眼神，让蒙克心酸，她那虚弱的喘息，飘忽着的神思让蒙克想起姐姐，想起母亲——求生，求生，求生！孩子不服输，她那漂亮的眼睛含着希望，含着对生活哀怨之余的一种希望火花——哪怕还有一线希望都要挣扎的火光！蒙克画着、画着，他将不满意的地方刮掉，再重新画，一遍遍涂着、改着，他忽然觉得这个绘画过程无异于和姐姐和母亲的交流——这是发自心灵的交流——忘记了色彩的基本原理，忘记了造型的理由和依据，同样忘记了模特自身——对蒙克来说，悲剧性是人生都要面对的一个基本问题，当绘画走出一个纯粹对客体物象描绘的功用，绘画便应该直达心灵的府第。

《病孩子》诞生了，蒙克将色彩压上去，亲人怀念的情感压上去，画笔很率意地在画面上挥动，空泛的地方可以见到最下层的画布，亚麻那昏黄色让人发颤、抖索的笔触，画刀的痕迹——倾诉着，那些月色朦胧的黄昏，那些漫长的黑夜中宵，蒙克就那样和姐姐、和母亲一道和病魔抗争的，亲人没有办法在死神手中抢下另外一个亲人，生命淡如轻烟薄云——这个主题，一直是蒙克所关注的主题，他几乎没有停下来过，一直画着这个主题，从一开始的高度写实到后来的写意，从色彩斑驳的表现主义绘画形式到真正蒙克的语言——蒙克忽略绘画造型的一般要求之后所画出的个人风格极强的作品，借着画面，蒙克在自由自在地宣泄，在自由自在地呼喊，他为自己积郁了很久的伤痛找到一个排泄的出口和管道——对于一个画家来说，蒙克不能仅仅在个人生活的不幸中徘徊，他有更高的要求和更重的责任——在悲剧上升华出惨淡的美丽。

生命固然可以生生不息，爱可以生生不息——同样由悲剧生发出来的美丽也将生生不息。

地狱中的自画像　82×66　1903年　挪威奥斯陆国家画廊藏

　　蒙克画着，蒙克也躲着、藏着，他躲开命运那带着悲剧性的冲撞，他躲开世俗生活中那些看起来暖洋洋饶有情味的小日子，他画愁云惨淡的病室，他画那无助的人像——葡萄藤子没有半点柔情，红色的房子放射着和画家同样密度的疑问，自画像，也把自己置身在火热的地狱门口，即便应该是欢快的舞会，蒙克也把它画得冷嗖嗖的犹如死亡之前的告别演出，这不是青春洋溢的小步舞会——没有诗意，没有应该有的笑声和歌声，蒙克没有办法再去画那些言不由衷的装饰绘画。

　　蒙克按照自己的需要画画。

　　蒙克按照自己的美学信仰画画——真诚地把内在最隐密的感情端出来——艺术都是发自心底的声音。

　　传统而保守的绘画界并没有轻易地给蒙克开绿灯——展览会上《病孩子》受到冷嘲热讽——这如同一个未完成的垃圾，它不应该堂而皇之地挂在展览厅中——这些被惯坏了艺术评论家，他们没有眼睛或是不愿意更深一层地了解蒙克的美学追求，他们同样不懂得蒙克内在那种强烈的人文主义企图心，很简单，不入他们的眼，不是他们所要的那种"艺术语言"便不会得到他们的喝彩与鼓吹，这一点，从过去到现在一点都没有改变。

　　结果，蒙克的画被从墙面上取下来——展览会的组织者不愿意为了一个初出茅庐的画家得罪那些艺术权威——那些自以为是的文化卫道者。

　　从传统的审美角度看，这幅画不算漂亮，没有谁会喜欢买回去装饰自己的客厅——那是个真正无助而充满恐惧的病孩子！蒙克揭示的是压在生活下层的悲凉与沉重——他挥着精神的手术刀，切割、肢解——有哪一个真正的批评家会秉持着学术的道义来仔细看看蒙克的作品呢？又会有哪一个真正有远见卓识的批评家能够预见，就是画这幅被从墙上取下来的作品的画家，将在挪威绘画史上占有举足轻重的地位？

抱着画回家，这不算是个很体面的结局，然而蒙克没有丝毫埋怨，画家成熟了，他很清楚自己想做的或是正在做的——只有母牛会沿着同一块草地吃着相同的青叶子草，作为一个勇敢的、有使命的画家，既然你走在时代的前列，那么，你就等着吧，等着传统的文化习惯和审美风尚的冷嘲热讽吧！

无论如何，做一个问心无愧的艺术家，你要出众，就不必等候大众的鼓掌。古往今来，这种例子不在少数，就这样走，按照自己的心愿和意志走到底吧！

暂时避开，避开绘画界那不疼不痒的积习，蒙克关起门来练本事，他画自己熟悉的人和生活，家里的女佣人也是他的模特，画她那双被碱水泡白了的双手，还有她那为生活担忧的眼神，对命运逆来顺受的无奈——蒙克一遍遍画着，还有妹妹，同样，亲人过早的离去，给妹妹同样的痛楚与感伤，让妹妹坐在冷冰冰的岩石上面，背对着沉静的海洋，那双忧郁的眼睛诉说着……蒙克在对不同的人物刻画上尝试不同的风格语言和表现手法，他对人物的处理上，往往会故意忽略那些写实绘画中"像"或是"不像"这些因素，对人物心理的刻划上，往往见到蒙克的功力和追求——他整天沉浸在自己的工作中、思考中，名利没有对他构成更多的诱惑——他满心情愿地把自己交给这种建立在心理学层次的绘画探索上——好消息还是在沉默中传了过来，蒙克的《病孩子》在一个展览会上引起一个很重要的艺术批评家的注意，在报纸上，批评家写道——整个展览，唯一真正打动人的作品，就是爱德华·蒙克的《病孩子》……

夏夜　1889年

于是，因为这个影响很大的艺术评论，政府机构也对蒙克垂青，他得到一笔非常可观的奖学金，去法国巴黎留学——说起来，爱德华·蒙克是幸运的，对一个艺术家，饱游沃看有多么重要！

蒙克的艺术之梦，将要在法国巴黎徐徐开始了。

蒙克的绘画，带着北欧民族那独特的冷静、理性——巴黎应该给他的绘画多多少少浪漫的洗涤，对卢浮宫那些旷世名作，蒙克向往已久。

他徘徊在博物馆中，仔细地看着，意大利文艺复兴的那些作品就在自己的眼前——昨天，这些对自己就像个神话，法国后期印象主义那灿烂的阳光直直射进蒙克的心房——绘画不能无病呻吟，你要把情感放进去，把信仰放进去——你要把命放进去！

——把命放进去。

呵呵，高更，高更！久违了，你那些大溪地善良、多情的女人喀，她们有着这个世界最光洁的皮肤、最美丽的身形和最快乐的心怀——不管放在哪里也都会是人类最壮美的群塑！头小、身子大、不合比例，那又能怎么样呢！思想没有边际，灵魂没有尺度——肉眼凡胎的比例不会给高更为难——你不是照相机，你是显微镜，你盯着人类最虚弱的精神内核，解析、聚焦、放大，你看透了大千世界的滚滚

疼痛之花　50×43　挪威蒙克博物馆藏

红尘，你在用另外一种形式拯救，在你几乎都不能拯救自己的时候试图拯救芸芸众生，你的橘黄、群青、玫瑰红、土赭、普蓝——它们会说话、会倾诉——绘画的魅力早就不在情节，高更，就凭着这一点，你坐着象征主义的第一把交椅也当之无愧！还有马奈，你那些激动人心的黑色，没有人说这是色彩——没有外光便没有色彩，可是，教条的色彩关系依然不过是工匠的游戏，应该说法国绘画从马奈开始真正改变了精神面貌——绘画不再是冒着酸气、装模作样的世俗装点，他扒开了法国艺术那外在的浮华直达肉身，直达神经和灵魂——他同样怀着那与生俱来的诗情画意，在画面上告别了神，然后，面对着人——对美好生活憧憬之余，画家开始以评判的态度反省生命的意义、人的意义——以往的艺术家谁在乎，谁又懂得在乎？！马奈窥到了现代绘画的理由和依据，那就是人性、人性！没有马奈，就不会有高更，不会有现代绘画的蓬勃发展。

——现代艺术，就是建立在传统文化基础之上的、崭新的高楼大厦。

蒙克没有心思留恋在巴黎温柔的风景中，他想追根溯源，真正弄清楚绘画艺术的本质，在形式上，蒙克清醒地找到自己艺术的支点——在表现主义和象征主义之间。

诗意的、浪漫的、感性的、热烈的、抒情的绘画因素，和蒙克冷静的、哲理的、荒寒的、严酷的绘画语言和精神密度碰撞着——蒙克不会轻而易举跟着流行的歌谣打自己的节拍，同样，面对艺术发展的洪流，他绝不做一个旁观者——就把握自己最缜密的艺术思考，把握自己最熟悉的艺术表现方式，最真实地表达，艺术没有顶点，没有终点——艺术家，你永远应该在自己的最高处重新出发，发现，表

女性裸体 1913—1914年

达，倾诉，呐喊！

三年之间，蒙克多次往返于法国和挪威，他常常中途在德国逗留，他喜欢这个严谨的民族，对德国古典美学和现代哲学，蒙克有很深的研究和见解，同时，对德国浪漫主义之后的绘画也十分注意。他曾经应邀参加德国柏林艺术家协会（Verein Berliner Kunstler）所邀请的展览，结果，展览出现了戏剧性的结果，参展的协会自由派因为蒙克的原因而选择退出了组织，自己成立了柏林分离派。这个组织周围，有一批优秀的作家、音乐家和画家，他们思想自由开放，对新生事物敏锐——更重要的是，他们善待艺术家，为了蒙克他们采取了过激的行动，和社会上已经名声远扬的艺术家协会彻底脱钩——他们这一果决的行动也刺激了蒙克，蒙克甚至定居在德国好一段时间，他以自己成熟的绘画作品和艺术创作思想成功地影响了德国表现主义绘画，德国表现主义的研究学者，几乎没有人把蒙克置于德国绘画的门外，这个过程，也为蒙克在自己的国家挪威赢得最高的盛誉，挪威文化界已经认识到，蒙克已经变成了世界级别的现代绘画领袖人物。

……

蒙克回到自己的祖国，挪威对自己的儿子展示了最诚挚的欢迎，他不再是艺术展览上落选的失败者，他的名字在报刊上和社会上广泛流传着。挪威赋予自己的艺术家以崇高的地位，在奥斯陆的国家美术馆甚至还专门开辟了蒙克的展室——蒙克对这突然出现的光环异常冷静，作为一个画家，他不会对自己的使命掉以轻心，他的眼睛，从表现主义的阵地上看着印象派，那活蹦乱跳的光线，那变化万千的色彩，常常让蒙克陷入沉思，色彩应该具有速

度——画家主观先行的速度。

　　蒙克愉快地画着、思想着，看着挪威山明水秀的风光，他常常反省——生活，除了那躲避不了的沉重，还是有许多正面的因由，山好，水好，绿树青云好——就看人从哪个角度来阐述，以什么样的态度和身段来阐述——其实，死亡后面是重生，黑暗的尽头是黎明——人生短暂但生命的过程却一样，除了那说不尽的苍凉外，还有那绵绵不绝的诗意——艺术家除了批判还要歌唱。

　　一次，蒙克在山中画着速写，一阵悦耳的、少女的歌声传了过来——这和四围静静的群山形成一个强烈的对比，顺着歌声，蒙克看到一个身材修长的背影，面对青山如黛，少女婀娜的身形就像一首青春洋溢的诗……

　　蒙克被歌声深深地吸引——被那个女孩子纯真美丽的歌喉深深吸引，他生性羞涩，实在不好意思上前问个究竟。

　　画家面对这美丽的少女，画画的心思早没了。

　　蒙克每天远远看着姑娘练唱，他有时候躲在山石背后或者树丛中，听着、看着——这个名声赫赫的画家，居然害了单相思。蒙克看着姑娘一早赶来，晚些时候回家，一遍又一遍练习女高音练习曲——姑娘来自附近的音乐学院。

听着歌声，蒙克浑身发软，很快，他甚至什么都不想动，就在家里躺着，画不想画，书不想读，偶尔听听留声机中的唱片，他不敢听歌剧，不敢听女高音——那声音像剑，听着听着，就好像要穿心刺肺——蒙克傻眼了，他实在没有想到，一个非常冷静、理性的人，多少年在感情生活中心如止水，居然坠入情网这么彻底，而且是单相思。

一连好几天，蒙克没有在那个小山坡上出现。

嗒——嗒——嗒，有人敲门。

蒙克开门，愣了——那个梦中常常出现的姑娘居然站在他面前，带着笑。

——你，好几天没有出现在那个山坡上，为什么不来画画呢？你生病了么？

蒙克张口结舌，涨红了脸，只顾双手下意识地挫着，居然没有请姑娘坐下来，他实在没有想到，这个天使般的姑娘居然来到自己的屋子中。

——我没有……不，我生病了……

——你看起来瘦了，脸色发青，多少还有点憔悴——头发都比前几天长了许多。为什么？

——为什么？蒙克当然知道为什么。

但是蒙克没有吭声，他不好意思承认为了这个在林子中偶尔碰到的、自己连名字都没有搞清楚的姑娘，他常常害失眠——还有，会莫名其妙地做梦，做到姑娘穿着白色的礼服，拿着一把红色的玫瑰和他进教堂。

姑娘好像没有拒绝蒙克，她当然对蒙克过人的才华惊羡不已。蒙克平常笨嘴笨舌的，现在可不，他滔滔不绝讲着，忘记礼数——他恨不能把自己所有的优点都暴露给姑娘，其实，除了绘画以外，蒙克还真的没有什么可以拿在手上炫耀的东西——哲学思想是看不

太阳　482×788　1914—1915年
挪威奥斯陆国家画廊藏

[左]吸血鬼 1895年　　[右]灰烬 1925年

见的。

丛林中，姑娘会和蒙克携手共行，看不尽的花花草草，看不尽的朝露和晚霞——平常实在没有什么特别的山石，在这时候却显得格外好看。

默契，在两个人心里，有意无意地，他们几乎每天都会在同一个地方碰到，姑娘对着面前那一汪绿油油的湖水练唱，蒙克就在附近找一个地方写生，风景不是最重要的主题，蒙克心在姑娘身上——听着歌声，蒙克的手好顺，画面在画笔下面迅速铺陈——山在笑，树在笑，云彩太阳都带着人的欢快——画着画着，蒙克会情不自禁地把头转过去，朝着姑娘含情脉脉地笑笑，还会顺手给她送上喝的水。

姑娘休息时候，会对着蒙克的新作品看着，评论着，音乐学院的学生居然对绘画全不陌生，这让蒙克更多几分欣喜——他太孤独，他的艺术太孤独了！姑娘善解人意，并且，对蒙克的绘画总是可以提出独到的见解——构图、色彩，她甚至对德国表现主义的发展也不外行。

蒙克从心里面怜爱这姑娘，喜欢看她那双褐色的大眼睛，每当姑娘唱歌时候，蒙克会全神贯注听着、看着，默默享受上帝突然给予自己的这份礼物。蒙克甚至自己独自设计着两个人的前景——姑娘会是第一流的歌唱家，自己也一定是个一流的画家——两个人的组合不光是世俗家庭结构的诞生，更是志同道合、携手并肩的一对伴侣。

蒙克为她画像，再加上环境——静逸的湖水，挺拔的松林，姑娘显得安静、闲适。

——亲爱的，看吧，太阳在笑！

——山川湖泊在笑！

——鸟鸣花开，大自然都为我们高兴呢！颜色是我那想喊想唱想叫出来的心情——你看吧，姑娘！蒙克从此不会再垂头丧气，不会孤独忧郁，不会停滞彷徨，因为——因为你在我身旁。

……

大概这就是恋爱吧？为什么我会分分秒秒都在想她？她那多情的眼神，她那美丽的笑靥，我只想好好待她，好好保护她，我将为她画出最出色的作品——如果她要我去跳下前面那个山崖，我想，我会毫不犹豫地跳下去！

然而，好景不长，当蒙克要做短暂的出国旅行

自画像　1904年

时，姑娘名花有主，一个波兰裔医生成了她的丈夫。

　　还有，婚后，这个百灵鸟似的姑娘并不幸福——嫉妒心极重的丈夫，不能忍受妻子给别人带着暖意的笑脸，不能忍受自己的妻子居然还有很多男性的友人，他们甚至会约自己的老婆出去喝一杯或是跳两圈——终于在一次酩酊大醉之后，莽汉子一激动，拔出手枪打死了自己会唱歌的妻子。

　　百灵鸟没了——歌声从此死了。

　　那在蒙克生活中如闪电般出现的亮光，从此不见了！

　　他，想死。

　　几个星期！短短的几个星期，说不完的情话，光明的憧憬——快乐、担忧、怀想、焦虑、猜疑、挂念、嫉妒、失望、悲哀——他们曾经争执过，甚至吵过，总是蒙克让着，很快便也就风平浪静了，没有大不了的异议，最多是性格上的不同罢了——然而，这一切都不复存在了，消失得无影无踪——蒙克甚至想到和姑娘结婚，不管住在哪，挪威也好，德国也罢，他都会一如既往爱她护她——朋友们笑他痴情，笑他原本就没有女人缘，笑他太笨太傻太真太木太无能固执太古典——这个时代婚姻恋爱不过是杯水主义，干嘛那么惊天动地当真呢？再说，蒙克所谓的那些惊天动地的爱情也不过就是曾经在姑娘的手背上吻过几回罢了——他压根连女人的滋味都没有尝过却自己把自己从心底死锁——这个世道，好姑娘好情人多的是，山上到处有花朵……你干嘛这么认死理呢？蒙克固执是出了名的，没人可以劝说他，那些无谓的家常话对蒙克也起不了什么作用，爱，失去，这失去的便不会再回来，永远不会——蒙克经历了从欢乐的天堂到惨

淡的地狱！痛，不能弥补的痛，带着血带着肉的痛楚啊！

这场突如其来的恋爱，简直要了蒙克半条命！

那黑色的记忆——像压着一背包沉重的矿石。从此，蒙克的画离不开那些黑色。

他后来也有过一次说不上是不是恋爱的恋爱——那是个贵族的姑娘，看起来也还算不错，和蒙克走一块不算不般配——就是脾气急点，她不管蒙克是否在工作，只要她需要蒙克，蒙克就必须到——没有什么商量。有一次，两人因为小事起了争执，姑娘带信给蒙克，要为他殉情。

惊慌失措的蒙克赶紧跑到姑娘家，气喘吁吁地推开门——姑娘竟然笑嘻嘻若无其事，手上端着冒着热气的咖啡——她想看看蒙克是否真的爱她、在乎她。

——你，你还好吗？

——呵呵，我亲爱的爱德华，你瞧，我这不是很好吗？

——蒙克擦着汗水，想着，脑子里面却是那个让他差点倒下去的唱歌的姑娘——眼下的这个满身市侩气的姑娘，真的好虚荣好做作啊！

这，难倒算得上是爱吗？没有以往那种让人难于启齿的羞涩，没有以往那让人难以忘怀的甜蜜——同样没有以往那种让人不安的期待和守候——有的是虚幻、无聊、怀疑、诧异——蒙克所想、所做和所期盼的，和姑娘格格不入。

圣女　91×71　1895年
挪威奥斯陆国家画廊藏

——我亲爱的爱德华——你这个闷声不响的牛，一个笨而且倔强的野牛。就不能细致一些或者温柔一些吗——我想，你应该好好爱我，然后，好好卖画，再然后，带着我去周游世界——如果你来娶我，我真想马上嫁给你——我可以用我家族的资源，让你早日功成名就。

还有，你不要忘记——你的成功会因为我而指日可待！

……

蒙克突然发现，他不爱这个姑娘，这远远没有和那唱歌姑娘的感觉和情

意——大概就是一种空虚心灵的填补吧，没有这个满身珠光宝气的姑娘，自己还是可以活得好好的、甚至更好！她要的是个虚荣，要一个听使唤的猫或是兔子！他受不了那种神经质的折磨，姑娘把画家的痴情当成一个轻喜剧在玩！她既在看戏也在演戏，导演和演员都是女人自己，爱德华·蒙克不过是个跑着龙套的小角色！……最终少言寡语的蒙克决定离开那个自私、多疑、自我为中心的姑娘，大概上帝要关上我恋爱的大门——我不要再在这世俗的门槛上折腾了，把自己全部交给艺术吧——当你用你的心去爱你的艺术时，它不会对你反目，它会永远给你真正的它——艺术，你将是蒙克永远的情人。

——就孑然一身吧！

蒙克决定，此生不再去招惹任何一个女人，他太爱绘画，也太怕世俗社会的恩恩怨怨，人的一生短暂得像一阵微风———下子会过去，做自己喜欢的事情，做有意义有建设性的事情——蒙克扭头告别了人生那些看起来灿烂无比的情爱，把自己全身心地投进了绘画艺术。

艺术，因为热烈的爱产生，艺术也会因为对爱的深深绝望而产生——蒙克心中是个火热的熔炉，他要把所有的原石加以熔铸加以锻造，再还原成自己的艺术。

亲人的死亡，爱情的死亡，让蒙克慢慢明白人生事实上除了面上的灯红酒绿、功名利禄外，其内质中所包涵着的苦难和悲哀具有同等的密度——哀伤不会离开人类生活——这不，当蒙克第二次来到巴黎，准备在卢浮宫做一番后期印象派的研究时，妹妹发来电报：父亲病危，急归。

又是一个至亲！

作为医生的父亲，他没能把比自己小很多的爱妻从死神手里抢下来，女儿的离去，让他饱尝了白发人送走黑发人的凄凉，他以丈夫的身份，以父亲的身份，同时，还以一个医生的身份，曾经眼睁睁看着自己的亲人一个个离去而没有任何解救的方法，他在蒙克的母亲去世以后，挣扎着把孩子一个个拉扯大，吃了多少辛苦，终于，他也准备走了！

蒙克用最快的速度赶到挪威时，还是晚了一步，很久没有见到的父亲已经安葬，他再也没有机会看一眼父亲那被生活压弯了的脊背，再也没有机会看着父亲那满是皱纹的脸庞，他，再也不能给年迈而且晚景苍凉的父亲端上一杯热咖啡——生命，事实上弱不禁风，弱不禁风啊！蒙克记得爸爸年轻的时候，有很好的职业，很好的气质和学养，几十年光阴短暂得如同一个春夏秋冬！面

[上] 分离 1896年
[下] 晚上好 1888年

对着白雪掩盖着的坟丘，蒙克已经没有眼泪了，艺术家真正长大了，在心智上，在意识上——生命无常已经不是书本上的诗句，它是一个看得见的事实，人生逃不脱死亡的威胁和考验——就去做自己最想做和最应该做的事情吧！苦难和悲伤对蒙克是一个致命的打击，但对于蒙克的艺术，恰恰是最重要的基石——来源于对悲剧的真正理解和对死亡的彻悟，蒙克已经不会在艺术上有任何彷徨——技巧和绘画现象的东西不再是画家最注重的细节，他知道，自己应该是一个最好的画家，自己也一定是最好的画家——他彻底明白作为艺术家，原来并没有选择——艺术，对于自己，已经不再是个职业，而是一个没有办法阻挡、没有办法抗拒的命运！没别的，就让自己最彻底地对着画布，对着自然，喊出心中最想喊出的声音吧！

——用自己的余生，余热，去做最好的画家吧！

……

蒙克再一次在丧失亲人的剧痛中直直地站起来，他在心里做了最彻底的决定，把余生全部交给自己最钟爱的艺术——带着绘画，带着对艺术矢志不渝的忠诚，走到自己生命的尽头。

当年，在挪威的奥斯陆，蒙克开始学画，完成对绘画思想的深度探索是在德国，而对绘画语言那技术性把握，并让它日趋成熟，还是在法国的巴黎，在这里，蒙克耳闻目染巴黎作为世界艺术之都的那些特质，每一次聚会，每一个画展上，很自然会碰

生命的舞蹈　125×91　1899—1900年

上一些声明远扬的艺术家，据说蒙克那为数不少的版画作品，就是受到当时巴黎著名的画家劳特累克的启发，当时，蒙克已经在油画上取得很大进展，他希望透过绘画和更多的观众交流。劳特累克对版画技术娴熟的技巧让蒙克赞叹不已，同时，劳特累克的绘画风格，充满揶揄、调侃和批判色彩，一来是画家对法国资本主义文化所掩盖的腐朽的意识形态和审美方式的批判，同时，劳特累克生来残废，在心智和人生态度上都和社会格格不入，在对人性那种悲剧式的认知上，劳特累克和蒙克可以说是个知音。

没有丝毫隐藏，劳特累克快人快语，他大度地向蒙克展示自己的作品：铅笔素描、油画、招贴，还有为数很多的石版和木版作品。他拖着残废的腿，把蒙克带到戏院——那里，张挂着劳特累克的大型招贴画。

——尊敬的蒙克！你看看，这种招贴是多么有力！它不再是画室里面仅仅属于画家的私房活！它就站在这里，每天和整个巴黎说话，和成千上万的欣赏者说话，美需要交流，绘画需要传播——画家需要观众的呼应。

——一点没错，所谓现代绘画，其实就是跟着社会发展的速度思索，思索人和社会之间的关系，思索人在物质世界的心理发展流程，和读者与观众的交流，在某种意义上正是绘画艺术语言的扩张和延续。

——试试吧，版画会让你更快，更直接——把自己的艺术

红和白　93.5×129.5
1900年　挪威蒙克博物馆藏

和思想释放出去。

挪威人跟着瘸着双腿的法国画家，来到那满是印刷机械的画室——劳特累克在这里工作着，好在他家底殷实，他想画画就可以放心画画，无需担心身上衣衫口中饭食，他想印制版画，就可以随心所欲地买这些对很多艺术家几乎连想都不敢想的机械、设备，劳特累克生性善良，他同样在巴黎帮助过印象派两个极为优秀但在生活上落魄不已的画家梵高和高更。

蒙克用着劳特累克的机器，用着劳特累克的刷子、铲子、印油，还有那些脏兮兮的麻布，一头扎进版画制作的工程中，艺术史没有记录两个著名画家联手的情节，可以想象，两个志同道合的性情之人，在一起研究和探讨的那一番满足与快意。

蒙克那北欧乡下人冷漠、理性的性格，在巴黎多少受到冲击，在绘画上，巴黎那种诗意盎然的情调，对蒙克绘画沉郁、冷涩的风格，多少是一个补充和矫正——绘画毕竟不完全是哲学的通解，绘画有其自身的艺术属性和对美的表达方式，它在最底线，依然凭着画家的思想和技术水平说话。他细心研究马奈，同样，也细心研究自己的朋友劳特累克，对高更，蒙克几乎到了信仰的地步——他们在绘画的结构上有一种微妙的神似，在对人类命运的怀疑和反省上，他们更是有同样的目的和追求。高更对绘画构图下过功夫，他看起来漫不经心的构图事实上非常讲究——他借用很多东方的装饰手法，在背景上几乎是用平涂的手段，大块面简洁的铺陈，将色彩内在的那些原力发出来，这些因素，都对蒙克的油画创作起到十分重要的影响。他细心研究劳特累克作品中那说不尽的苦涩——一种深藏在绘画肌理中的苦涩，他同样在高更作品中仔细地寻找画家对人性的反省和绝望——生命有自己的轨道，作为人，对自己的认知是那么微不足道，有多少人知道生命的真正目的和意义？蒙克，在这几位一体的悟化中冷静寻找着自己的突破口，他尊敬劳特累克那含着酸楚的自我解嘲，他对高更的那些精神、思绪同样神往，但作为画家，蒙克非常清楚自己的责任，他不会满足于像谁、接近谁，他要用自己独特的绘画风格，用自己最为熟悉的表现方法来传达自己的情感和思想。

春季的克拉格勒　1929年

呐喊 91×73 1893年 挪威奥斯陆国家画廊藏

《呐喊》出来了，这是蒙克的呐喊，这是人性的呐喊——高更在大溪地喊出的那警世的声音《我们是谁？我们从哪里来？我们到哪里去？》，至多是一种对生命存在状态反省之后的怀疑，而蒙克的《呐喊》则在高更思索的基础上更加明白，更加畅快地喊出对命运反抗的声音——蒙克画着、喊着，画家暂时充当哲学家的角色——其实，艺术和哲学或许在蒙克的字典中并没有根本的区别——一个艺术家不能没有哲学层次上的基本关照，同样，离开一种表达，哲学不过是书斋中苦思冥想的游戏。

混浊的气氛。

流淌着的思想。

美，不再是绘画外在的装点，印象派那些色彩游戏不再对蒙克起作用——起码，

在蒙克的手上已经开始锻造表现主义绘画那对美的重新认识，重新表达、重新宣告的雏型。

呐喊吧！呐喊吧——蒙克刻着、印着，油画布上展示着那个人们已经熟悉的张皇的面孔——不好看，一点都不好看！然而，真的，不一定是好看的、美的，同样也不仅仅止于好看——把你思想深处最隐讳的东西表达出来，把你对人类关爱的情怀表达出来，同样，还有那些不满、厌恶、仇恨、愤怒、绝望表达出来——艺术不光光是赞美的歌谣，艺术同样应该是批判的利刃。

蒙克的名字，随着他作品的不断成熟，越来越响亮，他在德国、法国甚至整个欧洲都是一个非常有影响的人物，从不同国家的博物馆寄来邀请展览的文件，各地艺术机构授予荣誉称号，奖状寄到蒙克的画室——德国人更直接，他们把蒙克称为表现主义绘画之父，以表达对这个对表现主义绘画起到掌舵作用的挪威艺术家由衷的尊敬与爱戴。

挪威，蒙克的祖国，给他一系列任务——为挪威著名的剧作家易卜生设计剧场，给奥斯陆大学和市政府画巨型壁画——呵！青春作伴好还乡！然而，蒙克不再年轻了，艺术和他年龄一样，越过骚动的青春岁月日趋老成，蒙克已经是个历尽人生苍凉的、满头华发的中年或是老年人了，然而，蒙克不在年龄的压力下服输，他还没有把自己对绘画

那一腔情意发放出来，他还不能老，他还不会老！

工作，拼命工作，搭起脚手架，挤出那一管管鲜活的颜色，信手画着，不要起什么草稿，风景都在心里——对着挪威那雾沉沉的鬼天气，就在画上让那充满着生命力的太阳喷出来！让那金子般闪着光亮的太阳射线直直地照下来——忘掉任何技巧吧，忘掉那些色彩关系和构图的法则吧——蒙克郁积在心中的那些悲剧意识，要透过这火热的太阳转换成对生命歌颂和赞美的岩浆！小我的哀伤离我远去，那些说不出来的惆怅在此消失——艺术是对生命本质的超越和升华，是对美的升华和赞颂！让太阳那血性的

[左] 海岸与红房子　1904年
[中] 桥上的女孩　1902年
[右] 有红房子的花园　1882年

生机勃勃传给坐在这里读书的年轻人，生命在一代代传递火种，艺术在为太阳那火热的辐射催波助澜——画家，你是传递生命信息的使者，你同样是生命嘹亮的歌手！

蒙克八十岁生日，贺寿的卡来自全世界，人们用自己最传统的方法向艺术家表达尊敬，博物馆、艺术馆，还有许多艺术机构给予蒙克令人炫目的荣誉，蒙克非常安静，对这一切，画家从一开始就心知肚明，从学画那一天到画不动的最后一天，这一切是实在不足计较的人生烟云——它们匆忙到来也一定会匆忙离开，艺术家不就是凭着自己的艺术良知，给世界留下一点点印痕么？除了能够安心画画，我什么都不要，什么都不想要——人终究会渐渐老去，艺术是永恒的，创造是永恒的，从工程学校转到艺术学校的那一天，蒙克懂得这个道理，也爱上了艺术，大半辈子如一日，独守着艺术这一盏孤独的明灯，把持住艺术家那些良善，思想家那些深刻，坚定不移地走下来，没有想到荣誉，没有想到世俗成功的欢快——蒙克注定要孤独走到底，这其中，有上帝赋

卡尔·约翰大街的傍晚 84.5×121

1892年 挪威卑尔根美术馆藏

予自己的一份神圣使命的催迫，同样，还有对母亲和姐姐那些亲人早逝的抚慰，还有，就是蒙克希望真正懂得人生和艺术最伟大的理想——爱。

爱人类。

爱艺术。

爱美。

——蒙克的画笔是剑，蒙克的心中是慈悲，是美感，是良善——这是他作为艺术家最后的一个职业的道德底线。

……

一个老旧的，有几个小破洞的藤椅——这是蒙克画累了写累了之后，最喜欢坐的地方，播放着古典音乐的留声机——算起来这跟着蒙克也快半个世纪了，还有一个极为简陋的粗木床，一个满是蜡油的木柜子，四围很多书——对于蒙克，这已经足够了，很多随手记下思想的纸片——很乱，别人笑过，这画室就是一个垃圾场，或者是一个旧货店，蒙克不是个吝啬的人，但对自己写下的、画下的东西，总是舍不得丢掉，这是他思想的储蓄，是他生命的记录——没有什么多余的东西，也不需要什么多余的东西——多少年来，卖画的那些储蓄捐了出去，最好的作品也捐了出去——这常常让蒙克满足，带不走的东西就不要试图守着，能够给社会的就尽量给社会，能够给读书的孩子买些书，给生病的孩子买点药原本比你搁银行里看着渐渐变化的数字要有意义得多——头发已经一片花白的蒙克，走的那年冬天，天气特别冷，他就像一个准备外出的老人，锁好门，拿着拐杖，戴好帽子、围巾，出去串门了。

——一个伟大的艺术家在完成自己使命的那个寒夜，毫无遗憾地离开。

蒙德里安

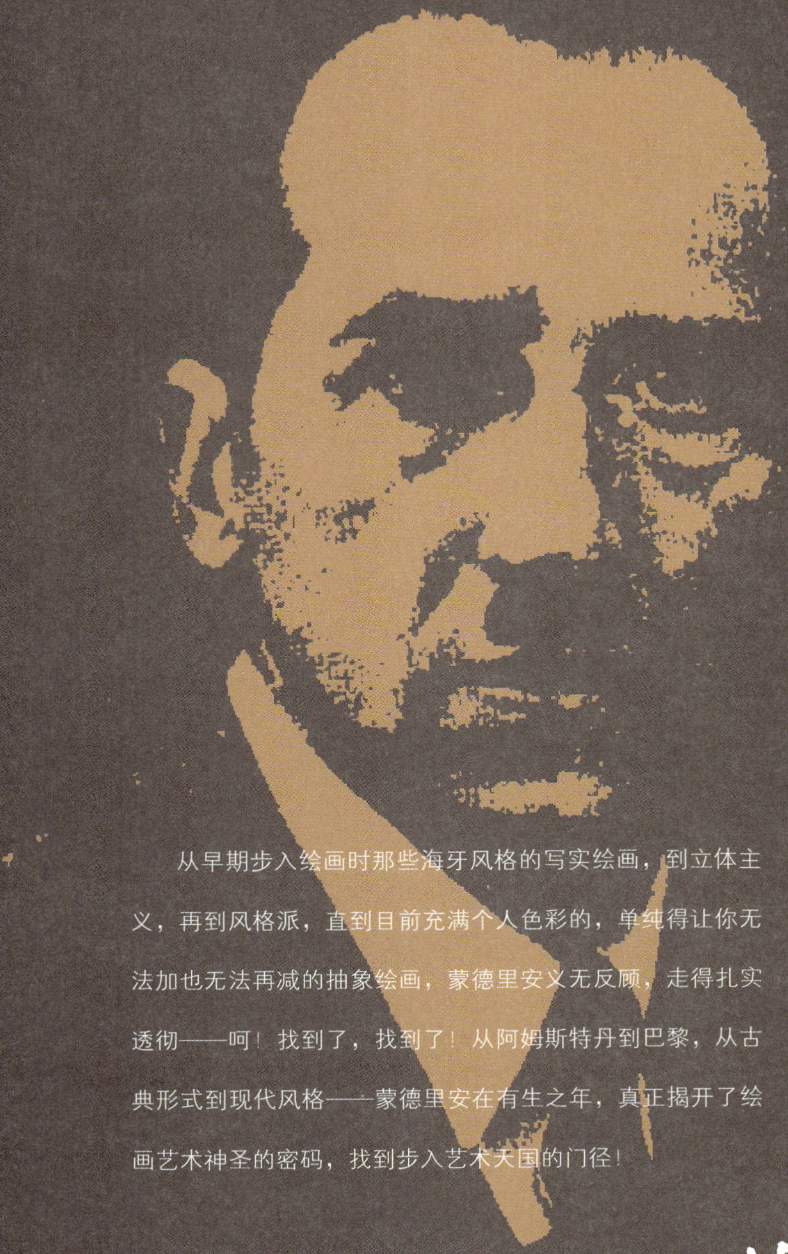

从早期步入绘画时那些海牙风格的写实绘画，到立体主义，再到风格派，直到目前充满个人色彩的，单纯得让你无法加也无法再减的抽象绘画，蒙德里安义无反顾，走得扎实透彻——呵！找到了，找到了！从阿姆斯特丹到巴黎，从古典形式到现代风格——蒙德里安在有生之年，真正揭开了绘画艺术神圣的密码，找到步入艺术天国的门径！

PIET MONDRIAN

PIET MONDRIAN

对于新的时代精神来说，过去的艺术无疑是多余的，有害于发展的，正因为这种艺术的美，阻碍着人们接近新观念。然而，新艺术则是生活所必不可少的，它用一种明确的方法建立了一种真正的平衡所赖以生存的法则。此外，它肯定会在我们中间创造一种深沉的人性和丰富的美，这种人性和美不仅被优秀的现代建筑如实表现出来，而且还被绘画和雕塑等所有一切积极的艺术所表现。

—— 彼埃·蒙德里安

静下来，真正地静下来——让眼睛去透视，让思想去丈量，将那些情感的因素尽可能地藏匿起来，将那些人云亦云的法则和规范抛在脑后——去超越大千世界外在的风花雪月、山形水貌，去追溯、去反思，再进一步假定，去解析、去塑造——去怀疑那些对绘画艺术或是整个造型艺术形式和内容的、习以为常的外在价值判断和谬误——

艺术是什么？

艺术的精神性是什么？

构成艺术的元素，构成美的因由和原则是什么？

如果，如果我们没有真正在本质上弄懂艺术的审美价值和形式依据，我们又凭什么来拥有艺术，

苹果树

奉献　94×61　1908年　荷兰海牙市立博物馆藏

来判定艺术和欣赏艺术？来创造艺术？

？？？？？？

在课堂里，在画室中，在户外写生的山谷沟溪，蒙德里安多少次深思熟虑过这些基本问题——客体的世界和艺术的关系究竟是毕达哥拉斯数理的或是欧几里德几何的？物质第一还是意识第一——冷静点，尽量冷静点，悉心把事物外在的光华洗去，把那些情绪化的、非客观的枝节性因素略去，然后再还原，还原成机械的直线，还原成枯燥的色块，并将这些乏味的"基本元素"加以形而上学式的系统归纳，归纳在那自己界定的绘画理论框架之中：垂直加平行等于理念。

那些苹果树舒展的枝干，菊花羞涩的脸庞，那些默默无言的远山，阿姆斯特河上飘荡着的闲云，那些著名的、浓缩着画家乡情和相思的荷兰风车，它们渐渐离开了自己在绘画中约定俗成的角色，变成数字般严密的符号，变成抽象的、概率的、信息的然而又是含情脉脉的、诗意的、活性的、有机的象征，变成密码，变成信号——蒙德里安绘画构成的密码与美学信号。

独处，扪心自问，苦思冥想，像笛卡尔那样细致入微地思索，像塞尚那样固执地实践，穷尽一生的精力做自己的艺术实践——蒙德里安打心眼里明白，面对艺术深层的原理，艺术家个人的任何小聪明都算不了什么。

没有余地，没有商量，让我把这些素描、色彩、线条、构图，放在逻辑的冰柜中冷藏，让我像在化学试验室对着量杯、对着天平那样对着这些构成绘画的所有元素，像外科医生拿手术刀那样拿着画笔——去找到绘画的所以然，绕开功名的纠缠与腐蚀，绕开那花团锦簇的利禄引诱，绘画不是平步青云的敲门砖，不是招摇过市的通行证——面对艺术真理的纯洁与崇高，我宁愿孤独地思索，艰苦地追问——我不退缩，我不苟同，面对世俗的、教条的审美风尚、习惯，我将毫厘不让。

毫厘不让！

……

少年气盛的蒙德里安出手不凡，他从一开始就没有满足自己作为画家的、在造型和观察方法上的那些外在聪慧，对绘画艺术所以然的许多问号，在学习画素描的时候就让蒙德里安显得比其他同学更有自己的

图版 39、29　1909年　荷兰海牙市立市博物馆藏

主张，当那些平庸的画家在绘画技术上做小技巧的时候，蒙德里安正以他那学者的资质，和色彩、线条玩着游戏。

生性喜欢独处、生活一直比较淡泊、曾经经历过两次世界大战的画家蒙德里安，常常像个躲在深山老林修道的高僧，完全沉浸在自己的理想境界。面对人世的白云苍狗、花开花落，蒙德里安很清楚也很通达——大自然是有自己内在秩序的，没人可以改变它那至高无上的运行规律，在自然怀抱里产生的一切事物，当然也应该有一种无法改变的属性和质地，因此，文化艺术也一定有自己的内在运行规律——在这个意义上，它所具有的绝对原则和其所表现的内容、题材无关。

那么，艺术家应该透过造型语言的外在现象，去真正捕捉到属于艺术的规律。

——艺术家应该在尊重自然的前提下，根据自然的规律去创造建立在自然的本质之上的艺术。

……

好像冥冥之中有一种定数，蒙德里安绘画中某些简洁的因素，其实，最早要归结到蒙德里安出生的那个清教徒家庭——这是荷兰中部阿姆尔弗特（Amersfoort）的一个普通的、规矩得有点守旧的、数着钟点过日子的家庭，

农舍　44×63　1904年　荷兰私人收藏

[左] 山毛榉树林　45.5×57　荷兰海牙市立博物馆藏
[右] 欧勒附近的树林　128×158　1908年　荷兰海牙市立博物馆藏

简单的生活，教徒般的精神追求，没有太大的野心，没有过分的、看起来不合理的欲求，生活状态和内容温乎乎的，与四围的邻居没有什么区别——主人是位小学校长，业余时间，他也喜欢弄些色彩，在画纸或者画布上涂两笔。校长的第二个孩子，就是今后在绘画舞台上享有大名的蒙德里安——那时候，几乎没有一个人会想到，这个生性内向，喜欢独往独来的孩子，居然能够成就那么一番功业，尽管这个男孩子常常在父亲的身后看着父亲画画——更准确地说是静观，随着画笔在画布上留下一片片痕迹，孩子总是若有所思。他不算非常出色，但也没有人否认——这是个会自己思考的孩子。

孩子被允许使用父亲的颜料和纸张，蒙德里安随手画下的图画常常让父亲吃惊——他好像真的有那么点绘画的天赋，还有，蒙德里安好像没有按照父亲的教导画画——他按照自己脑袋里面装的和眼睛看到的东西画画。

当这个会自己思考的孩子，有一天告诉自己的父母，他准备在未来做一个画家，去画和别的画家完全不一样的绘画作品时，父母还是很惊讶——或者说是很担心，画画可能是个雅致的个人喜好，丰富生活提高修养培养气质陶冶性情——没错，但这绝不能算是一个好的职业，如果画"和别的画家完全不一样的绘画作品"，毫无疑问，生存将不是一个简单问题。

同样喜欢绘画，也常常用自己的方法给儿子做艺术启蒙的父亲，也明白蒙德里安的心思——自己不也曾经有过同样的想法？对于孩子，应该尊重他的选择，设身处地帮助他做更多的思考和心理准备。慢慢地，父亲想到一个折衷的方法，孩子可以学画，去当艺术家，但必须取得一个艺术教育的文凭，起码可以在画那些"和别人不一样的绘画作品"的同时，他还可以教书，有一份安定的薪水吃饭，有钱抽荷兰的烟丝、喝荷兰的鲜奶——这分期望和要求并不苛刻，蒙德里安做到了，在他十七岁那年，取得小学美术教师的资格，三年后，又取得中学美术教员的文凭，在准备考试期间，蒙德里安把更大的精力，放在对当时海牙画派的研究和学习上，海牙画派的现实主义造型传统来自法国巴比松画派的柯罗和米勒，现实主义绘画对于蒙德里安的基本训练不无帮助，但它没有成为蒙德里安在艺术上安身立命的手段，在对艺术本质性的理解和创作中，我们可以看到，现实主义精神依然是蒙德里安关注的重要课题，只不过是蒙德里安越过了现实主义外在的文学装点而直达艺术的纵深地带，企望找到一个最原初、最实质的绘画语言逻辑架构。

为了实现自己想成为一个优秀、出色的画家，蒙德里安告别父母，远离自己的家乡，只身来到阿姆斯特丹，愿望变成了现实——他进入当地最有名的国立艺术学院，开始了严格的学院派艺术训练。宽大明亮的素描教室里面，老师指着专业的模特对学生们侃侃而谈，这所学校里有全荷兰资质最优秀的老师。蒙德里安画着素描人体，想着自己的结构——人体真的是上帝的礼物，它和谐而抒情，对称、协调，严谨而又生机勃勃——这是多么美妙的诗！

尽可能地努力学习，尽可能地深入观察，蒙德里安画风景，画人物、静物，他从柯罗的森林绘画中寻找树的性格，在米勒的人物画中寻觅人性的淳朴与良善，木炭条、腊笔、铅笔、水彩、油画，他不加选择，课余，他还参加了一个叫做"爱艺社"艺术团体，并以自己的习作《静物》参加绘画艺术展览，还获了奖，这个小小的成就，也增加了蒙德里安的信心。

早熟的蒙德里安，没有准备在教室里面执着教鞭，为父亲设定的、那些荷兰烟草和牛奶面包干一辈子。他像一个等待机会的猎犬，等着捕获猎物的最佳时机。天降大任于斯人——欧洲工业文明兴盛的时代，推进哲学和思想进入发展的新阶段，也给了蒙德里安崭新的任务与选择——两厢情愿，蒙德里安也早就在心里应战，开始做思想和行动上的各种准备。

——一切艺术的重要任务是通过动态平衡的建立来破坏静态，非具象艺术企图完成这一任务，即破坏特定形式和建立各种相互关系、共同形式或自由线条与色块的和谐。

绘画——色彩——造型——思想——逻辑——哲学——下意识的准确与直接——具象和非具象。

——蒙德里安所涉及的课题不算小。

插在花瓶里的海葵　29×22　私人收藏

对于传统文化环境中的荷兰艺术界与蒙德里安的家庭而言，这几乎是个近似西西弗斯的理想，这个理想，让蒙德里安付出了超乎常人的代价——颠沛流离、孤独、贫穷，精神上无休止的煎熬，一生一世拥抱着蒙德里安，蒙德里安的生活，再没能和那些格子、线条，和那些看起来似乎非常客观的、冷冰冰的、没有感情的"冷抽象"绘画割断联系，命运的魔咒，在蒙德里安艺术生命的通行证上设下了各式各样的程序密码，而蒙德

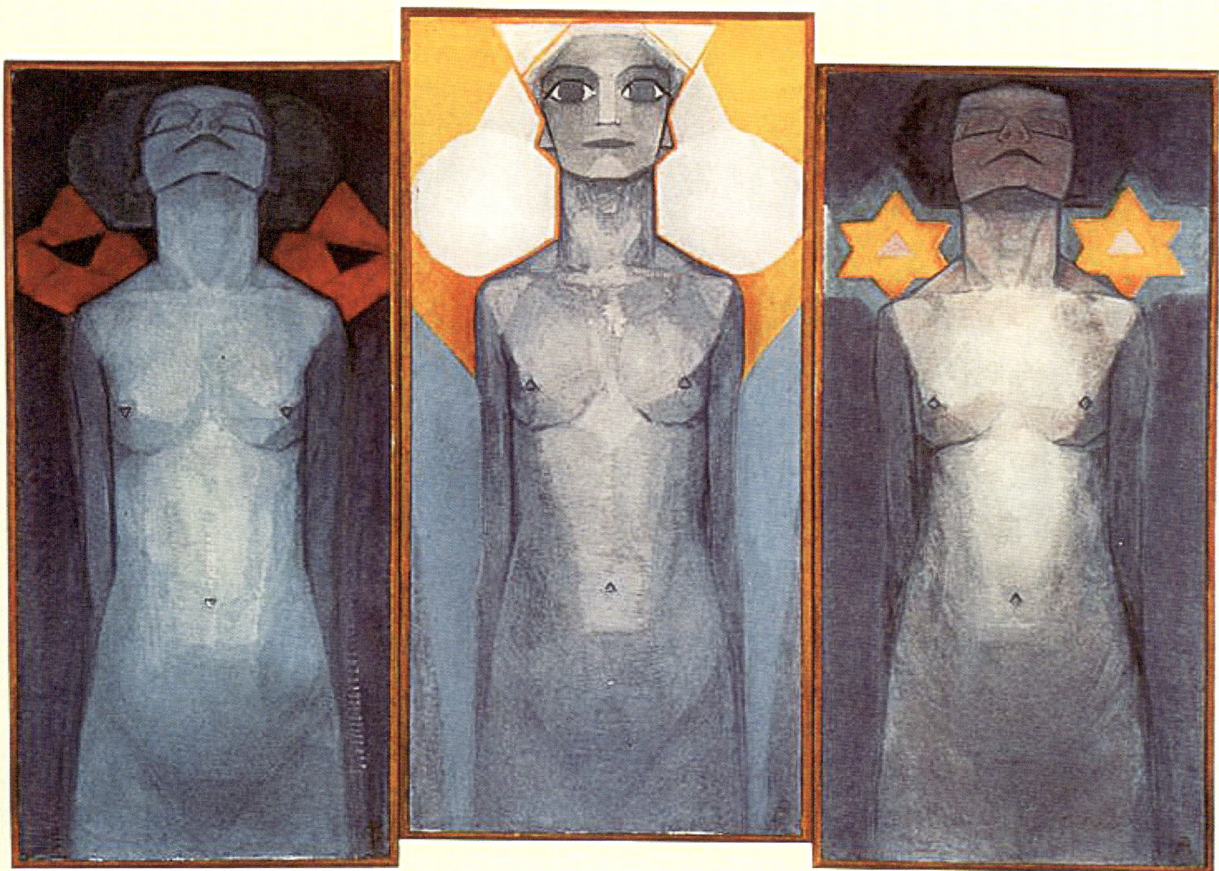

里安那个过早脱发的脑袋里面，灌满了解码的方法。这些任务，比梵高、高更那些人的使命更加沉重也更加难以完成，对生存状态和社会现状的思考，对个人命运的抗争，让自己的感情和个性无限制地泛滥成就了梵高和高更，那么对蒙德里安来说，他已经没有机会、没有可能，甚至没有权利在人性那温情的牧歌中再度透视艺术，表现自我——等待他的，正是生冷的、艰涩的，似乎是反情感、反人性的艺术本体学的反向论证——与其说这是艺术课题，倒不如说是物理学、心理学甚至是化学的课题。

——蒙德里安要让生命和艺术，在一个全新的人文场景下再度"芝麻开门"。

想归想，做归做，形而上的思考没有让蒙德里安变成一个眼高手低的理论工作者，他更是一个勤恳的手艺人，在黄昏的天幕下，荷兰风车、乡下农民耕作和生活的风情画面，小桥流水、鸡舍羊圈，一次次被呈现在蒙德里安的画纸和画布上——红色让它沉下去，黄色和蓝色，甚至那灰白色也让它沉下去，再沉下去——他借助物体做自己的色彩训练和观察方法的培养——蒙德里安十分喜欢挪威表现主义画家蒙克的作品，他多么希望能够像蒙克一样，自由自在地在画布上张扬，在画布上呐喊，喊出心中的欲望，喊出对艺术、对美的一腔情感！然而，内省的性格没有让蒙德里安更顺畅地喊，更嘹亮地歌，他只能静悄悄地、深入地、知根知底地画着、思

考着，哪怕是那些最平常的风景写生和绘画习作，他也只能将自己和蒙克同样的心境表现在不同的艺术方位和层次上，蒙克那带着血淋淋兽性的扩张、呼啸，在蒙德里安这里只能变成学者式的、带着忧郁的深度钻探。

画笔，就像驱赶时间的鞭子。

风景，总是那么孤独，那么忧郁。

……

蒙德里安大概明白一个真理性的问题——你要在艺术上出类拔萃？你要另外开辟一条通往艺术天国的蹊径？那好吧，你就准备着，准备在今后许许多多西风凛冽的夜晚，枯坐那学术的冷板凳吧！

蒙德里安对宗教的热情和虔诚，从一开始就显现在其绘画中，艺术和宗教是蒙德里安双重的依托，静寂、单纯、崇高，在宗教里面，蒙德里安享受着那灵魂深处的洗涤，很长一段时间，蒙德里安对通神论存在很大兴趣，他甚至还加入了荷兰的通神教会，神秘的宗教教义和气氛，神通教的"我们所见到的物象即是真实的物象"、新柏拉图主义和多神论主义的理论，也会启发蒙德里安的思考，在绘画上，蒙德里安依然没有忘记，这是自己宗教的延伸——除了不同的教义以外，不管什么宗教形式和门派——只要不是挂羊头卖狗肉那一类家伙们主宰的邪教，都有对宇宙真理探询的义务，都有对人性升华和对美和爱弘扬的基本责任——因此，绘画也应该是我对社会和人生认识与批判的管道。

于是，尽管是那些普通的风景，蒙德里安依然将自己的思想和情感中的某种欲望埋了进去。莱茵河边那些深沉的丛林，就像一排排站着的问号，转换着蒙德里安的疑问——对生活对艺术的疑问，那静静的乡舍不再是民情风俗的浅显记录，绿茵茵的草地上，连乳牛也变得若有所思，没法避开伟岸的荷兰风车——这平平常常、到处可以见到的农民的家什，在蒙德里安那里成了一种不折不扣的象征，既像生命的原点又像理想的终结——它们诗一般面对时间，雕塑一般地面对空间，在不同的时空变幻着不同的意

[上] 红云
[下] 阳光下的风车　114×87　1911年　荷兰海牙市立博物馆藏

沙丘　33×46　1910年
荷兰海牙市立博物馆藏

境，发散出不同的信息，以其静止而高傲的身形，坦坦荡荡地站立并且喃喃述说着，述说故乡遥远的掌故，述说祖辈那里流传下来的动人童话——蒙德里安内心世界被狠狠压住的情感岩浆，滔滔不绝，就通过这些客观的载体，移情、置换。

蒙德里安在形式的迷宫中苦苦摸索着通道。

蒙德里安在绘画和美学的心理层面上一层层揭示。

面对西方艺术世界一片沉沉暮霭，他按照自己设定的路线，坚定不移地走着。画展照样参加，作品还可以得奖——世俗的赞美不会让蒙德里安改变对艺术探索的初衷，也许有一天作品不再被展览会选中，评论家不再对自己的作品垂青——他们至多对那些保险系数较高的艺术成功者暗送秋波，不会对这个原来准备做小学美术教员的蒙德里安加以重视，但哪又怎么样？创造的代价就是要忍受一切可能的歧视、孤独——对蒙德里安或者是对所有的艺术冒险家来说，这都是公平的游戏规则。

他明白，绘画艺术远不是表现客观世界的工具，它更应该是揭示自然内在秩序的手段——于是，表现主义和立体派的种子，悄悄埋进蒙德里安的艺术土壤——从他早期的作品《红云》、《阳光下的风车》到《日落后的海》、《沙丘系列》，蒙德里安就像一个正在脱去茧包的蚕蛹，用生命裂变的阵痛向新的世界招手——米勒的隽永和朴素、梵高的激情与骚动、蒙克的神经质在不同的层次上影响着蒙德里安。《红云》，用纯化的色彩巧妙地将大自然吐呐的一瞬定格，纯洁的蓝色的天空为那灿烂的红云做了最好的背景，没有情节，没有描述——如果说那惊鸿一瞥的诗化畅想是蒙德里安告别海牙画派那写实形式的阶梯，无疑，《阳光下的风车》便在《红云》的基础上出发，把色彩语言推向一个新的阶段，以往所画的风车绘画中那宁静、安详的抒情因素逃之夭夭——蒙德里安用世俗不可忍受的红、黄、青灰，切成不安分的色块，撒着，堆着，按照心里的风车垒着——这色彩雄性的、火辣辣的奏鸣，垒起来蒙德里安个人艺术傲然的城堡——我们很难将其划为表现主义、未来主义或者是野兽派的范

日落后的海

畴，这更是蒙德里安个人的语言——蒙德里安也没加任何掩饰，在形式的表面，表现主义、野兽主义和立体主义的影子都不难觅见。

　　画家尽自己最大可能，在形式的语言之中深深挖掘，不难看出《阳光下的风车》、《天空·黄昏》、《莱茵河畔之树》依然是蒙德里安在传统的艺术教育的框架中寻找自己的风格，而他那一系列冷飕飕的《苹果树》，则如石破天惊，在文质彬彬的荷兰艺术界、甚至整个西方现代绘画的世界，掀起一阵阵巨浪——这里，苹果树远不是照本宣科的现实主义记录，也不是表现主义那种张扬的、外在的情感宣泄，它是内省式的，冷冰冰的哲学思考的结果，这如同是蒙德里安的绘画步入新的艺术境界的一个宣言，是蒙德里安艺术建立在形而上学的心理世界的一个有力佐证——苹果树，枝干、树叶、花朵、果实远远被画家舍弃了——蒙德里安剔除了不痛不痒的绘画表现方面的枝节问题而直达艺术思考和哲学探询的世界——树枝在一个垂直平行、如凝固的时间一般的大背景之前，尽可能地张扬着其自身生命的力度，和那看不见的理性制约形成一个互为张力的场——悠扬的曲线和板刻的直线对峙着，美和真实对峙着，画家和作品对峙着，理性思考的森严冷僻和感情铺陈的人性浪漫对峙着——绘画已经远远不是茶余饭后作为审美的功能性客体加以存在，它是绘画（当然）作品，也是哲学设问，是美学命题，其存在本身既是问题也是解答，也是画家自己的自言自语、自问自答——对吗，错吗？有对错吗，对又怎样，错又怎样？绘画已经不再是这么单纯的装点、附属，不应该仅仅是美和丑、好看和不好看这种肤浅的界定……无论是他那些看起来漫不经心的瓶花还是静物，还是刻意求工的树林、村庄，蒙德里安都下意识地安排下他所独有的垂直和水平构图的先兆，为今后艺术那审美透明的直觉和理性深刻的设问与回答，埋下了深深的伏笔。

　　一九一一年，蒙德里安作品第一次参加巴黎的沙龙展出，同年，蒙德里安在展览上看到立体派代表人物毕加索和勃拉克的作品，呵！毕加索毕加索，这个浪子般的艺术叛徒，这个浑身都流淌着绘画才情和创造魔力的家伙，那些如天外运来的绘画对蒙德里安简直如同一记棒喝——秋风扫落叶，传统的造型规则在一个晚上竟然变得那么脆弱和不堪一击，一个绘画概念从此如魔咒一样在他的脑子里面不断出现——立体派，立体派——立——体——派！这魔术一般的绘画，给艺术家如此宽广的空间和可能！色彩就是生命，构图就是生命，自觉的造型意识——哪怕是非客观表现形式，它的存在就是生命！蒙德里安似乎忘记了学院派美术教育那些约定的手段，他开始悉心强调那些树林——站着，让它们高高站着，伸展着，眼睛不再盯住那错节交横的根——不要盯着那些枝桠那些疤痕，蒙德里安不由分说，让自己忽视了树的植物属性，把它们锻造，把他们还原，还原成垂直和平行的最单纯的现象，还原成自己的符号和语言——不管别人懂还是不懂的语言——画家企图用纯粹而简洁的图式，表达美学诉求——把心里想到的全然释放，把眼睛看到的尽量忽略——慢慢地画着，完全彻底地背叛着。

对了！只有把对象还原到这种近乎几何的绘画图式中，那内在的如同真理般纯粹的种子才会发芽，才会开花结果。

蒙德里安的快乐、心安、自足，是手中有了真理的那种安详，是对自己所选择的一种征战方式的自我肯定后的胸有成竹！

随着蒙德里安自己感觉在艺术上渐入佳境，他在绘画上的知音越来越少——蒙德里安知道，这不是一件坏事，在世俗的环境中得到廉价赞许的画家，有几个是真正有出息的大师？有几个能在绘画艺术的世界里面打下江山？

从海牙到阿姆斯特丹，蒙德里安深深感到，荷兰太小了！这个民族心理上存在着许多中性的资质——战争中间，开战着的双方好像谁都和这个中立的国家保持不冷不热的关系——这里大概会出几个温文尔雅的贵族画家，他们只会在晚宴的烛光中高谈阔论，但他们决不会将自己的身家性命当做艺术的赌注，来做一番美学的冒险，荷兰古典绘画那位短命天才维米尔或许是个特例，我们所熟悉的文森特·梵高，要是他不到巴黎闯荡一番，大概也就最终坐在哪个乡下村庄一角吸吸荷兰烟丝、画画圣像——看来，我得走了，迈出去！阿姆斯特丹到处可见的、那些修饰得十分漂亮的小楼和造型精巧的铁质门窗，四通

沙丘景观　141×239　1911年
荷兰海牙市立博物馆藏

灯塔

海斯韦克的磨坊

八达的、铺着油光光卵石的街道，绿色的原野和蓝色的溪流，还有那温和可人的文化气氛，凡此种种，已经不能满足蒙德里安求知的欲望，去巴黎，去找真正的艺术，去找自己心仪已久的现代美术运动，去找立体派的那些勇士们——去找自己的同道。

——站在高处，展开自己的视野。

毫无疑义，蒙德里安在真正懂得绘画艺术的核心是什么的那一刻起，他那双多疑的眼睛就对准了抽象这个形式，他知道，在绘画语言的纯洁性探索中，也许，抽象的方法才是自己表达真理的最纯粹的方法。

法国巴黎，这个艺术家云集的现代艺术都会，同样成了蒙德里安艺术的温床——他潜在蒙巴纳斯，陶醉在一个自由自在作画的空间。这里，可以看到最不合理的装饰和最放纵的举止，可以看到各种肤色的艺术家，可以看到功成名就的艺术家，也同样可以看到三餐不济的流浪者——与其说这是一个艺术中心，倒不如说更像一个包罗万象的大市场、大舞台、大庙会——文学家、诗人、芭蕾舞者、画家、魔术师、酒鬼、厨娘、车夫、信使、洗衣妇、警察、鞋匠还有带着猴子占卜的吉普赛姑娘和别着腰刀晃来晃去寻找下手机会的阿拉伯毛贼——蒙德里安更欣赏这么一种氛围，这是只有巴黎才有的氛围。毕加索、布拉克、莱热不就在这里折腾着自己的理想？没错，毕加索那透明的绘画直觉多好！形式就像装在他口袋里面的隐私，他可以不时抽出不同的篇章；布拉克则像个机械工人，按照图纸严格地安装和调试自己的机器；莱热，看起来有点老实巴交的，可他就是有本事在平面上想纵深就纵深，让看起来简单的构成藏着最迅即的速度——让它们摩擦生电！那些冰冷无情的机器，莱热却可以让它们充满情味，围绕着莱热的美学理想兢兢业业——还有那个看起来什么也不在乎、放浪得多少有点过分的、已经在立体派的实践中有所斩获的凡·东根的作品——理念离自己那么近——这是阿姆斯特丹所没有的真正称得上现代绘画创作的时间和空间，以往那种井井有条的生活方式离开蒙德里安远了。时间的节奏不再是那种牧场式的悠扬，工业化的机器，催生着现代文化艺术形式的产生——速度，速度，速度！工业文明和现代文化正日新月异地改变着人们生活的速度，同时也改变着人们的思想方式和认识方式，立体派那闪动着的构成，不就是画家对时间的根本改变吗——蒙德里安面对这一切，他要迎头赶上，赶上这一班已经离开站台的列车，赶上这个文化运动急速的脚步。

在巴黎，蒙德里安甚至把自己那不太好发音的荷兰名字省略了一个字母——没有什么不可以，艺术概念不需要用昨天库存的概念作为唯一标准，同样，现代符号也不应该毫无理由地至高无上，它应该为生活服务——在此，他将和他十分赞赏、敬佩的立体派那些勇敢的画家们一道，向古典绘画已经近乎枯竭的形式和内容叫阵，向在西方绘画舞台上如日中天的印象派和后期印象派叫阵——印象派的画家们，在他们那法兰西诗意的绘画色彩中被蒙蔽了，他们已经自觉不自觉地沉湎于那种浅薄的资产阶级式的抒情方式，满足于那种大众用来装点客厅的、甜蜜蜜的流行艺术。面对正在发芽生长的新艺术形式，那些自以为是的艺术家，那些装模作样躺在传统的门槛上数落着别人的艺术家和站在现代艺术的窗口故作深沉、赶着时髦的艺术家，还有那些只会坐在图书馆翻着带着霉味的资料的理论家，他们不会也不可能放下虔诚的身段，艺术，在他们那里不过是个人用来进入社会的，一个合适的、已经使用得得心应手的载体，一个方舟或者是一个工具，他们的终极目的也不过就是社会意义上的功成名就，活得更舒适、更有头有面一点——如母羊

灰色的树　78×107　1911年　荷兰海牙市立博物馆藏

开花的苹果树　78×106　1912年　荷兰海牙市立博物馆藏

面对一片青草地而无需担忧肠胃不充实的那股子满足。

打着各色招旗的伪艺术家伪理论家——你们还要堂而皇之、名正言顺地统治绘画的学术舞台多久呢？

蒙德里安再一次沉浸在绘画形式的尝试中。这是一个多么恒久的课题，绘画当中所蕴含的真理其实和所有称得上是"真理"的真理有相同的属性，那就是，真理便是最基本、最单纯、超越时间界定的一种道理，它应该具有相对的恒久性。眼下，在巴黎艺术界盛名赫赫的立体派，不就在穷尽心机，寻找着那蕴含在绘画之中的艺术真理？他们打破传统的三度空间概念，同时，在两度空间和近乎平面构成的画面上，尽可能地推进物象的景深，拉长、增宽，他们省却绘画的中间性语言表达模式，省却那些不痛不痒的枝节性描绘，将绘画纳入更主观的、以个人表现为主导目的的绘画观念。蒙德里安想了很久的艺术，在巴黎找到一些佐证，这对他未尝不是一种鼓励和支撑？在荷兰的苦修所付出的代价，甘苦自知。老百姓不理解好说，就是艺术界的那帮子家伙，又有几个人给自己一个正确的评价呢？好在，蒙德里安自己就有着很高的理论素质，他在绘画领域那些前瞻性的语言总让同行们吃惊——不要和这些拿笔杆子的家伙咬文嚼字地争执艺术的性质和功能，就好好埋头画画，现在可以忘却一切羁绊，在他的画室里安心地作画、思考，他让自己学会简洁，再简洁，看着自己画室中小桌子，那装饰着巴洛克风格的桌腿总让蒙德里安有所警觉——不要多余的东西，无论是在绘画里还是生活中。

简单的生活，深入的思考，勤奋的创作——浪漫的塞纳河畔，蒙德里安的法国生活单纯得近乎没有浪漫。其他画家们还可以在酒吧发发酒疯，找找女人，可以穿着满是油彩的衣服不负任何责任地招摇过市——蒙德里安却总是穿着整整齐齐的衣服——哪怕是很旧的西装，他也能穿得出自己的风格和品味——规规矩矩的举止，这一点上倒是很像一位为人师表的教员，难得有闲下来的时间，蒙德里

红色的树　70×99　1908—1910年　荷兰海牙市立博物馆藏

安也只会在工作之余看看天边闲云，听听远方传来的地铁的声音……他总在想着什么。

共性，是一个流派互相帮衬的外在衣饰，但蒙德里安的心里明白，一个优秀的画家最可贵的，莫过于自己的个性——一种真正的自我语言的形成，才是艺术家的任务和成功与否的衡量标准，他看着毕加索、布拉克，在形式感上，蒙德里安毫不犹豫，与其说立体派给了蒙德里安一种心理上的肯定，倒

构成1（树）　85.5×75　1912年

不如说是蒙德里安换了一个空间，更清楚地直面立体派艺术的发展，他在巴黎继续自己在阿姆斯特丹的揭示绘画真理的事业与追求——《姜罐与静物》产生了，《灰色与蓝色的构成》产生了，《构成》系列组画产生了，《姜罐与静物》中，蒙德里安细心地阐述着自己从古典绘画淡出的过程——几乎完全一样的构图展示着完全不同的审美理想，而《构成》则将眼睛看的、心里想的，用抽象的方法和盘端出来——这些作品，在蒙德里安的艺术探索的道路上也许不算最好的作品，但它们却有着不寻常的意义，这是蒙德里安向在荷兰的艺术实践告别的最好例证，他们也是蒙德里安置身于立体派的有力证据——椭圆形的构图产生了（Oval Compostion Tree），没人这样画过——形在画面中显得比其他立体派画家更不重要，那树更不像树，花更不像花——一点都不像——椭圆将那看不见的力量向画面的中心凝聚，点、弧线和直线、三角形和面散发出音乐一般的旋律，橘黄色、淡绿色、粉红色还有冷灰、象牙白、画家随意地在画面上布下诗意的阵脚——椭圆的外面，被一个几乎让人喘不过气来的暖灰色块紧紧裹住、缠住，它更增强了绘画中间那些耀动着的符号张力，线条，好像蒙德里安手里挥着的一杆长鞭，鞭梢最有力、最直接地抽向不听使唤的牲口——蒙德里安挥手一鞭子抽出了线条那美丽潇洒的动势。

巴黎的大诗人，著名的现代文化的运动家阿波利奈尔，用他那敏锐的眼睛，窥出蒙德里安绘画中的玄机——他固执地遵循着个人的理念，采取自己的抽象形式语言，剔除了物体不重要的外在形象，再用立体主义画家们分割物象的方法，进一步去发展绘画中那纯粹的本质——蒙德里安成功地吸收了立体主义的精神，并将其发展到一个柳暗花明的境界。

法兰西民族对艺术的直觉式的理解及宽容的态度，让蒙德里安感激不尽，如果没有法国这一段不算很长的生活与学习，我能够找准自己艺术的方向吗？

然而，蒙德里安没有心甘情愿地让评论家把自己放在立体派画家的阵营中，在对立体主义绘画的研究中，蒙德里安也渐渐发现这个流派的作品及画家自身的许多局限——他们往往过多注意绘画表面的效果而忽略了作品内在语言的逻辑性质——换句话说，他们依照的仍然是个人的才气和感知而不是学术的逻辑推导——这样的发展结果，往往在创造的路上半途而废，他们不太可能在绘画的纵深上深化立体主义的绘画思想，同时，也不会在朝着纯粹造型提炼的过程中更加纯化——"他们不承认自己所发现的近乎逻辑的结论，他们并不把抽象发展作为自己的最终目标，去表现纯粹的真实和崇高，我觉得，唯有新造型主义（Neo-plasticism）才能完成这一点"——他们面临着双向选择而往往两面都做得不深入而显得不伦不类，顾此失彼——绘画和所有艺术形式有相同的性格，它将永远给勇者以挑战而决不让不清不楚的认知自欺欺人。

再度挑战。

重新启程。

可贵者胆，所要者魂！

于是，蒙德里安再度放弃已经熟练的绘画语言重新出发，以崭新的抽象几何的语言方式叩向艺术的大门。

在未来的艺术创作生涯中，这个荷兰小学校长的儿子，将要在西方绘画的历史上，开启一个崭新的艺术视觉之窗。

一九一四年，四十二岁的蒙德里安再次回到荷兰。

硝烟弥漫的第一次世界大战，让法国成为战场，蒙德里安在回乡探望生病的父亲时，战争开始了——德国军队的坦克开进了比利时，枪炮声，掀起了第一次世界大战的序幕——欧洲歌舞升平的富足日子暂时结束。

姜罐与静物2 91.5×120 1912年 美国纽约所罗门古根海姆博物馆藏

蒙德里安不能回到战争中的法国，他只好暂时在荷兰立下脚来。为了更好地画画与思考，他索性搬到阿姆斯特丹郊外的拉伦（Laren）——蒙德里安再次回到自己的国家和熟悉的生活，这不是一般的探省——蒙德里安带回了立体派的种子，特别是后期立体派的风格和理想，在法国，当蒙德里安在发现立体派那些不尽人意的缺陷以后，他更希望在自己所曾经生活过的土壤上，改良已经将要到达尽头的立体主义绘画。

蒙德里安希望完全彻底消灭绘画中的弧线、曲线。

——让这些抒情的、诗意的、小夜曲式的波状线条出局！

——唯有直线，光滑的直线——看起来冷僻无情的直线，构成垂直和平行的直线——它们是最客观的语汇，是远离立体绘画的一个基石。

新造型——这个神奇的字眼，一次又一次出现在蒙德里安的脑海中。他的"椭圆形构成"仍在继续照着自己的方向不断演进，在理论上，蒙德里安希望找到更确切、更精到的依据，他常常拿起笔来写文章，阐述自己对新造型主义的一些认识和观念。与此同时，他还和荷兰当地的画家交上朋友，共同的信念让这些志同道合的画家们常常聚在一道，讨论绘画创作的理论问题，他们深信，眼睛看到的自然不过是个外象，它们往往遮盖了自然的本质，唯有简洁单纯的新造型主义绘画——他们

艺术精神的乌托邦，才能阐述他们对世界的独特见解，并和当时荷兰流行的通神教的某些观点不谋而合。

姜罐与静物1　65.5×75
1911年
荷兰海牙市立博物馆藏

在这群独持己见的画家中，退伍军人出身的凡·杜斯堡（Theo van Doesburg）和蒙德里安成了好朋友。热情奔放、才思敏捷的杜斯堡和冷静内向的蒙德里安在性格上几乎完全相反，也让他们在艺术上互相取长补短，这一段友谊真诚而可贵，直到1920年，两位艺术探索的战友终于因为不同的理念而分道扬镳——杜斯堡热衷于自己绘画作品中的数学含意——他曾经随心所欲地把塞尚那件著名作品《玩纸牌的人》画成许多不同的风格，直到完全成为抽象的符号——杜斯堡在仔细研究了俄国一位著名的抽象画家康定斯基的理论著作《艺术中的精神》以后，更是跃跃欲试，在理论上，他坚持康定斯基的某些观点，同时，也更注重个人艺术风格的培养——蒙德里安的某些思想在很大程度上也影响着这位自学成才的画家，凡·杜斯堡甚至打算办一份以宣扬新造型观念为主的前卫艺术刊物。没有卷入战争

的荷兰给了蒙德里安和这些艺术家一个非常合适的空间，几乎没有怎么费事，他们成就了荷兰风格派。与此同时，杜斯堡想了很久的那份杂志《风格》（The Style）也正式开张——西方现代艺术史记下了这么四个名字，他们是：彼得·蒙德里安、凡·杜斯堡、列克（Bart van der Leck）和匈牙利人胡札（Vilmos Huszár）——在他们手中完成的新造型主义绘画风格，对西方现代主义的影响深远，对二十世纪的绘画艺术、装饰、舞台设计、时装、家具、建筑（包豪斯风格）的发展起到举足轻重的作用，直到今天，还发出不绝的娓娓语音。

　　——以数学式的结构，反对印象主义和所有的巴洛克艺术形式，开宗明义——揭示绘画构成的绝对原则——新造型主义的主将们，举起理想的大旗，边研究边创作。

　　《风格》杂志，由杜斯堡负责组稿和编务，刊物只是宣扬风格

派的绘画艺术和蒙德里安的一些艺术观点，这个时候的蒙德里安已经彻底告别立体派，他自己动手在《风格》杂志上撰写理论文章，并且，第一次将"新造型主义"作为一个术语提出来，同时，为了这个流派的产生，他还进一步阐述了自己的见解："借由绘画中那些基本的元素——直线与直角、水平与垂直、色彩的三个原色红、黄、蓝，和三个非色系白、灰、黑，这些有限的图案和抽象的元素互相接合，构成自然的力量和自然本身。"

　　——绘画从此真正被蒙德里安捧到形而上学的桌面上来。

　　蒙德里安走火入魔了——他甚至希望用社会主义的一些基本原理来透视艺术，他说，未来的人类应该用艺术来做基本建设，建立新的世界观和新的生活，经由真实的自然本质的洗礼，把人类从悲剧的社会现实中解放出来——分配方式的不平均，个人主义泛滥及缺乏高度的精神性造成了人类生活后天的不平等现象，而第一次世界大战又在人们的心灵上投下沉重的阴影，欧洲世界还没有从工业文明成果的庆祝声中平息，人们就卷入工业文明的负面影响，文明的成果造就更多战争的武器和设备，人们撕掉了温情的面纱——战火随着武器商人

贪婪的笑声蔓延。

新造型主义，不就是在战火中催生的和平鸽吗？

在这里，画家蒙德里安还在努力，按照自己的理想范式，试图挖掘埋在欲望沙漠中的人文主义那最后的一汪清泉。

——找回人们心灵上那安静的处所吧！在理想国中暂时逃避，逃避战争，逃避灾难，逃避人们无力面对和解决的所有苦难、艰险——在简单、平等而纯粹的"新造型主义"的乌托邦中找到一个理想的精神驻点。他并不完全以为，绘画艺术是拯救人类于水火之中的良方妙药，但他仍然固执地相信，新造型更是一种秩序，是一种单纯而高贵的、有纪律的秩序——它不光是艺术带有前瞻性的发展方向，它同样是人类生活新方向的预告。

画家多想让人类在艺术的怀抱中和睦相处，这个海晏河清、天高云淡的理想世界中没有社会意义上的高下，没有尊贵卑贱，在平等的基础上丰衣足食，安居乐业！

蒙德里安美丽的幻想又渐渐地在他那冷静的绘画形式中再度呈现，几何绘画布满的墙壁上，《海堤与海·构成十号》出现了，密札札的细碎线条，精良，周至，看起来随心所欲却准确得丝丝入扣，如一个个音符，欢乐地哼着夜曲，海堤也好，海浪也罢，那诗一般的细碎线条发出的美感信息就是蒙德里安的目的和欲望，没有任何造型的限制——甚至没有新造型主义的限制——天才的艺术家永远向限制自己的形式挑战，蒙德里安从几何绘画中又一次溜了出来——艺术家在沉稳持重的面具掩盖之下，发出一阵阵孩子式透明的欢笑……

——看见吗？我那些最神圣的观众们！你看见吗？你们看见吗？这就是我的海堤，这就是我的浪花——它们是那么尽职，构成我对绘画直觉的循序渐进地展示，以及美感的情绪化的直接铺陈。涩吗？冷吗，不，我不冷！你们也许觉得我的艺术是十分没有滋味、没有诗意的那一

海堤与海　构成十号
85×108　1915年
荷兰奥杜罗·库拉穆勒美术馆藏

类艺术，其实，我那埋在心底的感情和每一个艺术家有同等的密度，对生命我们有毫无二致的喜爱与热情——我只是不能让这些感性的暖流毫无节制地蔓延，抽象吗？一点也不！君不见我的海堤在舞蹈，海浪在唱歌——这都是建立在高度写实基础之上的形式升华——我快乐我欣喜我欢笑，毫无掩饰地欢笑——我也时刻准备着，准备捕捉那昙花一现般的美感信息，因为我知道——它们必须有所变化，必须避免机械作业式的重复，它们属于个性的表现，但是，显而易见，它们最适于破坏一切艺术的静态平衡。维数的各种关系向艺术家提供了选择的自由，但同时也让艺术家面临一个最难以解决的问题——艺术家越是接近他艺术的最后成果，他的任务也就更加艰巨。

——高处不胜寒。

埋得深的情感，会释放得灼烈。

锤炼久的理念，会呈现得坦然。

蒙德里安顺手而熟练地驾驭着思想和情感这两匹宝马——没别的，艺术家事实上不过就在情感和理念交织着的网中寻找一个最合理的通道。

……

收藏家开始收藏蒙德里安早期的绘画作品——蒙德里安没有太多生活上的奢望，画抽象画，也能凑合着吃饱肚子，还要什么多余的东西呢？他平静而有质量地生活、创造，对于一个真正的画家，这是多么健康的生活模式！

风格派的四驾马车奔跑着——他们秉持着"新造型主义"的创作原则，影响遍及整个欧洲，《风格》杂志成了重要的传

自画像　1900年

声筒。蒙德里安不停息地画画、写文章，杜斯堡在编稿，发行跑印刷厂外，有时候还玩票般地坐着做校对，同时，他也没少泡在画室里，他有着过人的热情和体能，除此以外，他还奔波于欧洲其他国家，在捷克、奥地利和德国等国家旅行和演说，宣扬荷兰风格派的伟大理想和学术内涵，对自己的学生以及德国著名的包豪斯艺术学院的艺术家有着明显的影响，同时，他在绘画上的不断思考和创造，加上对未来主义及达达主义的研究，在绘画创作的意识上也渐渐和蒙德里安拉开距离。

首先，杜斯堡开始怀疑蒙德里安所精心倡导的直线和水平的原理，他提出了"基本要素主义"（Elementarist），试图将斜线引进绘画面，以对角线作为基础来构成速律变化和凝聚画面结构——他大胆地把设色的矩形、斜调四十五度角拉进作品，并为自己作品重新定义：斜线和斜面，可以将新奇、不稳定性和速度、动势带进绘画，从而增加作品

的韵律——这和蒙德里安原先的理想背道而驰，在蒙德里安那里，垂直和平行的定律是那么神圣不可侵犯——两个肩并肩鼓吹新艺术的战友最后成了两股道上的车，"风格派"的艺术由其全盛期开始走下坡路，名声很大的现代艺术杂志，也最终于一九三二年正式停刊，关门大吉。

蒙德里安暂时开始艺术的冬眠。

朋友们，我爱你们，我也爱艺术，爱艺术所阐述的真理——唯有这点，我不会退却，不管面对的是至爱亲朋还是老师尊长，无论谁，我都会毫厘不让。

蒙德里安注定要在孤独的道路上继续自己的理想，留居荷兰，原本是没有办法的选择，眼下，风格派四分五裂，更让蒙德里安深深怀念在巴黎的日日夜夜——同样的咖啡和酒在巴黎总别有一番风味，姑娘们当然也比阿姆斯特丹女人更善解人意——起码，她们会和你侃侃而谈立体派或是什么其他的现代艺术流派——自己曾经用过的那个小画室，就在那里蒙德里安萌生出反对立体派的念头，靠近街角的那家面包店，蒙德里安总是按时按点在那里买早点和晚餐用的面包——还有，那冷峻而阴柔的艾菲尔铁塔，那包罗万象的卢浮宫，那大大小小的博物馆，那永远情意绵绵的塞纳河，还有毕加索、马蒂斯，还有那些许多自己熟悉的见过面或者没见过面的艺术家们……

——你们，你们还好吗？

一九一九年七月十四日，已经四十七岁的蒙德里安，再一次离开自己的故乡荷兰，前往自己一直在心里记挂着的城市巴黎，他明白，自己在荷兰创立的"新造型主义"的使命已经完成，同伴们也终于分手，今后的艺术道路将更是一番苦战——一个自己和自己的战斗，赤裸裸的没有任何遮拦和依靠，在这个意义上，蒙德里安和当年只身去南太平洋岛国的高更在心态上没有什么两样，只不过蒙德里安显得更冷静、更理性，他所抱定的宗旨十分明确——挑战艺术极限。

——走到那个孤寂的制高点。

……

一个带着圆眼镜、看起来像个学者似的中年人，微微有点秃顶，又开始

在法国的博物馆转悠着，巴黎艺术家们很快知道，那个画"几何"的、老实巴交的荷兰人又回来了——其实，他们没有把蒙德里安真正看成是荷兰人——他属于巴黎，当然也属于艺术，同时，他还属于我们！

蒙德里安更希望离群索居，他生性不喜欢喧闹，尽量住得偏僻点，画室小点没关系，简洁、高效就好——没有听说过蒙德里安和哪个姑娘有过什么风流韵事——巴黎的艺术家们很时髦，后面总跟着对艺术家崇拜的、涉世不深的年轻姑娘，时不时向她们表白、炫耀，让她们听听自己对艺术对人生的高谈阔论——而蒙德里安眼下，更需要一个属于自己的空间思考，对蒙德里安而言，绘画早就不再是约定俗成的色彩和造型的构建——这是完全彻底的哲学悟化的外在显现。

在荷兰写下的那些宣扬新造型的文章，曾经陆陆续续发表于《风格》杂志上，现在，巴黎的画商愿意出钱，将这些文章收集并系统归纳，用法文出版，并冠以《新造型主义》的书名——这对在法国宣扬新造型主义及蒙德里安的作品帮助很大，同时，画商也为蒙德里安举办展览，将他的作品和理论介绍给法国的读者与观众，蒙德里安很快成了艺术舞台上一个重要人物——

也许你不喜欢或者是不懂他的艺术，但你会在圈子中常常听到这个名字，艺术家同样也是社会的产物，说真的，到一个时代非要让你出来的时候，想不想出来可就不完全由艺术家自己了！

但是，蒙德里安还是那么细密地思索和研究，一点没变，他把持一个学术的尺度，也决不让自己在艺术家那浮躁的气息中成为一个流行人物，一个通俗的流行人物，这毕竟不是自己穷尽大半生的心力所要的结果——他依然像个东方高僧，在晨钟暮鼓、青灯黄卷之中，寻找博大精深的思想和宗教精神，就眼下的进展，蒙德里安想再深入一步也没那么简单，他总是在形式和思维的层面上，将自己逼到一个毫厘不让的绝境——真理没商量。

——苦心经营，坚持不懈，那过程本身已经是一种艺术的过程和范式。

蒙德里安又一次完成了对自己全新的挑战与超越——《红、黄、蓝构成系列》登场，这些方型的块面和本原的色彩节奏，超出了"新造型"绘画的几何造型，换句话说，这些内在的节奏与旋律本身，构建了唯美的和谐与安定，它们在另一个侧面，为蒙德里安推行的"水平与垂直线才能达到平衡而不受任何外在因素干扰和限制"的理论思想做了最完整有力的论证——这些在日后的艺术和生活领域中无数次出现的原色的方块造型，那些在建筑设计、时装、衣服面料、书架、椅子、珠宝、鞋子，甚至女用手提包上常常看到的，延续到今天、还会一直延续着的图式，由蒙德里安开发出来。

这已经不是一个单纯的构成图式，它更是一个观念、一个标准、一个使艺术步入现代生活的转折点、一个艺术发展史的里程碑。由此，现代绘画才真正步入一个思想的阶段。

就绘画的面貌而言，毫无疑义，它们多多少少延续了荷兰风格派的那些语意，但在形式上更加单纯，在构成和表现语言上也到了一个高度的和谐与单纯的极致，原色——只是基本的红、黄、蓝，决不需要那些带着工匠气味的"光学原理"来为色彩披上无关紧要的外衣，蒙德里安十分自信，他找到一种最合理最精确的抽象系数，一种合乎视觉规律的纬度——用同样的方法同样的题材，蒙德里安一鼓作气，画出了几十幅作品——他甚至抛弃了画面中曾经居主导地位的几何——他曾经借以阐述艺术的重要形式手段，严肃而高贵的黑色，在画幅中其实是真正的主导，他是蒙德里安色彩中的皇帝——它冷静、一丝不苟，看起来，它在画面上起到的似乎是默默无闻的幕后作用，然而它却让蒙德里安真正着迷——这才是蒙德里安重新绘画的生命框架，是筋骨，它在统领着绘画的波动和凝聚力的同时，安安心心做一个配角，将出头露面的活儿交给了红、黄、蓝——那流传甚广的理论平行加垂直，垂直是阳性而水平是阴性——不就是这些黑色的线条徐徐传递出来吗？然而，蒙德里安的挑战在最大的限制下还是无处不在，他深知黑色对自己的绘画有着不可替代的作用，他还是在稍晚一些时候画下的《黄线条构图》中，把这黑色的精灵彻底丢弃，画幅中，两根平行两根垂直的黄色线条将画幅的四角切开，线条的粗细似乎做过最精心的选择与测算，它们呈放射状奔向画幅之外，无始无终，无边无际，观者可以尽可能用自己的视觉为这些线条找到交汇点，但它们不在绘画之中而在画幅之外，在此，抽象因素不光是画面的结果，它们更是心理空间的延续和拓展——颜料和画布为画家提供最直接表现的可能，同时，好的画家将永远不会被材料左右。

从画面上，蒙德里安一直画到舞台，画到朋友的卧室，小幅画面像蒙德里安演算几何、代数的稿子，它培养了蒙德里安精良纯粹的绘画素质，而超越绘画平面语言之外的那些动因，更扩张了蒙德里安思维的层面——舞台设计让蒙德里安信手拓宽艺术的疆界，扩展了平面绘画语言的深度和广度——还画到自己门上、窗上，壁炉上面也别让它闲着！绘画艺术原本没有边际。想怎么画就怎么画，怎么画怎么合理。把住精髓，把住美的最准确的支点，无限升华，无限扩张——心是天堂，思想是宇宙。

——艺术，就是艺术家和它们沟通的桥梁。

省略了所有枝节因素，留下的是最简单的直线和最明了的原色块面——任何不疼不痒的"绘画性"装点，任何言不由衷、自欺欺人的文学性解读，都被蒙德里安用自己严酷的形式无情肢解——从早斯步入绘画时那些海牙风格的写实绘画，到立体主义，再到风格派，直到目前充满个人色彩的，单纯得让你无法加也无法再减的抽象绘画，蒙德里安义无反顾，走得扎实透彻——呵！找到了，找到了！从阿姆斯特丹到巴黎，从古典形式到现代风格——蒙

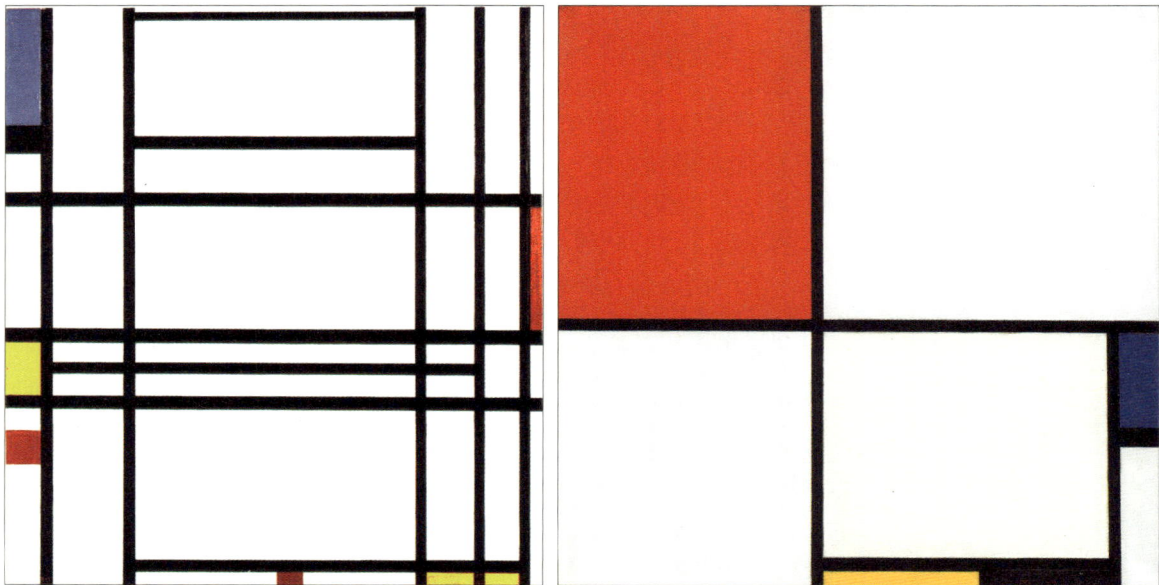

德里安在有生之年，真正揭开了绘画艺术神圣的密码，找到步入艺术天国的门径！

蒙德里安再度回到法国的居留生活，对艺术影响深远，和同样在巴黎画坛崛起的伟大画家亨利·马蒂斯相比，马蒂斯骨子里面溶化了源自印象主义的诗性与浪漫，血肉中流淌像德彪西音乐那般的风流，是法国浪漫主义的延续，而蒙德里安的严谨与冷涩，骨骼和神经上建立另外一种极致——它们是德国古典哲学在绘画上的终结。

一晃近二十年。蒙德里安已经在法国许多重要的地方展出过自己的作品，毫无疑问，这个荷兰名字，在现代艺术舞台上已经不再让人陌生。

第二次世界大战，使许多优秀的欧洲艺术家辗转到美国避难，蒙德里安也在自己的一位好友、也是自己作品收藏家的帮助下，经由伦敦转到美国，在曼哈顿落脚。

聪明的美国人，永远不会让战火烧到自己的土地上，优秀的艺术品却源源不绝地进入美国的博物馆——战争中，多少欧洲的艺术家就是在美国自由女神的脚下继续着他们未尽的艺术探索。

美国新大陆给了蒙德里安前所未有的冲击，现代生活繁忙的节奏，前卫的戏剧、文学、绘画五光十色，纽约高楼大厦那钢筋铁骨所构建的线性造型不就是蒙德里安梦寐以求的艺术原生态？不就是自己的艺术思想在生活中最直接最强烈的呈现？！不就是二十世纪伟大的"现代自然"？！众里寻他千百度，却在一个早上安安静静地站在自己面前。曼哈顿酒巴中盛行的非洲舞蹈，爵士音乐强烈地刺激蒙德里安的神经——即便是深夜，纽约辉煌的灯火在黑色的夜空如繁星点点——二十世纪的大都会，形成了艺术家崭新的自然概念——这就是我们面对的新时空。

颜色组成　1917年

纽约——一个最直接最彻底的城市，一如既往，它不会对任何艺术举动、艺术方式和艺术行为吃惊——哗众取宠的游戏不会在纽约有长期、坚固的地盘，你也许会说，它没有文化深度，但谁也不能否认，它每天在创造新的文化景观，你可以说纽约人穿着西装，在金融场子里面厮杀本身还多多少少带着西部牛仔的味道，但他们生活、工作和居住的城市，依然会敞开那宽广的心怀，让艺术找到最合理的土壤扎根、发芽、开花、结果。

面对一个崭新的世界，蒙德里安按捺不住自己的热情了！

——《广场》诞生。

——《纽约市》系列诞生。

——《百老汇爵士乐》诞生。

色彩，变得更加透明，蒙德里安渐渐从战争的阴影中走出来，线条变得更加纯粹，更加科学化，更加嘹亮——这是步入现代生活的号角。

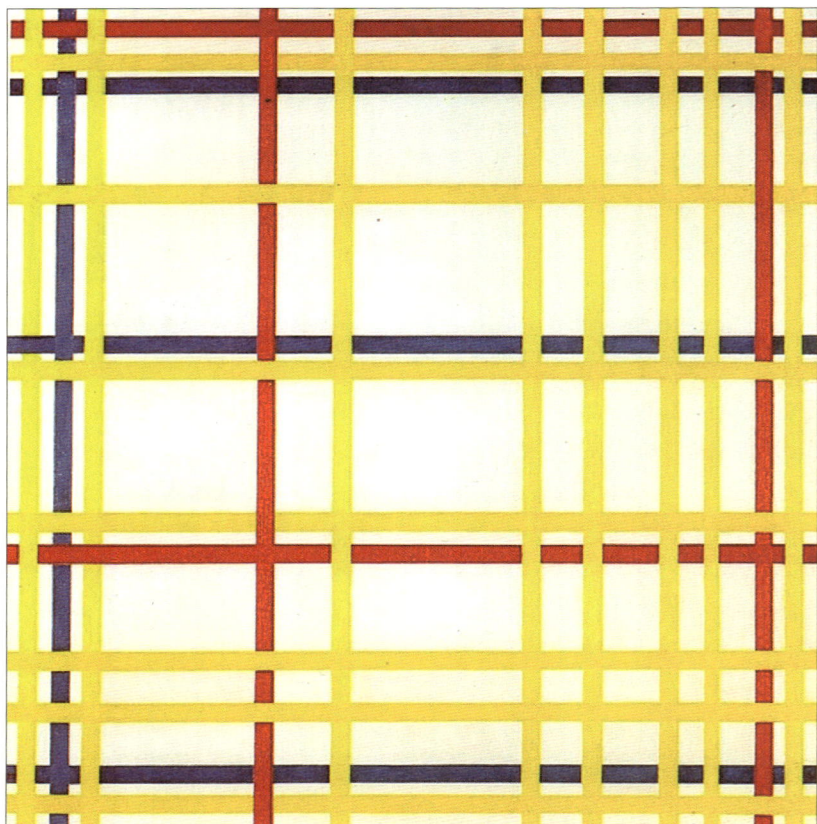

纯黑色不见了——蒙德里安在黑色中增加了浪漫的复色，这是对新生活最直观的印象，是欢喜与笑声的记录。

黄色，让它尽量灿烂，红色，让它像火一样红，让它更加张狂更加不可一世！还有蓝色、灰色、冷绿，还有平常总不声不响当着配角的白色——就暂时省却你们以往的冷静，加入蒙德里安色彩的嘉年华会，来为这个冷静生僻了将近一辈子的、数学家一般的艺术家纵情地唱起来。

——唱起来！

蒙德里安最后一幅作品是《胜利爵士乐》，他将画幅变成对角线放置，用了近两年时间，严格说来，作品没有最后完成，画家给观者留下一个文学谜面——欢乐的原色块，像一面面万国旗汇聚在一起，飘扬在一起，向美致敬。

向 和 平 致敬——莫非，艺术家或许比别人更早听到二次大战胜利的战鼓，看到了二次大战那胜利的旗帜？莫非，他更早预见到联合国的建立——蒙德里安去世的第二年，联合国在纽约宣告成立。先知，预见？在艺术上的确如此，在生命的旅程中呢？

我们不知道——也许是，也许不是。

……

蒙德里安于一九四四年死于肺病，那幅《胜利爵士乐》还搁在画架上，蒙德里安时不时想动两笔，其实，蒙德里安的任务已经完成，画画就是一种需要吧——一种日常的、生活习惯上的需要——没有画完的作品成了蒙德里安生命和艺术的绝唱，同年，俄国那位用音乐语言重构绘画、被视为热抽象代表人物的康定斯基，还有，蒙德里安在学画时就十分敬佩的、挪威表现主义画家蒙克先后逝世，他们一道奔赴天国。

蒙德里安的艺术，突破了二十世纪平面艺术的

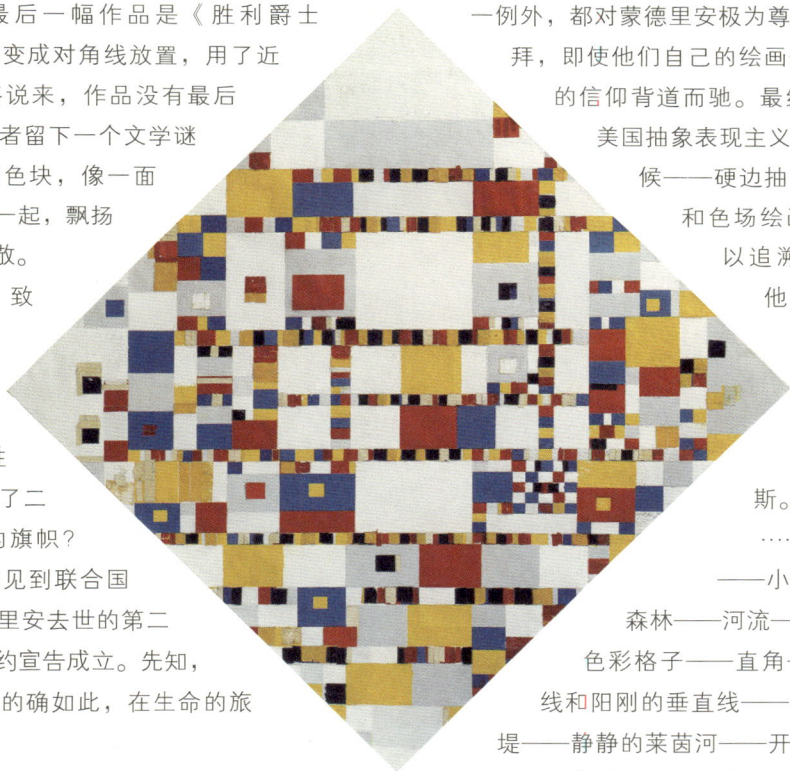

胜利爵士乐　1944年　荷兰海牙市立博物馆藏

瓶颈，找到另外一片天空，他对绘画的直接贡献，不仅仅是形式上的建立，更是一种思维习惯和审美标准的建立，美国著名的美术史论家H.阿纳森曾经在《西方现代艺术史》中用不少篇幅阐述这个荷兰画家的艺术思想，他写道："在美国，蒙德里安是一位传奇人物，他不仅支持几何抽象，而且还鼓励一批更年轻的艺术家在美国艺术领域里掀起一场重要革命。他一直站在艺术的少数派一边，坚持向社会现实主义和地方主义挑战。出现于一九四〇年代初期的抽象表现主义画家们几乎无一例外，都对蒙德里安极为尊敬，甚至极为崇拜，即使他们自己的绘画似乎和蒙德里安的信仰背道而驰。最终，当人们考察美国抽象表现主义的最新倾向的时候——硬边抽象、光效应抽象和色场绘画——几乎都可以追溯到蒙德里安。他对二十世纪艺术进程的影响甚至可以超过毕加索、布拉克和马蒂斯。"

……

——小村庄的农舍——森林——河流——荷兰风车——色彩格子——直角——阴柔的平行线和阳刚的垂直线——几何——海浪海堤——静静的莱茵河——开花的苹果树——巴黎多情而儒雅的绅士风范——五光十色的纽约曼哈顿城市——看起来错综复杂其实非常简单方便的地铁线——百老汇喧闹的爵士乐，古典主义现实主义——立体主义——新造型主义——通神教义——思想——理念——情绪——诗性——科学性——哲学高度广度深度厚度纯度——复杂——单纯——严肃——浪漫——

对蒙德里安艺术的评价，远不是一个简单问题，在画家生前身后从来就没有停止过，这些前所未有的绘画是哲学概念？是宗教思索？是科学符号或是真正纯粹艺术模式？众说纷纭，莫衷一是。但没有人不承认，这是个伟大而严肃的学者，至于绘

画作品——见仁见智，简单也好复杂也罢，界定的标准可以成千上万，再说，这从来就不应该是大家一起对着鼓掌的东西——老百姓点头专家拍手，有这么好的事儿吗？

对？

错？

好？

坏？

高？

低？

——就让时间说话吧。

蒙德旦安透过那双有着酒瓶底一般厚度的近视眼镜审视着，若有所思，然后，他傻傻地笑起来——不停地，就那么一直无声傻笑着——那双剑一般的眉毛，和紧闭着的嘴唇中线，不知不觉形成了一个标准的垂直平行线构图——两根竖线一根水平线，猛一看，像极了蒙德里安的哪一幅画……

康定斯基尽最大可能地把绘画语言变成一种象征，一种符号，他用音乐的语言来为绘画找到形而上的根据，唯有把绘画还原到最简单的层面上，他才可能说服自己，才可能最准确地找到绘画形式中可以用数字或者公式来切割、来论证的枭圭。

"新艺术学，旨在把符号变成象征。"

"色彩形式的和谐，从严格意义上来说，必须以促进人类灵魂的原则为唯一基础。"

——奥古斯特·雷诺阿

窗外是一片冰天雪地。

1994年，我在俄罗斯博物馆看画——在国家博物馆，冬宫，普希金博物馆——看那些中世纪遗留下来的东正教圣像，那些由俄国商人早年买下来的高更和马蒂斯的作品——走马观花地看着——还有，俄罗斯巡回展览画派的作品——我全心全意、几乎是目不转睛地看着。

在少年时代，我就多少次借着杂志封面上那些印刷粗糙的图片了解俄罗斯，了解那些我曾经视为偶像的画家们——只有俄罗斯的画家，才能把素描画得比实物还要真实——无论褒贬，在技能上，那就是法国和西班牙的画家所不能达到的一个高度。

康定斯基作品

那些耳熟能详的画家和作品，一幅一幅呈现在我的眼前——列宾那厚重如史诗般的《伏尔加纤夫》，苏里柯夫的巨幅作品《近卫军临刑的早晨》、《女贵族莫洛卓娃》——画家以最写实的手法画出毛皮的质感和雪花的动势，那寒光闪闪的马刀，好像是苏里柯夫故意用来炫耀自己绘画功底的道具——手一弹似乎可以听到"当当"的声音；还有希什金那些苍茫幽深的丛林——他总是可以把那些乱七八糟的藤子、树枝和朽木桩子最有序地在画面上收拾得条条顺顺，像音乐总谱——列维坦《金色的秋天》、谢罗夫、契斯恰柯夫、还有后来的马克西莫夫……俄罗斯巡回展览画派留下了伟大、壮观的画卷，足以在人类绘画史上争一分光色——它们包涵着俄罗斯民族在审美上的雍容大度和精神上的深厚辽阔。

拒绝装模作样的抒情和浪漫，拒绝绘画和文学外在油滑的装点与粉饰，俄罗斯就是俄罗斯——那些沾着伏特加酒浓浓的滋味，裹着伏尔加河上刺骨的寒风，张扬着彼得堡涅瓦河诗意盎然风范的绘画作品，不就是整个俄罗斯民族那最真切、最感人的画像么？

青骑士　52.1×54.6　1903年

西伯利亚的积雪，波罗的海的残冰，俄罗斯土地上高高站着的白桦树，哥萨克那些把烈马调教得像绵羊一样的小伙子，会曲着腿跳着舞还能把手上的风琴拉得优美华丽的乌克兰山民，基辅那些穿着湿靴子、老是醉醺醺的工人——这些风俗画面，换一个别的方法也许不对——俄罗斯的画家们，从对生活细致入微的观察中，发掘了这些技巧和表现语言——无论列宾还是苏里柯夫，他们的画笔带着民族的尊严和使命——他们记录着俄罗斯最骄傲的史诗，他们描画着地球范围内最大版图上那些灿烂的风景和人情——这些史诗般的作品，会告诉你伟大、雄浑、宽广、壮阔、冷峻和忍耐、坚持的真正含义。

然而，作为画家，最让我瞩目的却是俄罗斯绘画中的一个属于另类"画家"的画家，我甚至不知道他那看起来非常普通的名字会不会被写进俄罗斯的绘画史、艺术史，或者，对他的界定究竟应该是一个音乐理论家或者是个现代美学的研究家，仅仅把他看成是个用画笔在画布上涂油彩的画家多少对他不够公平——在革命的俄罗斯，他曾经被列为另册——他一生的绘画实践，在某种意义上正是对建立在唯物主义审美基础之上的俄罗斯现实主义绘画的彻底反叛——这个拿着画笔和理论之笔的艺术革命家，抽象主义的先锋战士，在古老而灰蒙蒙的俄国艺术界多少有点像唐吉诃德拿着长矛对着风车——他的抽象作品饱受攻击和挖苦，他吃尽辛苦，辗转半个亚欧，最后，在巴黎的塞纳河畔成就了自己那惊世骇俗的功业——他的名字叫瓦西里·康定斯基（Wassily Kandinsky）——这个在艺术疆野上奔驰的骑手，唱出了悠扬的牧歌，带着俄罗斯式传统的严肃，带着德国古老的厚重和法国浪漫的诗意——康定斯基信口唱着自己编写的牧歌。

康定斯基算得上是个贵族的孩子，他的祖父曾经被沙皇封过爵位，祖母也是蒙古王室的后裔——他父亲早先做着茶叶生意，很火红——俄罗斯再穷也离不开茶叶，那些紫铜或是白银制的茶炊，在饭桌上总占着重要位置——康定斯基的家境也因为茶叶生意而过得很殷实，尽管他的家族曾经被沙皇流放到西伯利亚——告别了城市繁华的康定斯基，童年还是没有真正吃过什么苦，除了自己是家中独生子常常会有的、那说不出的孤独，母亲没有很多时间和康定斯基在一起，她来自波罗的海沿岸，能讲一口流利的德语，对音乐也非常精通——日子常常那样不紧不慢地过着——西伯利亚的外部世界寒风凛冽雪花飘飘，康定斯基则一个人孤独地坐着，看着窗外遐想，或者，就是一个人自顾自玩着各种各样的玩具——他喜欢

风景中的俄国女人

马上的情侣 55×50.5 1906—1907年 德国伦巴赫美术馆藏

把那些画得五颜六色的娃娃随手拆下来，再装回去——喜欢信手在纸上画着自己的想法、自己的梦——画他和父母一块到意大利旅行的过程——意大利的天蓝树绿，人的脸上总带着笑，常常哼着歌，气候绝没有俄国那种要命的冷法——后来，也画那些让他打小就会伤心的事情——父母不和，协议离婚，那天早上，父亲最后一次蹲下来吻他——已经做好离婚准备的父亲，打算把康定斯基托付给姨妈。

这一年，康定斯基五岁，对人生还是懵懵懂懂，但他隐隐约约知道，一个家就这样散了——三口人再也不会一块去那温和的意大利了。想到这些，康定斯基总笑不起来。父亲去了乌克兰，他的心全放在生意上——许多年以后，看到一些造型比较特别的茶炊，康定斯基会自然而然地想到父亲。好和不好，是大人之间的界定，孩子会想到，从此，父亲将不再仅仅属于自己——那时候，康定斯基只想一双手分别紧紧抓住父亲和母亲。

生活那实在的滋味，那看得见摸得着，曾经让邻居羡慕不已的一切，就在那个早

晨改变了属性。

康定斯基——一个生性孤独的孩子在一个孤独的童年中做着孤独的梦。

还好，妈妈的亲姊妹、康定斯基气质高贵而善良的姨妈——她可以背诵许多古典诗歌，还弹得一手好钢琴——把康定斯基看成是自己的孩子，并且主动要求料理他的生活，还为他请了最好的老师，教他弹琴画画。对康定斯基来说，姨妈就好像亲生的母亲——除了穿衣吃饭这些琐事以外，在知识的积累、人格的熏陶、气质的培养方面，姨妈对康定斯基的成长花了很多心血。她陪着康定斯基看最好的歌剧，逛博物馆和画廊，进出书店——十几年光阴如梭，看到康定斯基渐渐长大成人，姨妈总是很满足，看到这个有时候还会淘气的孩子逐渐变成一个谈吐不凡、气质优雅的小伙子，姨妈觉得，那么多年含辛茹苦的生活都值得——康定斯基成了姨妈的骄傲，同样有着良好素质的姨妈心里很清楚，康定斯基会是一个优秀的人物——经过系统的学习和训练，他天生的资质足以让他在任何领域中成为一个有用的人。

——孩子终将属于社会，属于他自己。

康定斯基又回到自己的"老家"莫斯科——事实上他已经不记得小时候眼里的莫斯科——对他来说，这只是一个美丽而陌生的城市，今后，他将在这里求学和生活——姨妈没有把他当成一个永远长不大的孩子，她总是为他的前途和命运做最好的

〔右〕穆尔瑙 48×69.5 1908年
〔中〕蓝色之山 107×98 1909年
〔左〕浪漫风光 129×94.3 1911年 德国伦马赫美术馆藏

打算，哪怕经过这么多年相依为命的生活，一旦分别感情上将有说不出来的落差，姨妈也不会让自己做任何错误的判断，她让康定斯基去莫斯科接受最好的教育——孩子，你一定要去莫斯科，凭着你的水平和资质，考上莫斯科大学将不是一个难题——走吧，去开始你真正的人生旅途吧！

康定斯基舍不得离开姨妈，对他来说姨妈已然成为自己生命的一个纽带——在孩提时，姨妈尽全力给自己以母爱，在烦躁多动的少年，姨妈和风细雨，循循善诱，当他真正长大，姨妈要把他推出去，让他像一个男人去经风雨见世面，成就自己的人生和事业。康定斯基和姨妈告别的时候，在心里发誓，为了姨妈，他也决不会让人生的脚印平平淡淡走过。康定斯基有多种多样出众的才艺，这是姨妈精心教育的结果——但姨妈无论如何也没有想到，这个自己一手养大的孩子，今后会惊动整个艺术世界，成为一个出类拔萃的艺术大家，并且，在他那握着画笔的手上，同时完成了划时代的、现代美术的基本理论建树。

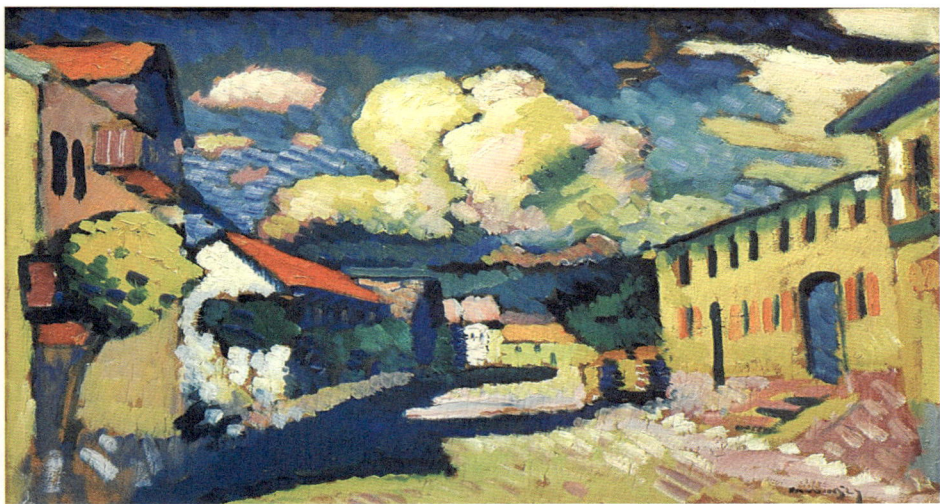

那些古老东正教的建筑，巍峨肃穆，尖包状的塔顶在雪地中接受着太阳的巡礼，发出一串串耀眼的光芒——莫斯科穿红着绿的少男少女们那年轻的笑声就像天空灿烂的彩云，青春真好！康定斯基带着离开姨妈的一丝惆怅，很快进入自己的生活和学习的圈子——并且，凭着自己的实力考入莫斯科大学，在选择专业上，康定斯基绕开了自己喜欢的一些专业而直接学习法律和经济——这个专业出来总是会有一个好饭碗。

古罗马法典、刑事法典，读起来枯燥无味。一本本煞有介事的精装书，厚厚的，康定斯基以前总在牧师那里看到这样装帧考究的书本——外面，是一层精美的牛皮封面，压着烫金的字——现在必须每天面对着，康定斯基总有自己的疑问，就这些东西，能治理国家社会和家庭？还有经济，说穿了也就是那些纸上谈兵的理论概念——这些枯燥的条款和数字，足以让同学们头痛，但康定斯基处之泰然——他用自己的方法记忆和理解，学什么都是轻车熟路，同学们会端坐在教室中苦苦啃着书本，以便对付那些没完没了的考试——康定斯基却总会自己抱一本书，席地坐在树下漫不经心读着、想着。有时候会拿着自己画画的油画箱溜到户外写生——这是姨妈给自己的礼物，莫斯科的歌剧和芭蕾，康定斯基也常常看到，他会在开演之前买退票或者是位子比较靠后面的低价票——他不会为了作业和考试惊慌失措，总是一副从容的样子，他不做表面工夫，而是把一个学科的精髓真正弄通弄懂——考试的时候，康定斯基可以随便交出良好的成绩。

要么就不做，要做就做最好——康定斯基对自己的要求明了简洁。

康定斯基大学四年级，以优异的成绩得到一笔奖学金，并且跟随着一支人类学考察小组深入俄罗斯东北部山区，考察当地刑事法和当地宗教民俗的第一手资料，同时，和乡下的农民接触——这个地区的居民有着独特的人文传统，他们喜欢把头发染成彩色，穿着也以鲜艳的重彩为主——康定斯基直接面对这普通的生活，关注着农民的辛苦和幸福——劳作的汗水和丰收的喜悦让农民们过着自己的日子——黑面包不会让他们的歌声低沉。那里，农民朴实憨厚，对城里的知识分子表示出最大的热情——女孩子，还会穿上传统的服装给康定斯基做模特——康定斯基在乡下除了做自己的研究，总会在黄昏时分画那天边的晚霞。

再后来，毕业，以优异的成绩留校——拿着粉笔夹着讲义成为一个风度翩翩的教授——恋爱、结婚，诗意、缠绵的、花前月下的多情浪漫——从甜蜜的蜜月到按部就班地过日子，从信誓旦旦的月夜到许多平凡的晚上和白天，激动的时间变成渐渐平淡如水的、和左邻右舍一样的日子——康定斯基经过和别人几乎没有什么两样的幸福人生。漂亮的妻子是同一个学校的老师，而且，算起来还是康定斯基的表妹。

穿着深色的西装，打着整齐的领带，康定斯基像个标准而称职的教授，每天准时行走在家庭和学校之间。把最重要的课题讲得清楚明白，闲暇也会帮助妻子给木地板打上石蜡，把晚餐的土豆洗好，再削掉外皮；听唱片，画画，看书，偶尔写写画画和听音乐之后的心得——生活平静而安适——康定斯基也没有想到，当初为了上莫斯科大学如此苦修，结果就是一个恬淡而宁静的生活？而外人看起来，这是一对无可挑剔的夫妇，两口子的生活也让人很羡慕。

法国印象主义画家莫奈的作品到莫斯科展出。

[右] 奶牛　1910年
[左] 红色的椭圆形　1920年

对于严谨保守的俄罗斯绘画界来说，莫奈的作品在莫斯科展出有多重的意义——俄国人不太买法国人那种市民式的大惊小怪的账——在绘画上在音乐上，法国的诗化热情很容易堕入一种外在华丽，而在艺术的深度和厚

度上，他们都缺少一种寒带文化的稳沉与力度——法国人同样不会将俄罗斯人视为国宝的巡回展览画派那扎扎实实的描绘当成了不起的艺术——他们认为，绘画一旦纳入文学的因素，就会失却它自身的纯美价值——莫奈，在某种意义上起到一个联带的作用——他的作品中具有博大的精神密度，同样，在诗化的审美情境上找到一个文学和绘画的中间地带——或者说如果把米勒的绘画比做小说，莫奈的绘画算得上是个没有情节没有故事的散文——它巧妙地借助了文学的扶手，也聪明地在文学的外围用绘画的语言说话——更兼有对色彩感性的宣泄和理性的表达，莫奈在某种意义上迷住了莫斯科——他巧妙而不花哨，他情意葱葱但不浮华——莲花、草垛、桥梁、山坡、国会大厦——莫奈收拾得仔细而自然。

与黑色的弧一起　189×198　1912年　布面油画　法国巴黎蓬皮杜艺术中心藏

康定斯基在莫奈的画前彻底失落——这个法学教授、业余画家原本以为自己的段数不算很低——说实话，除了教学和生活，康定斯基从来没有停止过对绘画的思考和练习，而此时此刻，面对莫奈作品，他像一个刚刚入学的小学生，一时间没法弄懂莫奈的想法和做法。

看着，思考着，康定斯基不是那种一下子就服谁的人，作为一个逻辑思维能力很强的学者，他要透过现象知道事物的所以然。

康定斯基第二次来到莫奈作品的展厅，是刚刚教完课——他甚至还夹着放讲义的皮包——没有回家就径直来到美术馆，他不好意思问周围那些夸夸其谈的艺术家，就自己随手找来一把工作人员的椅子，选个角落，端详着《草垛》。

草垛子——这在诺曼底农村田野上深秋到处可见的俗物，为什么会对莫奈有那么大的魔力，让这个年纪不小的画家不厌其烦地画着，没有构图上聪明的变化，没有素描关系——当然，更别提那些故事——时间、地点、人物、开始、高潮、尾声，就那么一笔笔画着，就那么趁着时间的瞬息写着意味深长的诗行——康定斯基懂了！绘画绝不仅仅是描摩事物手段，它更是一种自立于自然之外的美学信息系统——非客观绘画（Non Objective Painting）——一个闪着光的概念浮在康定斯基的脑海中——对！花不是原

来的花，雾不是原来的雾，草垛和莲花不是原来的草垛和莲花——它们就是莫奈借题发挥的题，就是莫奈顾左右而言它的一番借口——我们既不能批评花朵也不能嫌弃月亮，它会影响那些对色彩和对形式之美有鉴赏眼光的人。虽然我们可能喜欢阳光，但是，无论是这种逾越之情还是明媚的阳光都没有什么意义，除非我们的理智创造出一种意义，……花和月亮永远不会改变自己，花的种子无视批评，照样长出一模一样的花卉，非客观绘画就应该遵循创造的直觉——人们可以喜欢或者不喜欢它，但他的存在无法改变它的纯粹和完美无瑕优雅动人——它应该像音乐的旋律，同自然的描写没有关系，同理性的诠释也没有关系，谁能够感受到色彩和形式的美感，谁就会领会非客观绘画的精彩之处——似是而非，画得像不像不重要，借着客观的物象抒发主观的美学的诉求——这也许是现代绘画的必由之路，由此，西方绘画从文艺复兴开始就建立起来的时空观念将面临着一个根本的改变！

康定斯基恍然大悟！这是自己艺术生命的初啼！对一个清醒的画家，不仅仅需要一个高超的造型能力，更需要一个全新的认识方法——直到以后，康定斯基一直把自己放在非客观绘画的世界里面思考艺术，透视美学，他写过关于具象绘画的理论著作，他的着眼点依然是现象后面的那些音乐色彩的因素——在他的一个自传中，康定斯基说到一个自己画画的故事——一个暮色降临的晚上，他画完一幅写生回家，突然，他看见画室里面有一种从未见过的、难以描述的景象——刚刚画好的写生充满着内在的光芒，他带着疑问，缓步向画幅走去——除了点、线、构成和色彩外，别的什么都没有，没有情节和故事，没有实物，康定斯基明白，这是一幅真正发自自己内心的绘画，他当下忽然明白——自己以往的绘画都被客观的物象毁坏了！

印象派绘画，终究没有让康定斯基真正信服，但这是他转折的起点。

从这个意义上来看，真的要感谢印象派，感谢莫奈的这些草垛子——它们诱发了

康定斯基那快速运转着的脑神经——去寻找，去探究，寻找艺术的真理，探究绘画的新形式。

爱绘画的康定斯基，一样喜爱音乐，尤其是莫扎特和瓦格纳的作品——国家音乐厅一有高水平的演奏，康定斯基绝不会错过，钢琴和小提琴，是在姨妈家里打好的底子——听着瓦格纳的音乐想着莫奈的画，这个法学和经济学教授陷入深思——对艺术，对人生的反省，让康定斯基渐渐明白，一个好的教书职务或许是个好的职业，好的饭碗，但实践证明这不是自己最喜欢的职业——课堂上，面对着学生，康定斯基有时候会走神——他会想起莫奈在那草垛子的阴影中巧妙勾出来的带着紫雾的麦杆，想起瓦格纳歌剧那波澜壮阔的音乐旋律——康定斯基想捕捉它们，捕捉这些眼睛看不到的旋律和节奏。怎样画？怎样画好？为什么画？三十多岁的康定斯基又一次遇到了职业的选择——或者可以说是人生的选择。令人羡慕的教职，平静温暖的家，善良美丽的妻子，这一切允许我放下身段做一个苦心经营而前途未可预料的画家吗？

三十岁，再去重新开发人生和事业的第二个春天，会不会为时过晚？

康定斯基一遍遍问着自己，他知道，自己这关如果过不去的话一切都不要再想，即使自己这一个坎过去，还有自己的妻子——她是大学教授的妻子而不是一个画家的老婆——她会打心里愿意吗？再说，保守的俄国，并不具备现代绘画试验的土壤——康定斯基从来都没有想过去做一个照本宣科的俄罗斯现实主义画家，去哪里？

和妻子一番苦口婆心的交流后——康定斯基最终和她达成协议，辞去教授的职务，从教授变成一个彻头彻尾的画家。变卖了今后用不着的那些家

［右］即兴5号的研究 70.2×69.9 1910年 美国明尼阿波利斯艺术学院藏

［中］即兴作品

［左］即兴 120.3×140.3 1913年 美国纽约大都会艺术博物馆藏

具，康定斯基准备做人生和事业的拼搏——彻底丢掉可要可不要的东西——哪怕它价值连城，放弃那些不属于自己的梦想——哪怕它看起来五彩缤纷。

去德国——那是个思想的国度，去慕尼黑，那里有个著名的美术学院——更好的是，康定斯基的外婆在那里，他还不能算是举目无亲，还有，在和姨妈相处的日子里，康定斯基学会了德语，他可以流利地讲述德语童话和背诵德语诗歌。

三十岁改行，需要一个实在的勇气，尤其对一个几乎可以说是平步青云的教授。康定斯基不管这些，他开始绘画的基础训练——以往对绘画的热情只属于业余画家的兴致，从现在开始，有了妻室远离祖国的康定斯基，除了要做一个划时代的画家，还担负着养家糊口的责任，没有任何退路。妻子尽

管跟随康定斯基来到陌生的德国，但她并不是从心里赞同康定斯基的选择，在寄人篱下的年月里，一个外人，不舒畅是难免的，她少不了开始念叨过去的往事——一句活，对眼下的生活不满意——康定斯基还是硬着头皮走进素描的初级教室，补习所有基础的美术课程，准备考慕尼黑美术学院。

慕尼黑是欧洲当时最活跃的艺术中心，现代绘画的风潮非常兴盛，画家斯托克（Franz Von Stuck）是当地著名画家，他既是按照学院传统认真教学的好老师，在一定程度上也能够理解眼下活跃的、现代绘画的那些鼓吹者和实践者。当康定斯基慕名找到他的画室时，斯托克当时并不看好康定斯基——在斯托克看来，绘画无论如何是个技术活，没有办法完全抛弃造型的手段来空谈艺术——康定斯基毕竟三十多岁了，他还能迎头赶上？他见过太多满腔热忱想学绘画的孩子，但坚持到最后的不多，年过三十再重新开始学

习绘画并准备把绘画当成一个终身职业的更少见——几乎没有。

康定斯基看得出老师疑惑的脸上写着的真正含义，但他不愿意放弃。

——要不，亲爱的瓦西里·康定斯基，你是不是去到艺术学院的夜校，好好补一下基础课，然后再参加考试——如果你能用你的成绩坐在慕尼黑艺术学院的教室，你绘画艺术成功的路程将会大大缩短。

康定斯基再度回到基础学习的过程中，然后参加一年一度的慕尼黑艺术学院入学考试，结果多少让他意外——名落孙山，他是个喜欢考试也会考试的学生，他几乎没有落选的记录，不管是哪一个阶段的考试。

结果是那么残酷——康定斯基毕竟不是一个家住在德国的孩子，可以拿着父母的资助玩一把潇洒，做点艺术初级阶段的美梦——落选意味着成绩不够好——别说做画家、做大师，就连一个美术学院学生的资格都不具备——康定斯基当然清楚后面的路将更加艰苦。除了艺术上的，生活中，从莫斯科跟着自己来寻梦的妻子，是不会接受一个永远瞎折腾的画家来做自己可以依靠的丈夫，她曾经为康定斯基的选择做出了极大的牺牲——放弃了教职，放弃了事业，在德国闷头做一个艺术家的妻子。家——康定斯基和妻子合着的一个单位，不要多久就会显得摇摇晃晃。

然而，苍天不负有心人，康定斯基最终成了慕尼黑艺术学院的学生——既然要玩这个游戏，就先按照这个规则行事——打好基础之后，再完成自己那怎么也忘不了的梦想吧！康定斯基实在算是个好学生，他太会学习——除了记住那些书本上的教条——这会让他取得高的分数，康定斯基更给自己设置很多目标，他一开始就没准备按部就班学完艺术学院的课程谋个教书的职业，在学习那些油画、素描和人体结构的同时，康定斯基在脑子里面盘算着自己的事——非客观绘画对他来说，不再是一个虚幻的纸上概念，他要真正弄明白其内在的精神——为此，写下很多心得，有时候就随手记下，草草写在素描作业的边上或是角落。

除了造型课，康定斯基花了很大力气自己学习几何，学习"圆形构成"的理论——对于康定斯基，这无疑是他绘画过程中的素描。如果说对于列宾或是苏里柯夫，素描是他们作画时判断和理解

点　110.3×91.8　1920年　日本大原美术馆藏

的利器，那么，对于康定斯基"一开始就想把精神当成一种既定或是绝对的本质"的画家，这些方方圆圆的图形就是他的素描。班上的同学，不知道这个年长的学生脑子里面究竟在想什么，说真的，大家基本上都觉得他画得不好。

那些说不清的理论，康定斯基很想把它们说清——没有一个理论上的高度，在这个年头，已经不能够再当画家了！康定斯基开始阅读德文版黑格尔的美学原著、格式塔心理学和尼采哲学，研究中世纪的绘画和雕塑，再往上延伸，直到希腊的雕塑——他想，我们不可能像古希腊人一样生活，不可能和他们有完全一样的对生活和艺术的认知与感受，由于这个缘故，那些仿效希腊雕塑规则的人，只能得到一种外在的相似，虽然这些作品也会一直流传下去，但它们永远没有自己的灵魂——或者可以看成是猴子，它或许可以郑重其事地学着人的模样，翻开一本厚书做出一副思考的样子，但事实上，这样的行为一点价值都没有。

他不再去看那些素描入门、色彩知识、构图原则和人体解剖等绘画的入门书籍，在康定斯基的案头，他十分无情地将绘画构成和创作的因素分成一些最基本的公式——借以找到自己需要的东西：

精神——物质

内在——外在

纯粹——实用

形式——目的

现实——抽象

灰色　1919年

生命——死亡

真实——美丽

唯心——唯物

他严格地把自己规定在某一个范畴，反省和自己相对的那个现象，真理不折不扣，不能讨价还价。

康定斯基所涉猎的领域，已经远远超过美术学院学生的范畴，他除了处心积虑地读着那些晦涩的美学和哲学著作外，自己还尽量看博物馆和画廊，所有慕尼黑有些名气的画廊，康定斯基都不会放过。同时，他还和朋友们组织了一个"方正画会"以宣扬自己和同伴们的绘画和理论——他甚至亲手制作石版海报，编写画展的简介——这算是康定斯基最早涉及抽象绘画的创作，康定斯基有很好的组织能力，他居然让那些个性非常强的画家们为了一个共同的目标和诉求——反对陈旧的学院派对艺术的阻碍——在一起整整活动了四年。

康定斯基在慕尼黑成了一个小有名气的画家，他几乎全身心投入自己的事业，妻子终于发出了不平的声音——她不愿意再忍受，在一个没有前景地道中摸索着生活——康定斯基事实上不会爱谁或者喜欢谁，他大概就喜欢他的艺术喜欢他的理论——至于家和妻子，也就是一种习惯——大家都那样过日子，他便也不要多费什么脑筋——喋喋不休的争吵开始——像古老的家庭和现代的家庭争端一样没有一个清楚的道理——没有反响？没关系，就一个人自顾自说着、念着，不怕你不心烦，不怕你不意乱——康定斯基一开始还能坚持，到最后，一怒之下选择走人——背着行囊旅行，在欧洲各地旅行，去看那些从来没有看过的风景，去看那些让世界绘画史生辉的博物馆收藏。

康定斯基一面以研究绘画做理由，一面躲避自己面目全非的家庭生活。

对着自然，打开画画的工具，康定斯基就会有一种深刻的满足，也许，艺术家真的不能给自己套上一个家庭的桎梏——没有谁对和谁不对，艺术是艺术，生活是生活。就先忘记那些烦恼和不快，蓝天和白云永远会给你另外一种多情和善意的响应，你的画永远不

会对你的情感背叛——爱画吧，爱艺术吧——即便尼采这样的伟人，不是也想过要在艺术之乡逃避么——说真的，如果柏拉图的妻子很和善，也许就不会有那些经典著作了！

多看、多想，动手和动脑子，康定斯基在博物馆中花费的时间甚至多过写生——站在大师的肩膀上成长的人才有可能思考着如何超过大师。

1904年，康定斯基在慕尼黑组织领导了一个年轻人为主的画会，这个画会在慕尼黑当之无愧属于最前列的绘画阵营——他们不再满足于死气沉沉的学院主义教育之下的艺术创作，欧洲艺术已经在后期印象派的引导下发出了喜人的先声——毕加索、马蒂斯的名字已然成为现代绘画美学的一个象征。康定斯基对他们的思想和艺术毫不陌生——马蒂斯，从骨子里面继承了塞尚和莫奈的精华，而在外在形式上却天衣无缝，他的诗意是放在深处的，在现代绘画精神的层次上，马蒂斯走得最快最远；而西班牙人巴伯罗·毕加索，则是个彻头彻尾的闯将——他搅乱了欧洲绘画发展那温情的脚步，在形式的破坏和建设上，他爬得最高——康定斯基的新艺术家协会，想方设法举办现代艺术展览，他们甚至展出塞尚、梵高和高更的后期印象派风格的作品，当然，他们也有办法做毕加索、卢奥、德兰和弗拉芒克的展览——忙着组织和宣传的工作，康定斯基也不放下自己的任务，他进一步深化自己的非客观绘画和修改自己的一本新书《艺术中的精神》——他要建造在非客观绘画范畴中审美的绝对原则——艺术不应该再是昨天那种感觉先行的、似是而非的标准，作为一个学科，它应该有最基本的判断标准——是非、黑白、好坏，如果没有一个纯洁的判断和批评方法，绘画将会堕落在文学图解的怪圈——坚定不移，捍卫自己认定的艺术原理，没有对真理坚持的态度，你便不能成为一个真正的画家。

固执的性格也导致新艺术家画会最终解体——没有几个人能够在康定斯基那冷涩尖刻的标准下过关，康定斯基也绝不退让，为了他认为是正确的事情，他会全然不顾地干到底——新艺术家画会最终在1911年做鸟兽散——这算是一种自然的筛选，其中几个中间分子，和康定斯基一道，重新收拾残局，再度出发，于是，二十世纪早期名声赫赫的现代绘画流派——"青骑士"在德国慕尼黑拉起了大旗。德国画家保罗·克利带着作品加入阵营，"青骑士"多了一个绘画和理论都十分了得的同盟军。这是一个良好的开端，从此以后，在很长一段时间，康定斯基和克利一起，为德国现代艺术谱写了一个辉煌的篇章。

画家马克是青骑士的中坚分子，也是康定斯基的好朋友——他们的结识多少有点戏剧色彩——当康定斯基游荡了整个欧州之后，他选择了阿尔卑斯山脚下一个小城，过着几乎是隐居的生活，在这个如同世外桃源的地方，让康定斯基全身心投入绘画和写作，乐不思蜀。

有一天，康定斯基正在画画，一阵敲门声，打开门，外面站着一个衣着讲究、举止不凡的年轻人。

——我叫马克，从很远的地方来，早就听说过您的名字，一直想见您，跟您学习绘画。

——年轻人，我是一个离群索居的隐士，再说，我画的可能不是你想学的那种类型的绘画。

——尊敬的康定斯基先生，我厌倦了那些在古典绘画的酱油调子里面寻找出路的绘画和画家——今天的绘画应该多少做点新的呼吸了。

——那么，请你进来。

历史，其实就是无数个瞬间，无数个偶然，然后，偶然按照偶然中的规律循序

构图8 140×201 1923年 纽约古根海姆博物馆藏

渐进变成必然——"青骑士"的开始不就是因为康定斯基和马克的这一次偶然的会面么？

马克坦率，康定斯基真诚，两个人算是一拍即合，当下，康定斯基领着马克在自己的画室中转来转去，滔滔不绝地说着，说着自己对现代艺术的看法和体会，说着自己在欧洲其他地方旅行的见闻，说着和自己还在闹着矛盾的妻子，还有莫斯科令人讨厌和让人喜欢的两个层面——康定斯基怎么都不能在心里忘记这个城市。

画室到处是康定斯基的画，随手的涂抹，即便是那些冠以名称的静物或者风景，有时候就是一些几何块面，一些圆形三角形组合的抽象绘画。

——这是一批会呼吸的绘画，不由得你不注意它们——它们在每一个角落和你默默说话。

马克两眼发亮——这是个同样为艺术痴迷的家伙，同样怀着一分火热的情怀——他找了很久，眼下，康定斯基会是自己的良师益友，跟着他画画，像他一样——不但做现代艺术的先锋，同样还要成为一个优秀的文化继承者。

"青骑士"记录着马克和康定斯基共同的理想和追求，也是他们向外部世界表达自己艺术的一个极佳的窗口和管道，还是他们的一个目标和心理暗示——要像个骑士在绘画的原野上不顾一切地奔驰，方向就在自己的前面，飞奔着的马蹄会带着骑士旋风一般到达目的地，德国不是边界，欧洲不是边界——艺术和文化原本没有边界——青骑士，多少有点涩，还有点野性——事实上，"青骑士"是康定斯基一幅油画的题目——也许来自小时候自己玩具木马的记忆，还有，一块画画的同伴们曾经说过，康定斯基挑战艺术的劲头和努力多少有那么一点唐吉诃德的傻气——这固然是种赞美，但其中讽刺的意味也很显著——康定斯基往往笑而不答，干脆，我就做一个骑着白马穿着蓝色披风的唐吉诃德吧！

对！就用蓝色调子，我说过的，没错，黄色是大地色，象征世俗；蓝色是天堂色，象征高贵；黄色具有不断向上超越，从而达到眼睛和神经均无法承受的高度的能力——月音乐来形容，黄色就像一个喇叭吹出的高度不和谐音——高而且尖锐，以至于刺痛耳朵和神经；而蓝色却具备和这个"超越"截然相反的力量，

黄 红 蓝　127×200　1925年

他把眼睛引向无限的深度，因而发展出类似长笛般的声音（当淡蓝的时候）或大提琴的声音（当深蓝的时候）以及宽厚低沉的双重贝斯声——在弹管风琴时你甚至能够"看见"这种深深的蓝色——色彩和形式的和谐，从严格意义上说必须以触及人类的灵魂的原则为唯一基础——形式在绘画的世界里面，我就是要做一个高贵的堂吉诃德！在我的疆场上驰骋，在我的海洋上泛舟——在理论和绘画实践的天空摘下最亮的星星。

康定斯基尽最大可能地把绘画语言变成一种象征，一种符号，他用音乐的语言来为绘画找到形而上的根据，唯有把绘画还原到最简单的层面上，他才可能说服自己，才可能最准确地找到绘画形式中可以用数字或者公式来切割、来论证的圭臬。

……

青骑士画会最终四分五裂，艺术家在一块那些乱七八糟的问题并不容易调和，康定斯基不是一个看着微小的成功就洋洋得意的那种画家，他关心的始终是绘画史上一个空前的革命，他眼中真正的艺术家是达芬奇，是丢勒——唯有一个具备高度艺术和哲学素养的画家，具备使命感和开创精神的画家，才可以是一个时代文化艺术的领头羊——青骑士的历史不长，但影响深远，作为一个创作的借口或是一种心理上的暗示，它的出现和发展对康定斯基来说，功不可没。

康定斯基离婚的那个晚上，心里还是多少有点不舒服——都有过，别人有过的海誓山盟，别人有过的忠贞不渝都有过！伏尔加河边留下过多少轻轻的脚步，在大学，在莫斯科文化艺术的小圈子中，这也是很多人羡慕的一个家庭模式！家在音乐旋律中飘着爱的气氛，家在书籍挤满的书斋、画到处挂着的画室——可是就是没真正进入康定斯基和妻子的心中！为了理想可以流浪整个欧州甚至整个世界，而对真正世俗生活诱惑的抵御却是那么无力，那么苍白和不堪一击！吵架不能解决问题，康定斯基早已明白，在很长一段时间，康定斯基选择避退，在妻子一而再、再而三的咆哮声中，他情感的栅门早就紧紧关闭——有理由吗？没有，能够说出理由的生活其实都是在自欺欺人！那个家，还有那个女人，对他看起来都不合适，那么，自己对别人合适吗？世俗生活的位置我原本就是一个丈夫，丈夫就是女人的舵——起码在我这个时代她要的不多，一个安静的生活，一个温饱的家，以及一个能够和自己相濡以沫的丈夫，或者还有活泼健康的孩子，有茶，有糖——其实她要的是每一个正常女人都想要的东西，最基本的东西——康定斯基想着，多少有点歉意，自己没有做那个"舵"——逃避、逍遥，从精神上到肉体上那种无边无际的躲！闪！画被毁坏过——这不行，这是康定斯基的心血；莫斯科带来的瓷器被打碎过，打碎就打碎吧——那个青色的小瓷杯子，跟着康定斯基多少年，喝水，喝茶，喝咖啡，然而，一次争执中，妻子随手扔了出去——打碎的瓷器让康定斯基绝望——以往，纵有天大的怒气和不满，这个小杯子会是个

作品X
130×195　1939年

桥梁，看着它，妻子早年和自己飘零的身影会在眼前闪现，以往的苦难和欢乐会是个复杂的混合体，埋怨还是会让位给宽容，杯子，那一声撕人心肺的破碎声让康定斯基从此冷下心来……女人最终离开康定斯基后回到莫斯科，一个彩色的生活过程终结——一个弯弯曲曲的小路眼见着走到尽头。康定斯基似乎不再有什么别的想法，就想把自己全部交出去，交给艺术，交给那将要展开的绘画历史画卷，还是那句说了多少年的老话，该归凯撒的归凯撒，该归上帝的归上帝！康定斯基既不属于凯撒也不属于上帝，他属于一个将要登场的伟大的现代艺术思潮！因为他那敏锐的直觉告诉他，一个前所未有的抽象主义绘画形式运动将会来临，不管你接受与否，天要下雨，猴子要爬树，自然而然。一点没错，在康定斯基抱着这个绘画的终极目的去见上帝之后的许多年里面，从纽约开始到巴黎，到汉堡，到莫斯科，多少人在向现实主义绘画挑战，在攻城略地，多少人就依照着他们职业的圣经进行自己艺术的探险——康定斯基的《艺术中的精神》、《点、线与面》和另外一个德国人沃林格稍早写下的《抽象与移情》！

　　"新艺术学，旨在把符号变成象征"——康定斯基思考的正是一个崭新的理

论，他想避开画家们那常见的、那种急功近利或是好大喜功、感情泛滥的通病，真正安静地沉下来研究，找到绘画理论深层的密码。

他想到毕达哥拉斯那奇妙的数，那神秘的数。

他要让绘画艺术从感觉认识阶段上升到思维认识阶段；

他要让绘画从一般的技能上升到一门科学的或者是准科学的地位。

无疑，毕达格拉斯那先验的、有感情的数，在逻辑和思想的过程丈量中对康定斯基频频招手，凭借这神秘的数，凭借着欧几里德的几何原理，康定斯基固执地把眼睛盯住那在绘画长廊中占据统治地位的三度空间——拒绝三度空间，拒绝

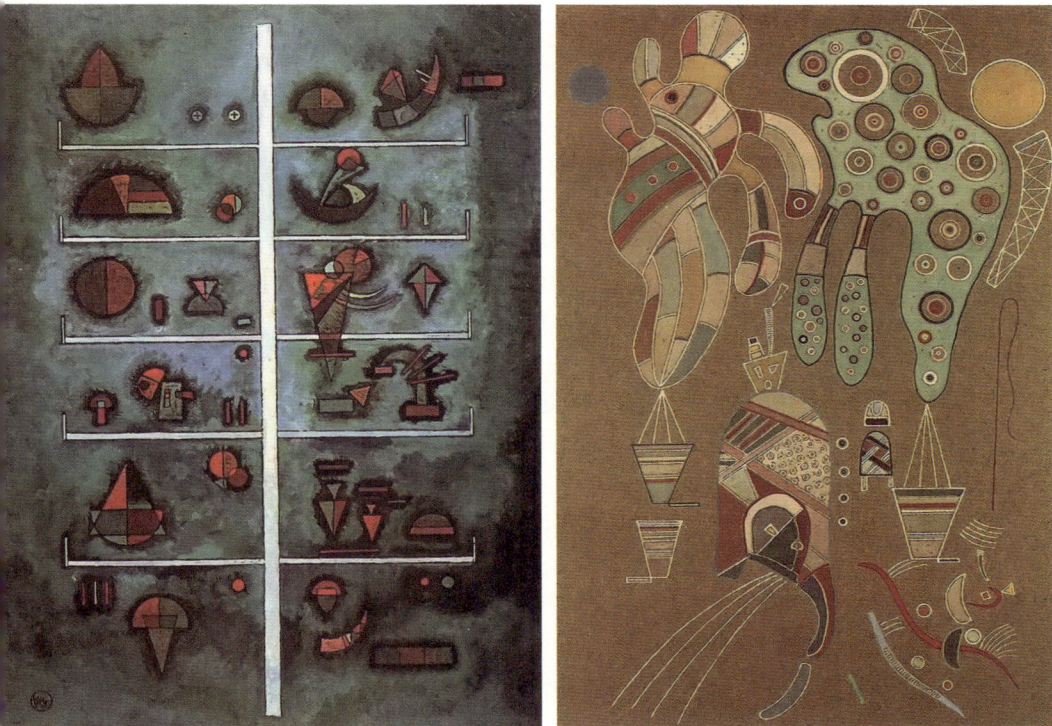

［右］罪恶的标题 1941年
［左］地板

三度空间！一个从希腊和罗马延续下来的绘画根基，康定斯基准备发难，朝着一个伟大传统发难，朝着一个神圣的思想美学的经验教科书经典发难。塞尚做过这个努力，带着法国乡巴佬那样的羞羞答答，毕加索做过——他边做边瞟着边上美丽的姑娘那笑眯眯的嘴唇和案上刚刚打开的美酒——他要那分对绘画破坏的快感而不是建设的责任，还要个人舒适和不同凡俗的人生经历，他没什么错，艺术不光是梵高式的生活磨难，它还应该是人生美妙的吟唱。然而，康定斯基不能像塞尚那样和毕加索这样，他要从根子上真正弄懂绘画——他要把握他想要的绘画。

把绘画依照数的大原理，还原到二度空间，在诠释上，就有了很大方便，康定斯基不想在东方抽象的现象里面寻找一个快捷方式，在他看来，东方的抽象不过是一个工具和文化限制下不得已的产物，是对自然的刻意回避——尽管东方文人可以最完善地加以注解——他们的作品是一个精神上的大我超越。康定斯基家族的血源中，有东方民族的基因，甚至评论家把一些暂时无法论证的因素很粗浅地归咎于他那远祖的东方遗迹，康定斯基打心里面拒绝——他不想轻而易举地在神秘主义那怎么说怎么对的、虚幻空泛的解读上给自己的艺术贴上不明不白的标

签——退一步海阔天空，没错，然而康定斯基不退！他就是要直直对着那竖在面前的矛盾、迷咒，找到一个真正解决的答案！同样，西方每每昙花一现的抽象语言则是画家对现实主义不自觉的反动，他们并没有在绘画实质上找到一个入门的钥匙。

——康定斯基同样没有把自己轻易地归纳到这个队伍中间。

就绘画而言，康定斯基一开始就没有打算在那浅显的现实主义制造过程端着一个稳定的饭碗，即便是在做素描训练的同时，康定斯基总在设问，然后自己试图解决自己的问题，《艺术中的精神》其实也是他多年对现代绘画研究和思考的一个侧记，里面有许多最基本的论点来自他在俄国学习绘画的早期疑问。

一系列的问号，一系列的解答方式，康定斯基在对自我发难——好的艺术家常常就是自己和自己过不去。

在整个客观大环境中，欧州的科学和艺术的发展为康定斯基的思考提供一个有力的支撑，从早期印象派画家马奈的绘画中，康定斯基捕捉到绘画中那模糊的"非客观"概念，同时，他把这个概念不断放大、聚焦，并以此作为起点，对后期印象派、象征主义、野兽主义和立体主义绘画做了一个深刻而全面的透视，现代物理学和东方神秘主义交合着的哲学概念，粉碎了画家基于传统认知基础上那些基本的绘画思维方式——艺术不再是对客观世界描述的利器，它更是一个艺术家思想和美学意识的反应堆。康定斯基曾经经受过严格的法律和科学的训练，但这并没有影响到他用直觉的、先验的思维方式反省绘画，他甚至被降神术、玄奥学和通神学所吸引（无独有偶，同样是抽象主义阵营中的巨匠蒙德里安也对通神论有极强的兴致和系统的涉猎），在康定斯基逻辑的思想海洋里面总有几座神秘的岛屿，他想过，这或许是俄罗斯传统文化的熏陶使然？

不知道。

——这远不是一个非此及彼的问题，思想是个错综复杂的综合机器。

艺术是个有机的生命形态。

达芬奇不是没有想过，丢勒不是没有想过，梵高和高更，还有塞尚——他们都想过都试过，可迄今为止，还没有谁能够真正把这些因素赤裸裸地端出来，

组成　1936年

在文化的案板上，切成丝切成片。

——康定斯基常常羡慕那些扳着手掌看星象看人生命运的吉普赛流浪艺人——如果现代绘画艺术的理论问题像看手相、面相一样可以解决，那该有多好啊！

然而，不管是刻意回避还是绕过去，借着神秘主义的一股力量，康定斯基的的确确神游在逻辑和精神的两个管道，在许多不同的角度，解决一个问题。

渐渐地，康定斯基放弃主题——这个从中世纪以来一直堂而皇之统治西方绘画的魔咒。作为精神产品的绘画，再也无需回到文学的怀抱去做那一番书生春梦。

——让绘画发出本质的先声。

——让绘画还原出清水出芙蓉般的真实。

——让绘画就是绘画！

——"色彩形式的和谐，从严格意义上说来，必须以促进人类灵魂的原则为唯一基础"，康定斯基找到绘画创作所需要所具备的基本条件和依据。

写实也好，抽象也罢，如果没有这个根本性的理由做基点，你便不能成为一个好画家。

咬紧牙，很难，没错，但你不能退却，任何言不由衷，任何自欺欺人的自圆其说足以把你半生的思考和劳作浪费怠尽。

空间，人类对这个概念有一种与生俱来的恐惧和惊奇，也有许多浪漫和诗情盎然的畅想，造型艺术最直接的母亲——康定斯基准备在这个支点上还原绘画——还是数字，唯有数字，只有把绘画那些看起来无法归根结底的因素压缩成最基本的数字，游戏，便可以玩了！

康定斯基那个著名的"金字塔"，从底座开始建筑，一层层往上建筑。

1912年出版的《艺术中的精神》把康定斯基送入绘画艺术和理论的真正门庭，大师的脚步从这个起跑线开始，然后是坚持，最后是冲刺。

呵！康定斯基，人生给你最美的理想和最佳的位置，艺术给你最佳的时机，生命给你最大的才智，你不能不好好做，你应该好好做，你也只能好好做！说穿了，你别无选择！

时间的钟摆，就那么不紧不慢地震荡着，世界在变，艺术当然在变。没有不要钱的午餐，没有不花力气的挑战——人，放开胸怀迎接生活对你的挑战，艺术家，打开你那半开半闭的思想闸门，迎接艺术对你的挑战。

欧洲的战火让康定斯基不得不再度回到自己的祖国，安全不过是个心理上面的自我安慰——对于一个思想着的艺术家，哪里都不是家而哪里又都是家，流浪，是诗歌和绘画的源头，漫长而艰苦的岁月，流浪——流浪——流浪——心理层面上，康定斯基事实上一直过着流浪的节日，他把世俗生活那些让人耳热让人羡慕的鲜花美酒拱手送掉，在艺术孤独的征战中，在思想苦难的折磨中，忠实地伴随着康定斯基的，就是他那不屈不挠的信仰。

康定斯基成为莫斯科美术学院的教授——法律教授变成艺术教授，在后来，被任命为莫斯科大学教授，还协助组建俄罗斯博物馆，并在俄国举办自己的个人画展——春风得意马蹄疾，一朝看尽长安花——战火对于欧洲是个灾难，而对康定斯基却成了一个契机，他带着自己的理想和在海外周游的见识回到自己的家园。姨妈那细致入微的教育，自己的苦心经营都在慢慢开花结果——俄罗斯人在这段时间，不能不说对康定斯基还算是厚道的，在此，他还是能够有足够的衣食和平安的学术环境，有许多人羡慕的学术地位，这些外在因素，客观上也给他某些便利，让他把抽象绘画的某些纵深的问题弄透。

曲线、直线、几何形状——康定斯基把绘画的元素简到最低限度，他同时受到俄国伟大的至上主义画家马列维奇的影响，马列维奇冷淡地把自己置身

于绘画那看得见的人文热情之外，将看不见的冷静和看不见的学术层次上的严酷、无情、一丝不苟留给自己——他的画笔和思想，直接打进传统艺术那要命的腹地，他对艺术观念的发难足以影响整个绘画史的走向——然而康定斯基不能在那个方向再走下去，艺术不但是科学和理性的组合，它还是诗意的、浪漫的、生机勃勃的诗行，是悦耳动人的旋律——康定斯基始终在抽象绘画的结构中，把持着优美的节奏。

二十世纪前期，德国艺术界又一个重要的章节诞生——伟大的包豪斯在德国建立。包豪斯不仅仅是个美术和工艺学校，它更是一种文化，一种象征，象征着德国现代艺术文化的高度和发展前景，作为一种生活和艺术认知的模式，包豪斯影响深远，即便在历史进入二十一世纪，包豪斯的观念和作品语言形式的内在涵义，都潜在地进入欧洲人的生活和思想，当时，这样的学校能够打锣开张已经属于奇迹——德国的保守势力和盖世太保对新思潮新文化严格的控制，现代艺术面临的常常不是自身发展的问题，而是面对社会的一种自我卫护。

对一个新的艺术观念，一个新的艺术思潮，甚至对一个为了艺术不惜代价的艺术创造者来说，能够在一个陈旧的社会势力面前生存和发展，是件多么艰难的事情！然而，包豪斯在那凶险和罪恶的习惯势力的包围下慢慢发芽，慢慢长大，它为很多在今天写下的艺术教科书中赫赫有名的艺术家提供了最好的庇护，为他们提供了最佳的平台，让他们安心过生活安心做艺术。在这里，艺术家们创造了许多艺术历史不能忘却的篇章，首先，在校长格罗皮亚斯的倡导和鼓吹下，包豪斯将艺术送给普通大众，让它从那高高的神坛上面走下来，走入生活，走入市民们伸手可触的空间。

康定斯基在一九二一年被聘为包豪斯的教授。

这里，画家保罗·克利——曾经算是康定斯基同窗的、德国画坛上一个即将崛起的伟大的艺术家，在另一间教室里面教授玻璃画和设计。

康定斯基义无反顾——这个已经过了中年慢慢进入老年的画家知道，时间的指针对自己是苛刻的，人会慢慢变得老化，变得迟钝——无论你承认还是不承认，眼睛老化之后还有耳朵和其他器官的老化，最可怕的将是一个观念和思维方式的老化——对于一个开山门的画家来说，挑战是每日可以触摸的，只有和时间赛跑了！拼命写作，把自己对艺术忠贞不渝的情感写下来，把自己对艺术那些惊世骇俗的观念写下来，把自己多少年来在绘画史河床耕耘的结果留下来——同时，康定斯基也在画布上找到最好的研究范围，他可以尽情、尽兴地把那些带着音乐般欢愉的色彩撒向画布、泼向画布——理论严格的制定和绘画人性的张扬并行不悖，他那些通神论的观念起了作

圆的四周　97×146　1940年　纽约古根海姆博物馆藏

用——这个观念同样多少影响过他的同乡马列维奇，影响过抽象画家蒙德里安，这种神秘的、诗意的因素，使得康定斯基的作品即便是用那些僵硬的几何图案构成，看起来也情味盎然——动势、生命力，这些明显的因素在康定斯基的绘画上起作用，色彩和线和块面，做最急速的漂游，对此，康定斯基自己说过——艺术的目的和内容是浪漫主义，假如我们孤立地在理论的泥潭中就事论事地来理解我们的绘画概念，那我们错了。

……

历史给予这些艺术家最好的机缘，于是，最普通的交流都能绽出最耀眼的火花——康定斯基和克利在包豪斯的交谈、讨论、研究已经成为绘画史上的一个美谈，在画室，在户外，在他们自己家中的客厅，大师们用他们最精确的绘画意识和美感意识交流着。

聪明的对话，就是不要任何多余的装点，不要似是而非，去最准确地切中主题，最干净利落地解决问题——克利和康定斯基的关于艺术的对话就是这样的聪明人的对话。

这无论如何都应该感谢那位在绘画史上声明远远不如康定斯基、克利的校长、建筑学家格罗皮亚斯，包豪斯——这是他的梦，多少年后，在给这位包豪斯的首任校长举办的宴会上，有人深情地提到"包豪斯不是一座具有明确大纲的学院，他是一种思想，而格罗皮亚斯以非凡的精确性，系统阐述了这种思想………我认为，这种思想正是包豪斯对世界所有进步学校产生巨大影响的原因。这种影响，组织机构办不到，只有思想，才能传播得这样迅速，这样广泛……格罗皮亚斯同时担任好几个工艺美术学校的校长，亲身经历了现代艺术发展的过程，作为建筑学家，他有自己最高最亮的梦想，而作为一个艺术家，一个现代美术的倡导者，他又最清楚最明了画家的心理和要求——给他们方便，尽力给他们方便。事实上，一个相对安稳的饭碗足以让他们最安心地投入，没有后顾之忧地创造——这些为学校耕耘着的教授们，明天，他们将是我们这个时代最有价值的珍宝。格罗皮亚斯从来没有怀疑过自己门下这些教授的水平和资质，也对自己创办学校的宗旨坚定不移——没有错，在这个学校任教的康定斯基、保罗·克利、费宁格，都成了绘画史上举足轻重的画家，也正是在这里，康定斯基可以最安心地写着自己关于现代绘画的理想，关于现代艺术终极的真理探询。在他的祖国，康定斯基曾经有过让人羡慕的地位和条件，然而，真正当他满怀信心向自己所热衷的抽象绘画的理论和创作展开进一步的挑战时，他的同胞没有给他机会，社会政治左右着艺术和审美的俄国最终向康定斯基关上了大门——康定斯基只能带

着那满脑子的理想再度回到德国，在异国他乡了却那身前身后的功名和理想……那发源于伏尔加河的美丽卓越的理想，流过蓝色的莱茵河，最终，在那多情的塞纳河找到归属。

——包豪斯的文化对整个欧洲、甚至整个世界的现代美术思想的形成和发展功不可没——半个多世纪以后，包豪斯的美学经验依然在西方的建筑、绘画、雕塑、时装、工业设计、工艺制造和机器制造等方面发出不绝的余韵。康定斯基在包豪斯，享受了艺术创造的真正自由。

……

康定斯基生来就该流浪，从莫斯科到西伯利亚，从俄国到德国的慕尼黑，再从德国回到俄国——结婚，离婚，然后再婚，有了一个真正可以相濡以沫的妻子——康定斯基从声音开始喜欢上的，然后开始人生第二春。妻子给他生了孩子，不久孩子夭折——康定斯基感情上的折磨已经够多了，再多点也无所谓了，他弄明白一个道理，生活不可能是永远的鲜花美酒、阳光普照，生活还有酸还有苦还有不幸还有无奈，无奈或许才是生活最深刻的真理。他在心里逃避，逃往艺术之乡——艺术将是自己在生活变化万千的浪涛中最稳定的礁石，是自己最忠实最可靠的后盾。当纳粹党把包豪斯强行关闭，这个已经做了包豪斯副校长的俄国画家，只能带着妻子和那些自己费尽苦心的作品继续流浪，辗转来到法国，在巴黎的市郊找到了一个可以立足之所。……在法国，他结识了蒙德里安，结识夏加尔和米罗，志同道合的艺术家在一块总是一件令人开心的事情。夏加尔的诡异和米罗的诗化畅想同样给康定斯基以启发，没有什么不可以，可以抽象可以具象也可以半具象或是半抽象，呵，非客观！无论是蒙德里安还是康定斯基还是米罗，艺术史会感激你们，由于你们，艺术在二十世纪有了绝处逢生的可能，也由于你们，后来的艺术家多了一些可以探索的矿层和通道，至少，你们呕心沥血的努

力会对后来的艺术家是一种人生和艺术的启发——对于艺术来说，创造总高于循规蹈矩的守成——康定斯基会和他的朋友们争执，甚至会红着脸——艺术家没有几个有好脾气——但这没有什么，都是为了艺术，为了他们心目中神圣的艺术，即便吵架也不过是另外一种形式的交流——蒙德里安和康定斯基几乎是抽象艺术的两座山峰，而荷兰人冷静而理智的简约和俄国人热情奔放的呼啸却相看两不厌——他们有同样的建设责任和同样宽广的胸怀，同样高的品味和同样遥远、宽阔的视野——他们预知了抽象艺术的先验的思想和形式。康定斯基

在法国画着，拼命地画着，和时间竞争着，和生命竞争着——他还做过三次个人画展，作品为法国的博物馆收藏，他晚年的作品满是欢乐的笑声，他和巴黎一块欢笑，和朋友们一道欢笑，和白头偕老的妻子一块欢笑，和他的作品他的理论一块欢笑——最终，康定斯基在那里见到了上帝。

在欧洲战争的枪炮声中，康定斯基在温和的法国走完人生的最后一个脚步，令人欣慰的是，这个终身挑战艺术、挑战自己的艺术家，在有生之年看到成功的花环。

二十世纪早期，很少有人具有像康定斯基这样对绘画纵深探询的勇气和胆识，也很少有人具有他在理论建设上的独到建树的设想，作为一个画家，康定斯基生前得到的褒贬和身后一样繁多一样繁杂，艺术从来不会、也不应该是一个完美的讯号，它会随着时间的发展而逐步改变其美学的价值和属性——何况，像康定斯基这么一个惊世骇俗的人物所创作的那些就是在今天看来都不能让你轻易说声"看得懂"或是"看不懂"的作品呢？于此，我还是不厌其烦地把一位西方评论家对康定斯基的论述写下——这也算是一个相对权威的声音——要感受艺术之美，外行不一定要知晓非客观奠基铺路的绘画的不同类别。一九一一年，俄国人瓦西里·康定斯基是第一位具有这种精神直觉和精神自由的画家。为了视觉艺术，他完全摒弃了不必要的理智桎梏，他把世俗的客体和有名有意的理智主体留给了摄影家和诗人。康定斯基完全放弃了尘世灵感的帮助，只用精神和有秩序规律的直接感受，首先描绘了无法预知的美——这一极其艰难又十分可喜的任务。通过创造不带理智意义的色彩、形式和空间组合，他又是获得非客观的先驱。为了达到激发美感的唯一目的，他创造了绝对的形式。

没错，康定斯基创造了二十世纪绘画的绝对形式！同时，这将会是现代美术的一个坚实的基石——伟大的现代艺术运动和现代艺术作品，从此，有了一个全新的价值标准和美学依据。

二十世纪的西方绘画舞台上，就艺术形式和风格而言，变化最多最大者，非保罗·克利莫属。克利像个诗人，对客观世界总怀着浪漫的遐思，线条像一根浪漫的鞭子，最准确地击在绘画形式美的要害——他像科学家，用自己独特的思维做着美的外化试验，在对自然真理的不断揭示的同时，也把自己的绘画语言裹上了科学严格、理性的璞衣；他是思想家，那双冷静严肃的眼睛总是对存在产生怀疑，对美的性质和固有表现方式产生怀疑；他更是音乐家，是歌手——克利的画，无论是生机勃勃的线条还是璀璨多情的色彩，就像一个个信手谱写的音乐篇章

Paul Klee

Paul Klee

绘画将占去我的毕生岁月，对很多上了这条船的人而言，这或许是个意志问题，而对于我，这是个命运问题，除了理智面对，热情工作，我将没有选择。

——保罗·克利

德国魏玛，包豪斯。

1920年代一个普通的、平淡无奇的夜晚。

——不知道从什么时候开始，画家保罗·克利（Paul Klee）就养成一个嗜好，后来慢慢变成一种长久的习惯——夜深人静、皓月当空的夜间，他会一个人在屋后踱步——隔壁不远处，是大文豪哥德的别墅花园，紫滕花一阵阵袭人的晚香缓缓而持久地游荡着——这时候，克利往往会不紧不慢地舒展一下四肢，下意识地做几个贪婪的深呼吸——白天在学校里那些琐杂的基础课教学和你来我往的人际应酬暂时放在脑后，和同事——那个来自俄国的、比自己年长一点的教授康定斯基的那些无休止的讨论与争执，这时候会浮上克利的脑际，散步是一种思维的筛选，那些不需要记住的东西就让它自然而然地消失——但是，和康定斯基几乎每天要说到的东西不会忘记——他们看起来就是一对在思想的竞技场上的拳击手，打过来打过去才有意思，那些别人看起来一点不重要、甚至莫

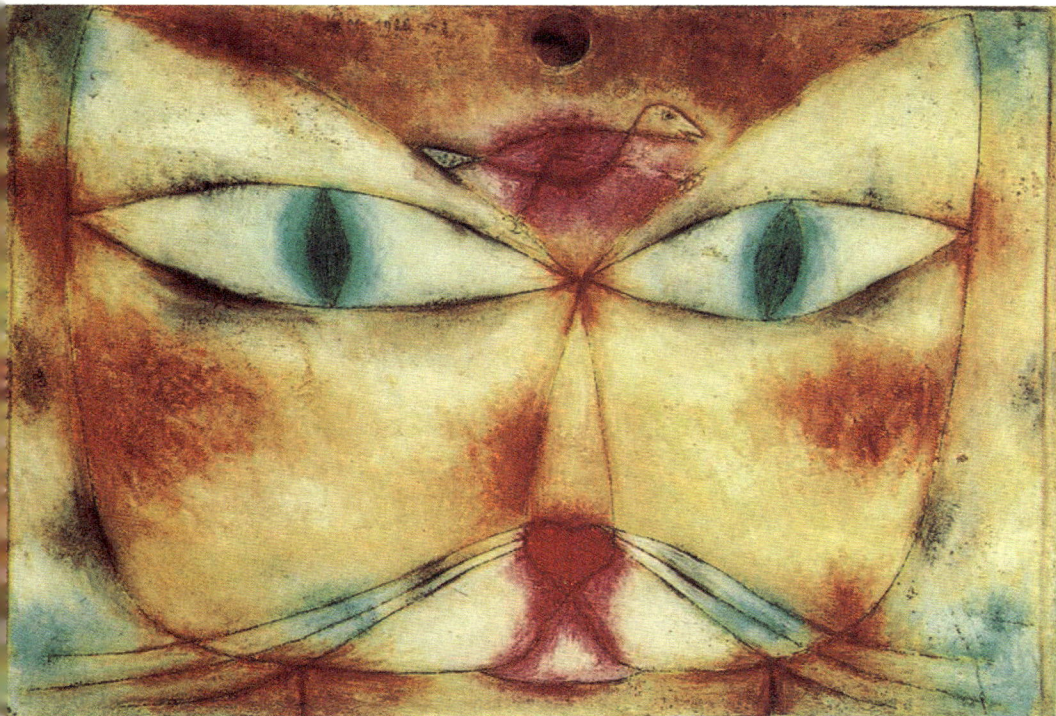

猫和鸟
纽约现代美术馆藏

名其妙的想法和争执，为什么在克利和康定斯基之间会变成一种饶有情味的游戏——再走一小段，到了那条介于学校和家之间的小路，克利会停下来，然后，靠着那株长得粗壮的香樟树小憩，抬头看天——银河系对克利是个永远的谜语——不光是天文和物理上的谜，更是美学和艺术上的谜——如何使宇宙和艺术达到一种高度的和谐与统一，是克利埋在心田很久的一个目标——看着星星，那些在天体的轨道中自生自灭的星星——他想找出它们在天幕中的美学方位，那种和数字和智能和信仰密切相关的美学质地——据说，他自己最喜欢的音乐家巴哈和哲学家康德也有晚上独自看星空的癖好——深旷无垠的天空中，思想和艺术总在形而上学的层次上和一种终极存在玩着游戏——不过，幸运的是，艺术会得到一个结果，还会将得到的某些启示用自己的语言转换出来——对克利而言，他没法细致地再现那些物质的星辰和广宇——或者这也不是他作为画家的任务，但他明白，这些看得到摸不着的现象后面，藏着更深刻的自然和美学的真理——它会徐徐渗透到人类的心灵——因此，绘画艺术的所有语言方式应该有一个结果——必定和人的宇宙哲学相交合——在这个意义上自己作为一个画家远比巴哈或者莫扎特幸福——绘画的复调优于音乐复调，绘画同时性的概念往往更加清晰，昨天和明天可以在逻辑的环节中相重合。

克利的想法很固执。

夜晚的天空似乎格外宁静——树，美人似的站着，晚风轻轻拂过，克利稍微打个寒颤。

看着那深澈的天空，克利想入非非——在那无比宽阔的银河系，除了星星、月亮，还有什么呢？是什么力量能够造成这么雄伟的景观？

哲学、宗教、文学、音乐、绘画——

花神话 1918年

还好，包豪斯有着自己的性格和胸怀，它从来不限制教授们沿着自己的思路想艺术——克利在这里的教学和绘画创作生活中最大的收获，就是这里还有一帮子画画的好朋友，他们往往也会在夜深人静时分，离开温暖的被窝，来傻乎乎地看天——康定斯基有时候也这样，还有那一群来自慕尼黑的画油画的学生，晚上，在教室画完素描不马上回到住处，他们饿着肚子，也会这样仰着脑袋看天。

夜深了，克利会带着一肚子的疑问和满脑子新的想法再走回家，思想永远是个无形怪物，当你以为自己解决了一系列问题之后，将有更多的问题接踵而至——你要不断在持续你的思考，让脑神经和时间那马蹄般的节奏一起赛跑——存在是一种报复，思想要不时敲打时间的齿轮。

　　沿着台阶缓步上去，轻轻开门——屋子里面，克利从祖母那里继承的一套洛可可式的、雕着细致花纹的老木家俱站在那里，披着窗外射进来的那冷峻的月光，像一群智慧的长者——屋子有一种家的暖意，铁炉子上还放着烧水的白铁皮壶，一阵热雾随意地缠过来，妻子照例会在临睡觉把角落的灯打开——她知道克利晚间一个人静静地散步是一种几乎断不了的癖好。

　　妻子和孩子睡得正香——一个平静而温馨的家，善良的妻子和天真的儿子——这是克利的福份。

　　克利轻轻脱下外套，喝点热水。

　　——关灯，睡觉。

　　……

　　保罗·克利是个内向的人——没有很多艺术家常见的、那种外在的、奔放不羁的性格——他少言而谨慎，细致、高雅而不会夸夸其谈——他的聪明都放在心里，放在画中，每当一群艺术家和朋友们聚会时，克利总是听众，即便是上课，除了学生没有真正弄懂问题，需要进一步解释，克利往往不会多说一句话，即便他和他的艺术都已经扬名整个欧洲时，他也没有什么改变，依然看起来像个教堂里面做杂活的工人，微微蜷曲的头发和浓密的、不太常常打理的胡须和随随便便的衣服，让他像个凡人，好友们多少是闻名世界的大艺术家，可克利绝不在人前背后用别人的光彩装点自己，和康定斯基原本出自同一师门，又在同一所学院教授绘画，可在克利日记里面很少提及自己的老同学和有三十多年交情的老朋友——康定斯基的理论曾经被视为现代抽象绘画的最基本的原理——几乎所有的抽象画家都多少会读他那经典般的著作《点、线与面》和《艺术中的精神》，他的作品也在艺术世界占有非常

落日景观　40.6×29.8
1923年

重要的一席地位；现代音乐怪才斯特拉文斯基从来就把克利当作自己艺术见解方面的同盟军，新曲子写完总喜欢让克利做听众，而克利也从不向任何人炫耀这些足可以让一般人羡慕不已的"关系"，即便后来克利绘画的声名远扬，他还是平凡、自然而然地生活着，按照自己想要的活法活着——在他没有离开人间的时候，作品已经得到广泛的认可，日子也过得很顺心、舒畅——无需担忧生活的来源，无需像那些有壮志、没银子的艺术家，在高谈阔论之后往往还要忍受饥肠辘辘如响鼓的折磨——然而克利依然没有改变他多思慎言、不卑不亢的性格，来画室看画的客人，不管地位高下、贫富差迟，看完都会请你走人——克利不会像马蒂斯那样，一高兴会给客人做个洋葱炖牛肉，尽管客人们往往会在克利和克利作品所营造的舒适而优雅的气氛中不能自拔——克利少有那些不疼不痒的人际纠缠——他甚

至不会带着任何目的主动去访问任何一个艺术名家——谦和、细心、踏实，使克利和同时代的画家相比具备更多的优点，更少的缺点——克利坚韧的性格和厚实的学养，让他自始至终在绘画世界中坚定不移地进展而不会迷失方向——他有着德国和瑞士混合的血统，但他并不赞同、甚至排斥那种浮士德式的对自然对宇宙抗争和搏斗的态度。对克利来说，一切生命的产生与衰微、死亡都按照一个无法改变的轨道运行，艺术的变化恰如生命本身的变化，按照四季的消长循序渐进，自然而然——当他有一天看到生命终点时，他也不会有任何疑问和彷徨。

说到绘画，尺幅和巨制都不会给克利带来制作上的难度，水彩、油画、木刻、插图或是玻璃画仅仅是材料和工具的不同，而绝无艺术内涵上的深浅和美学范畴的雅俗，对他而言，交响乐和小夜曲没有实质性的区别——艺术不在大小而在作品语言的纯度和思想的深度，大作品固然有势的高妙，而小品最见质的精良——二十世纪的西方绘画舞台上，就艺术形式和风格而言，变化最多最大者，非保罗·克利莫属。克利像个诗人，对客观世界总怀着浪漫的遐思，线条像一根浪漫的鞭子，最准确地击在绘画形式美的要害；他像科学家，用自己独特的思维做着美的外化试验，在对自然真理的不断揭示的同时，也把自己的绘画语言裹上了科学严格、理性的璞衣；他是思想家，那双冷静严肃的眼睛总是对存在产生怀疑，对美的性质和固有表现方式产生怀疑；他更是音乐家，是歌手——克利的画，无论是生机勃勃的线条还

夜晚的植物生长　33.9×47.2　1922年　德国慕尼黑现代艺术陈列馆藏

是璀璨多情的色彩，就像一个个信手谱写的音乐篇章——在克利传世的、多达九千多幅绘画作品里面，我们不难找出那些原本是属于交响乐或是室内弦乐一般的形式语言特征——克利那单纯秀丽的线带着音乐抒情的节奏，带着生命银铃般的欢歌笑语悠游于纯净透明的理想世界；相比于简炼柔韧的线条，克利的色彩则更加灿烂辉煌——它们像是对着五彩斑斓的太阳高高唱着壮丽的咏叹——绘画中的音乐性——这个非常明显的质地几乎深深埋在克利任何时代、任何风格的作品中。

克利来自一个有着音乐渊源的家庭。

祖父是个管风琴手，平常也喜欢在唱诗的时候张开歌喉——他很早就按照自己的理想来培养自己的儿子——保罗·克利之父汉斯——希望他会有和自己一样的音乐素质和爱好。和音乐家巴哈出身在一个地方的汉斯最终没有能够选择音乐演奏或创作做自己的职业——以至他常常在抱怨自己选择师范学院音乐教师的职业，做自己安身立命的手段其实远远和理想无关时，他会以最大的耐心教导自己的儿子克利——希望自己的儿子继续自己的梦想。汉斯的学养和天资都极为出色，但在一生中没有当一个出色的艺术家总让他多少有些遗憾——直到晚年，他还常常在说起往事时，面对着克利面露惭愧的神色——克利的母亲来自瑞士，她曾经在音乐学院受过良好而严格的专业训练，父母亲常

常在茶余饭后做一些钢琴和小提琴的小合奏，克利常常记得在那些月光溶溶的晚上，小城市静静的，一家人围着壁炉，就着烛光，听父母一块演奏着莫扎特的练习曲——家从克利的出生地搬到父亲就职的城市后，父母更是常常在一起切磋音乐演奏的一些技巧，生活会因为这些看起来普通的晚上更有味道，也让克利有着许多孩子没有过的、特殊的家庭生活内容——在这样的氛围中成长，克利除了喜欢弄点颜色顺手涂鸦外，他的小提琴拉得不俗，这除了受父母的影响外，克利也跟提琴老师认认真真学过很久，对于不同风格的作品，克利甚至会用华美细致的法兰西、比利时那委婉方式或是大刀阔斧的俄罗斯手段，来诠释不同的曲目——在很长一段时间里，克利还为选择绘画或是选择音乐作为自己的职业很费了一番心思。

对于克利来说，绘画和音乐之间，似乎没有任何屏障——两种形式的阐述都能给他一种高远深阔的满足。

妈妈很早就带着克利看歌剧——也就是七八岁时，克利看完歌剧回家，会在自己的小本子里面记下歌剧的场景和自己喜欢的歌唱家，他试着用绘画的方式写自己的日记，还常常把歌剧院里面做装饰用的古典大理石雕塑画在自己草稿本上———次，看完歌剧，克利把一位他认为很漂亮的女演员画在自己的、类似春画一样的连环作品中——不小心被母亲发现，严格而善良的母亲气吼吼地将

克利骂了一顿——克利觉得非常不公平——第一，他真的觉得那个女演员好看，第二，画成春画也只不过是一种好奇心使然，绝不上升到任何道德层面，甚至克利没有觉得春画有什么不对——在画这些时，并不像妈妈说的是一种走火入魔，母亲简单地把事情用对和不对加以判定并不能够让克利口服心服——最终，和妈妈的矛盾很快平息下来，但这个"春画"事件在克利心头缠过很久——为什么不能"春"呢？！

——或者，为什么成年艺术家，他们可以根据自己的心情和需要，可以将自己喜欢的东西随意呈现？春色无边也没人搭理而对于未成年孩子却是有罪过的？好久，克利，没有想通。

克利的青春期比别的孩子来得更早更模糊——他对一切不了解的事物感到好奇。

日记事件使克利想不清这些事情错在哪里——母亲说不对那一定是

人偶剧 52×38 1923年 保罗·克利基金会藏

孩子有错——然而，克利画自己喜欢画的画，却没有因为任何原因减少或者停止——绘画是这个早熟的孩子一个不可缺少的愉悦，小克利在这个过程中常常发现一个新世界。

克利的祖母是他绘画的启蒙老师——她在克利只有两岁的时候，就给他买那种

硬纸盒子装着的、让人羡慕的、大约四五岁孩子玩的蜡笔，让克利随心所欲地涂，漫无边际地画，还常常把自己收藏的一些绣花的图样拿出来，和孙子一同欣赏——这是祖母自己几十年的收藏，轻易不会示人，而对于自己的孙子，她会全盘托出——她那些永远讲不完的故事（有些是听来的，有些就是祖母即兴编造的故事），往往就是克利闲下来作画的题材——上小学时，一个学期没有结束，克利的课本上往往没有空白的地方——他早早把自己想到的画面搬上教科书的空白之处，老师、同学的肖像——那个戴着老花眼镜胖乎乎的老妇人是克利的祖母——克利比别的孩子多一个藏着心思的场所——那些随手画在书本上、用稚拙的铅笔细线勾出来的图画——很多年后，克利在画一批海洋绘画时那些鱼和水草的造形，就有很多来自童年的记忆——这些记忆写在自己的数学和几何本子上，在形式上，克利默默追寻着童年那些天真无瑕的唯美印记。

克利对画画有一种痴迷般地执着，一有空，手总不闲着，空白的大墙面上、地板上，夏天刚刚下过雨的沙土上和冬天满是雾气的玻璃窗上——克利总是能够用最简单、最容易得来的工具——一根小木棒子、一根小树枝，有时候就是自己的手指头，对他来说，画得勤想得更勤，他总能在画面上编造出许多莫名其妙的故事。一次，和祖母一起到舅舅开的餐馆吃饭，不多久，克利就望着舅舅的餐桌出神，原来克利发现，大理石的桌面，那抽象的石纹竟然像一张活生生的人脸，上面甚至还有眼睛和鼻子——当然，克利没有好好吃饭，他满脑子还在思考那些天然的画面。

选择绘画不是偶然的心血来潮——尽管他也一样喜欢音乐，喜欢文学，相对于音乐，克利觉得绘画在表现层面上更加方便——起码对自己而言，但他在音乐世家那严格的调教之下最终放下音乐而选择绘画艺术，还是让父母多少有点失望——特别是父亲，严格地说小克利就是父亲的一个没有完成的梦，他甚至记得克利出生的那个晚上，树叶在风中发出几乎音乐般的声息似乎有某种先兆——汉斯总想在自己的有生之年看到自己的儿子穿着礼服站在德国或者是奥地利的演奏台上，用高超的水平演奏莫扎特，演奏瓦格纳或是巴赫——汉斯不认为天底下有谁会比德国或是奥地利人更懂得这与他们民族的文化和血液混合在一起的音乐，这只能心领神会而无法言传的节奏和旋律，并且对自己儿子的音乐素质，汉斯有足够的自信——克利在音乐上曾经让父母为其骄傲，十一岁时就被选入城市管弦乐队的临时演奏员，常常和那些成人音乐家在一块演奏莫扎特的曲子。

为了克利将要选择的专业和前途的谈话，就要在这个平静的家庭展开，第一次，妈妈几乎是用和一个成年人商讨的口吻和克利说话——晚餐之后，咖啡的香味一阵阵传过来，门外，杜鹃花悄无声息地怒放着。暖洋洋的灯光下，父母同时面对着克利——爸爸妈妈似乎事先有过交流——对一个把艺术和教育看得十分重要的家庭来说，没有什么比孩子的准确选择前途更加重要，克利的父母准备在孩子走出家庭门槛之前，最直接、最诚恳地和孩子交换自己的想法和希望——不知道是有意还是无意，家里那一架谁都把它当成宝贝的钢琴上面，今晚，摆了整整一迭乐谱。

——亲爱的孩子，难道你不想和父母一样，将来晚餐之后，给你的妻子和孩子拉一段么？除了我和你父亲，很多人看到你潜在的音乐资质——这不是

R街　17×22　1919年
德国伦巴赫美术馆藏

所有孩子都具备的，同样也不是所有人都能够通过训练达到的，为什么你不再加把力气，进一步把它挖掘出来呢？

　　母亲和风细雨——对克利这个年龄的男孩子来说，母亲总是比父亲更具有权威性。

　　——我在画画的同时一样可以有最好的音乐素养。

　　克利小心地回答着，他知道这是一场严肃的对话，谈话的结果将直接关系到自己人生的步履和方向——其实，无论怎样，克利都会选择美术学院，对绘画那种由衷的喜爱是埋在心田里面的——谈话没有开始时克利想过很多次最可能的结果，克利不是不知道，在当时的文化和社会环境中，选择绘画作为职业，将要付出一生的代价，而作为画家，最后的结果依然可能是个未知数——然而克利不会轻易改变自己想过许多次的选择。

　　——你知道，这个家族曾经有过让许多人羡慕的音乐环境——你的祖父和父亲都是很好的音乐家的材料。

——我也会，但除了音乐，我还会增加他们没有的东西或是不太多的——绘画。在这个专业中，我深信自己会有所建树——最重要的，是我真的非常喜欢。

——孩子，你对贝多芬和瓦格纳是那么喜爱和崇敬，他们是德国文化中最令人骄傲的财富——这样的素质你有，如果你去念音乐学院，没有人会怀疑你的前程和事业的成就——旋律的空间是没有边际的。而且，你自己知道，不是每个人都有那与生俱来的音乐细胞的。

——达芬奇和米开朗基罗同样在视觉艺术上创造个人和民族的辉煌，我想，真正对我构成挑战的不是音乐或者绘画这样的形式问题，而是对艺术的内在体悟和理解，这两个门类之间原本没有界限，它们会互补而成为我的养料——就我个人来说，直觉告诉我，我将会是个更好的画家，尤其因为我有良好的音乐训练，我会将这些条件加以组合，在我的绘画生涯中找到一个新的绘画方式和方向——我会成功，一定会！

……

谈话的气氛很严肃，间或，只能听到墙上钟表那不带感情的滴嗒。

孩子长大了，克利父母为儿子的思辨感到既安慰又焦急——几乎每个人都感觉到，这是这么多年来没有波澜的家庭生活中，最深刻的一场父母和孩子之间的思想交流。

最后，克利做了一个折衷——画照样画着，提琴也照样拉着，在绘画的同时一如既往，一丝不苟地练琴和学习乐理——艺术本没有什么约定的东西，让一切水到渠成便好——当他考进著名的艺术学府——德国慕尼黑美术学院时，行李中也没有忘记带着自己的提琴。

父亲汉斯，也只好把自己那一丝淡淡的失望藏起来——尊重孩子的选择，是这位当了几十年教师的父亲对儿子的一个最好的支持——他相信，自己的儿子也许最终不会成为一个音乐家，但是，他一定会在自己所选择的专业有所成就——克利志向已定，剩下来的就是那无边无

耐寒植物　1934年

际的艺术事业的远足——整个家庭都是克利最好的后盾，克利的妹妹，并不完全懂得克利的理想和艺术上的追求，但她总会在克利最困难或是最需要的时候伸出自己的援手，父亲，再也没有埋怨克利自己的人生选择和自己的企盼有所不同，在人生的选择上，孩子应该自己做自己的主人，父亲则应该是他最可信赖的朋友和榜样——尽力帮助这个刚刚踏入人生旅途的年轻人，父亲做了他力所能及的，来帮助自己的儿子完成学业，有时候还多给一点钱，让克利有机会进行一些短途旅行，写生，看看博物馆、艺术馆，同时，也努力在自己的圈子里面介绍自己儿子的作品，给克利创造所有可能的条件，后来，他的好几位同事还成了克利早期作品的收藏家。

父亲晚年时，已经看到孩子傲人的成就，克利在艺术上的发展远远超过父母原来的想象，汉斯在心里暗暗为克利叫好——尽管汉斯自己并不十分理解克利的作品和他在艺术理论上的某些观点和看法，他甚至有时候真的不明白，收藏家和博物馆会用那么高的价格去收藏克利的画，那些在画室里面到处堆着的画，有时候克利一个晚上就可能画出好几幅！艺术的确是有魔力的——这个魔力召唤着自己的儿子，保罗·克利从孩提时代到老成持重的中年，他没有停止过艺术探索的任何可能——父亲看着儿子渐渐变得老到——在艺术和人生两种境界的老到，但在汉斯的眼里克利好像还是个孩子，对孩子的喜欢和对画家、艺术理论家的尊敬，其实没有给汉斯和儿子留下任何沟通上的不顺畅——留着一大把长长的白胡子、看起来像个东方大儒的汉斯，和克利碰在一起偶尔坐下来喝上两口，汉斯会乐呵呵提到克利童年的往事——话很多而内容几乎就是来回重复那么几件事情——怎样在自己的教课笔记上涂鸦或是在妹妹的裙子上画上自己喜欢的图案，提到当初克利决定学画时自己内心的那些失望——善良的汉斯没有丝毫掩饰，对自己儿子的艺术成就他打心里高兴和骄傲——克利的父亲常常在人前背后津津乐道——他亲眼见证自己的孩子从一个多少有点顽皮的孩子逐步成长起来，成为当今世界瞩目的艺术大师——就这一点说明克利在自己之上——放弃做音乐家的机会成了画家——他更加清楚自己的人生选择。

——这是上帝的垂青，汉斯总这样想着。

克利进了著名的慕尼黑美术学院。

［上］南方花园　1919年
［下］山村　54.4×71.5　1934年　罗森加特基金会藏

——不要以为莱茵河的水流得多么诗意——记不清是谁说过这样一句话，此时此地，克利所面对着的慕尼黑，满是工厂雾蒙蒙的烟尘，高高的烟囱和天空厚厚的云层构筑着慕尼黑没有诗意的风景，城市是一架巨大的灰色机器，带着满头满脸工业的泥污和油迹——公园的椅子上，有无家可归的流浪者旁若无人地呼呼大睡——产业萧条，使慕尼黑的冬天看起来更加清冷。然而，这座古老的城市有着欧洲典型的建筑风格和人文气氛，歌剧院门前还是一群群人等待退票，古典的哥特建筑闷声不响地展示着旧时的风情，到处可见的啤酒吧，随着一阵阵浓郁的黑啤酒的醇香，那些大多食不果腹的艺术家在高谈阔论——艺术在这个沉重的城市多少还有一点可见的生机，慕尼黑冷酷的冬天没有冷却艺术家血管中涌动着的血液——生冷固执的文化平台，往往是促使具有反叛精神的艺术家产生的最好温床。

整个德国严重的失业危机，免不了给慕尼黑带来许多负面的影响，产业工人面黄肌瘦，寒冷和饥饿像剪刀的两个巨刃，毫不留情地剪着城市的希望——剪着那些穿着粗布衣服的工人和朝不保夕的城市小商人的希望——比起对艺术的需要和喜爱，市民们更需要面包去填饱孩子的肚子——可以不听音乐会，可以不逛画廊、博物馆，不去书店，但你不能不去粮店。

街道上，那一株株落了叶子的树干像一串串问号——慕尼黑发出一阵阵无可奈何的叹息。只有艺术家——特别是那些初出茅庐的艺术家们，尽管房租和面包几乎是他们每日都必须面对的问题，德国冬天那要命的寒冷他们也躲不掉——然而他们还是有那种来自骨子里面的英雄气概——好像他们天生是为了新艺术而准备的生命，他们摩拳擦掌时刻准备，向这个沉重的世界发出生命幼稚的吼声——艺术是他们坚硬的盾牌，以抵抗外部世界庸俗的腐蚀；艺术是他们的方舟——在波涛汹涌的海洋上，寻找一个理想的香格里拉的方舟。

克利在这个时代走进艺术学院——带着一包沉甸甸的书，父亲的或是祖父留下来的、四边已经磨得旧旧的一个棕色牛皮箱，还有，就是今后要陪伴他一生的那把小提琴。

躲不掉的学院式的那一套系统素描教学方法——德国黑白木刻，丢勒的铜版画，严谨细致的造型原理，与其说克利在美术学院读书，还不如说是在一家科学或者理工学院。德国式的冷静与科学，让学生在逻辑的解读中更深刻地领会事物内在的精神而不是外在的小聪明——素描的暗部要更沉着地暗下去，亮部则更明快地亮起来，将结构深进去，再深进去，素描不光光是造型的方法，它更是帮助学生理解事物的手段——看着模特，看着对象，不需要个人自以为是的理解，按照老师制定的教学方法打磨基本功——铅笔从H画到B，灰调子尽量画出来而少使用橡皮或是干面包做辅助工具——大块面直接地理解和把握造型系统的支架，弄通绘画平面的建构理论——面对石膏复制的希腊雕塑——像所有欧洲美术学院一样让学生磨技巧——磨性子——这不是让人随心所欲玩艺术的舞台，这是培养未来艺术家科学而冷涩的教室。

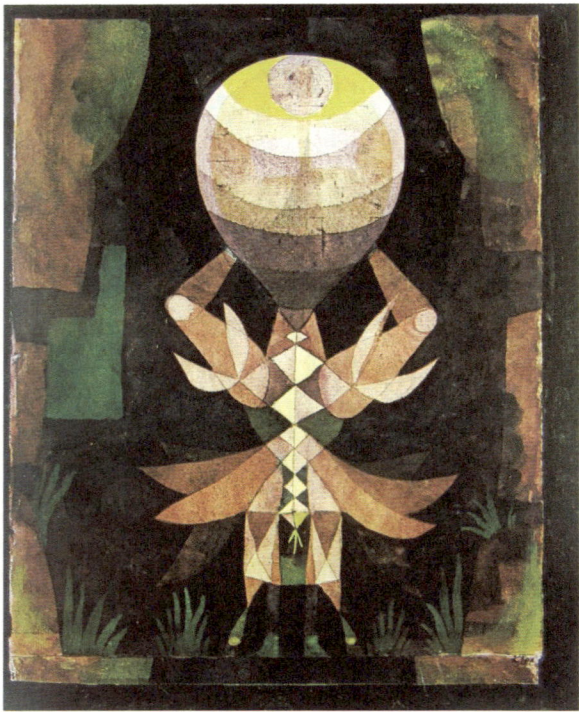

森林浆果　32×25　1921年

不要听信和盲从——那些你认为艺术惯常的道理往往正是你步入歧途的开始。

不要用你已经习惯的毛病画画——一个好的习惯的培养正可以让你事半功倍。

不要那些人云亦云的现代艺术理论来指导你对绘画技巧和基础的训练——形而上深邃的思想必须借助于最完善的技巧和作画的手段来加以表达——这就是绘画——我们这个时代的绘画！

慕尼黑艺术学院的教学方法不一定最正确，但这个学院良好的学术风气，严肃认真的态度，对克利一生的艺术实践有着非凡的意义——尽管是短短的三年，克利还是在此打下了坚实的基础，除了那些永远画不完的素描训练，克利还自己读书，美学和哲学是他阅读的重要内容，中学时候他曾经选修过的希腊文，这个时候也多少派上了用场。紧张的读书生活中，克利严格按照自己的行事风格行进，不浪费一点时间。他曾经给自己订下一个计划——首先弄懂生活的艺术，然后追求理想化的艺术——绘画、诗歌以及哲学，还有雕塑和音乐。家里微薄的支助，在开销很大的慕尼黑基本派不上用场，克利有自己的办法，他开始为一些文学刊物画插图，换些小钱补贴生活，平常不间断的、在火车站或是市场画下的一本本速写，这个时候派上了用场，对慕尼黑底层的社会生活的了解让克利在画这些插图时如鱼得水——每次，文学编辑们对着一脸学生气的克利指手画脚、煞有介事的教训，总让克利从心里好笑——克利对生活直接的透视远远超乎他们的想象，克利不会因为只够换两个面包的钱而粗枝大叶——再说，眼下他的绘画水平对画这样的插图来说已经绰绰有余——用线描或者木刻的风格，朴素单纯而且很抢眼——学会谋生的方法，在生活中培养自

金鱼　69.2×49.6
1925年　德国汉堡艺术馆藏

己的艺术质量和责任，克利很早就用一个高水平的艺术尺度要求自己，哪怕是这些普通的插图，克利也努力做到透过形式来表达内在的真情实感——把内心的思绪写在事物的眉梢上。

克利按照自己人生的计划全方位地开足马力，除了学校的绘画作业，克利也十分关注当代艺术的走势，他手不择卷，尽可能读书，除了周而复始的课堂生活，在慕尼黑那些灰暗的啤酒吧，他会默默听着别的艺术家口若悬河的宣讲——去听音乐会、歌剧，周末的晚会上和姑娘跳着舞，交头接耳说着他们那个年龄那个阶层人所能够理解和体会的笑话，谈论属于他们世界的那些沉重和苦闷——间或，地老天荒地吻着、拥抱着，旁若无人地大笑着——青春总在散漫自由的空间无忧无虑地飘扬——慕尼黑有着独特风格和滋味的黑啤酒，少男少女们一杯又一杯喝着、灌着，夸张地皱着眉头打着响嗝——抽着黑黑粗大的雪茄，烟草辛辣的滋味似乎是那个时间和空间最好的装点，头发尽可能再乱点、鞋子再脏得做作点，故作深沉地陶醉在每个时代总会让成熟的市井一族不可思议的时尚游戏中——唱吧跳吧叫吧笑吧！今晚的慕尼黑属于我们，今晚多姿多彩的天空和晚霞属于我们——克利在这些场景中会觉得真正回到自己年少的娱乐场，会暂时放下希腊哲学和德国音乐压给自己过早的沉重——青春多彩而浪漫——什么是少年气盛？什么是不知道天高地厚，饿算什么冷算什么彷徨算什么苦闷无所事事束手无策算什么算什么算什么！没有什么可以算做什么——青春多彩而浪漫——不要按照那些老气横秋的说教来设置少年生活灿烂的程序，不要把祖宗那些农民和小业主式自足自得当成自己幸福的坐标，不要过早在你青春的额头刻上思想的疤痕，不要因为别人的脸色在你欢乐的肌肤里布下那些原本毫无意义的规矩和阵角——没关系，别在乎，青春多彩而浪漫——每一只鸟都应该在自由的广宇里自由翱翔，每一个花朵会按照自己生命的章法自由开放——让

南方花园 1921年 私人收藏

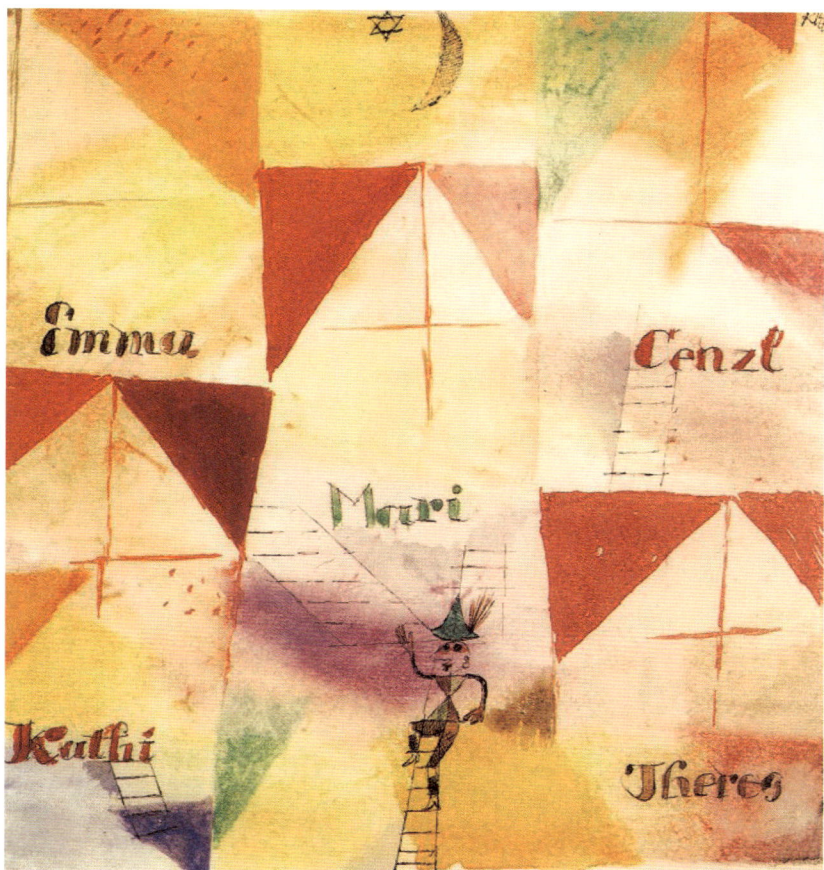

巴伐利亚州的唐·吉奥瓦尼
22.5×21.3　纽约古根海姆博物馆藏

温热的人性张扬——让伪善的道德面具走开——是青春洋溢的时代就敢于面对如此那般的不成熟——是老成持重的中年就享受和把握理智和经验的宝藏——生命一旦进入如傍晚如黄昏夕阳的尾声，你就安然处身于生活经验的据点中玩味那些毛头小伙子所无法体味的超然与恬淡——艺术家多么幸福！他们的青春有着比一般人更透明的维度和更长久的活力，有更生机勃勃的新鲜血液源源不绝的滋养和补充——其实，没有秘密，一个名副其实的艺术家就应该、也只能面对客观世界亮出你真挚而坦诚的情怀，展示你那童心般良善和美丽纯真的直觉。

　　用你敏锐的双眼发掘美的真理，用你多情的画笔在画面做最深广的耕耘。

　　——面对这彩色的大千世界什么也别管，就张开你美丽歌喉，唱！

　　——青春，多彩而浪漫！

　　……

　　克利恋爱了。

　　以往，没有少经历过的、那些所谓的风流韵事没有让他更在意——年轻的艺术学院学生能有几个老老实实总泡在素描教室里面画石膏？少年那些带着酸味带着甜味的爱恋克利多少朦朦胧胧见识过——还不算少，可是，当他认识慕尼黑一个医生的女儿莉莉——一个偶然的机会在冬季音乐演奏会上认识的、气质高贵谈吐不俗的姑娘时，小伙子沉醉了，他表现出了和以往优柔寡断绝然相反的性格——直觉告诉克利，将来和自己挽着手并着肩，满世界寻找艺术理想和生命真谛的伙伴，就是她——一个同样博览群书，一个同样对音乐和绘画有着浓厚兴趣和极好修养的女孩子——甚至在美学理论方面，莉莉的修养还在克利之上，克利在学校期间，常常因为莱辛的《拉奥孔》的有关章节开口向莉莉求援，莉莉总在最快的时间给克利找到他最需要的内容，同样对音乐的喜爱，让这一对恋人有着更深的情谊——那些看不见、说不出的美丽，不就是要一种意识上的心领神会？图书馆、校园、酒吧、音乐会、歌剧院，还有户外那些一点色彩也没有的高高的墙面，在克利和莉莉的眼里也有不同的美感——那些月光明媚的晚上，灰色的街道上留下多少克利和莉莉十八相送的足迹。

除了一样对音乐的喜爱，一样对文学的钟情，一样对绘画的理解，莉莉最重要的，是给克利一个稳健的心理支撑——这在以往的恋爱中克利并没有感受到过——这个看起来很普通的女孩子身上有一股普通人家孩子的忍从和客观，她没有少男少女所流行的装模作样和大惊小怪，对克利，莉莉的爱始终如一——为克利的事业，莉莉总是在扮演一个舞台后面的角色，从开始恋爱到白头相依，这个爱情故事的实质没有改变。

克利以他行事少见的快速度，果断地和莉莉定了婚，从此之后，克利少了那种世俗的、看得见摸得着的孤独感，在绘画作品的创造过程中，更宽怀更人性——这似乎是克利有别于许多现代画家尖刻的批判作为绘画根基的一个显著的区别——

小羊羔　40.7×31.5　1920年
德国施泰德美术馆藏

事实证明，克利的选择是正确的，在以后的学习和创作生活中，莉莉是他最好的观众和批评家。

慕尼黑艺术学院短短三年的学生生活，奠定了克利一生的艺术指标，努力做一个有所创造的艺术家而不是一个画匠——慕尼黑艺术学院的院长路德维希把克利推荐给艾文·克尼尔——这是个非常有个性的、像年轻人一样热情洋溢的艺术教育家，他对现代艺术精辟的认识使克利受惠无穷，和学生在一起，他没有传统意义上的师道尊严的限制，总是倾其所有，毫无保留地将自己的学术见解教给学生，同时，他也非常诚恳地从学生那里了解新思潮和新见解——对于一个求知欲望很强的学生来说，一个优秀的教师无疑是一盏明亮的灯火——两年之后，在老师的引导下，克利已经从一个美术学院的普通学生，成长为一个有思想有远见的艺术家——他仿佛看到，欧洲艺术的大门将徐徐地向自己敞开。

"一棵开花的苹果树，它的根，向上涌溢的树液，它的干，年轮剥杂的交错，花和蕾，它的结构，它的性功能，果实，有种子的果核——一个成长阶段的复合物。"——克利在笔记里面写下的这段话多少表达了他对绘画艺术较为原初的意识——没有根基的植物不会成为参天大树，现代艺术不过是一种时间的界定，如果没有文化那种根深蒂固的养料，形式上任何小打小闹都是肤浅的游戏——现代艺术的催生，正是因为古典文化源泉中那不绝的生命力的自然流淌，一部艺术史很显然地做出表述。文艺复兴是西方绘画里程碑一般的转折——在艺术的至高点上，现代和传统没有根本的界限——几乎没有争执的必要——保罗·克利在西方绘画史中的位置是摆在现代范畴的，就形式而言，这无可非议，然而就克利艺术那实质性的内涵来说，克利从古典精神的终极地带一步步走过来，如同一棵茁壮而繁密的大树，根扎在富饶的土壤而枝干伸向高高的天空。在慕尼黑就读期间，克利曾经有过一次去意大利的旅行，看着那些以往只在明信片上看过的雕塑，那些意大利古老的壁画，克利深深感动，面对着达芬奇、米开朗基罗和波提切利的作品，克利完全被那深远的、绵密的艺术语言的魅力深深打动——达芬奇，达芬奇！全是因为他，西方绘画的思想和形式才得以根本地确立！画家、解剖学家、建筑学家、桥梁学家——为什么一个个体的人竟然有如此深厚和精良的天质？换句话说，达芬奇的绘画只是他思想和学术结构的一个外化形式，一个极为细小的组成部分，即便如此，达芬奇几乎是滴水不漏地完成了自己绘画的版块——《蒙娜丽莎》那一袭迷人的、意味深长的微笑；《最后的晚餐》那悲剧的因素在艺术大美的环境之下被转换成史实的壮阔；

航行的船舶　60×80
法国巴黎蓬皮杜现代国家艺术中心藏

文学故事式的表述让位给绘画美学的宣达——米开朗基罗，这个固执到死的罗马人，一生的执着就是为了解放石头中间包裹着的生命！一个中世纪的西西弗斯，用自己顽强的凿子和雕刀，一分分、一寸寸挑剔着——带着自己生命的意志和美学的幻想挑剔着，舍去任何无关痛痒的外在璞衣而直现生命昂扬的团块——那渐渐醒来的奴隶，要唤起的不就是人类久违了的英雄气概？还有波提切利——几乎每个有点头脑的画家都不得不承认——带有装饰性质的艺术往往会流于世俗审美的泥潭，而波提切利却从容不迫地周旋于市井认可和绘画史流芳的两个门槛，他那著名的作品《维纳斯诞生》用简洁完美的画面，向世界展示了画家卓越的才华——古罗马那些神圣的艺术殿堂，留下了克利的足迹——他并没有马上拿着画笔在画布上折腾，他想要好好看、细细想，从丁托莱托到达芬奇，从户外那些伟岸的雕塑到罗马的斗兽场、歌剧院，克利沉浸在古典文化细致入微的净化中——庞贝留下来的那些伤痕斑斑的壁画，让克利震惊——这些美丽的画面中所透出的东方民族古典的气息再一次证明艺术生命蓬勃的生命力——美没有疆域，没有终点——克利想着，"这些壁画，让我在运用侧面的轮廓造型和装饰化的色彩上有了进一步的认识——它们诱发了我那些五彩斑斓的遐想——这是我个人的发现，它们为了我而存在，也为我重见天日，它们将赋予我极大的创造勇气，我知道，不要很久，我将会在绘画的版图上像猛兽一样搏击"。意大利的艺术漫游让克利知道一个基本道理——达芬奇、米开朗基罗之所以是艺术大师，正是他们生命中所具备的那些顽强而热忱的艺术种子和对古典和现代文化的通盘把握——没有其他诀窍，看看意大利未来派的那些小伙子们的叫嚣吧——你们真的仔细看过祖宗的资本吗？

旅游、读书、思索和勤奋地创作——克利的成长几乎和其他西方现代一切有成就的艺术家没有什么区别——二十世纪的绘画艺术已经不仅仅是工匠的时代，它需要更深刻的、对艺术实质的觉悟和对艺术理论

［右］天才的幽灵　35.4×50　1922年　英格兰国家美术馆藏

［左］乘马车　34×40　1922年　美国纳尔逊艺术博物馆藏

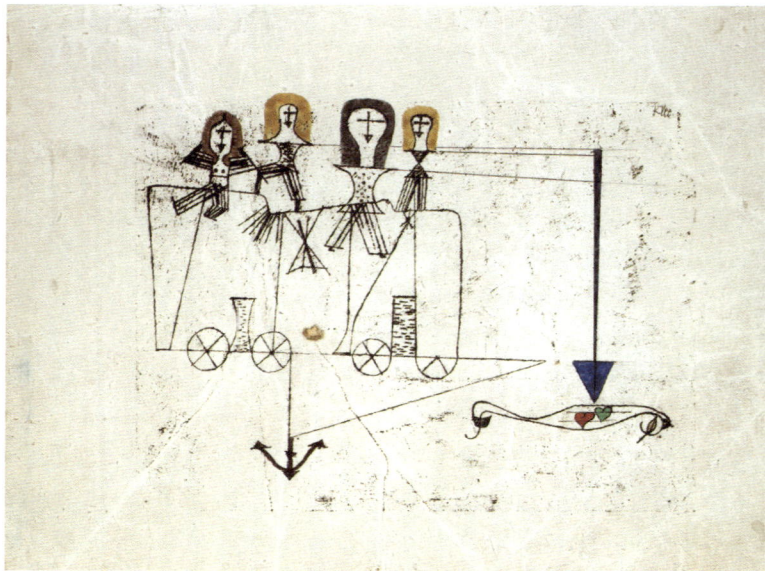

的极高的素养，从希腊的哲学到德国古典美学，从但丁到雨果、果戈里，甚至是托尔斯泰、陀思妥耶夫斯基、左拉、波特莱尔——克利最广泛地苦读，来增加自己的知识结构——"哥德是唯一一个身心健康的德国人，我将把他作为榜样"——他几乎不间断地写日记，在陀思妥耶夫斯基的作品中克利看到人类社会自身的道德困境，而波特莱尔对巴黎那种危言耸听式的描述和议论，让克利暗自下了决心，准备一旦有机会，就去巴黎看看，探一探这个世界艺术中心的深浅——四年之后，克利踏足巴黎，在那林荫蔽日的街道上，克利看着古老建筑的门窗，看着塞纳河两岸诗意的风光，感慨万千，巴黎大都会那万种风情十分妥贴地告诉人们巴黎之所以是巴黎。卢浮宫所藏的达芬奇的作品又一次让克利深深感动——毫无疑问，达芬奇在色彩和造型上的卓越成就，使他成为最伟大的开创者，在西方绘画史的长廊中，无人能够超出他的贡献；伦勃朗和戈雅晚年的作品炉火纯青，在艺术表现手法和思想的深度上几近完美——印象派的贡献不能忽视，色彩灿烂的浮华外衣其实不过是他们的借口，是对于世俗正面进攻的一个盾牌，撩开那沉重的帷幕，你才能解读印象派绘画的密码——塞尚那无休止的山峰，让人们懂得绘画结构的天机，他与其说是个好画家还不如说是个艺术教育的启蒙人物；雷诺阿算是个世俗的画家，再进一步会变得平庸，但他留得住，收拾得头头是道——依然是个重要人物；梵高是上帝培育起来的画家，在人类世界他不会活得快活；马蒂斯的聪明是镶在骨头上、掺在血液中的，他在巴黎的成功不是偶然——纯化的音乐情调、诗意浪漫、自由幻化的美学境界和意识，可他的绘画中还是少了点什么，或者这就是法国和德国在文化差异上所带来的审美区别，克利的眼睛里，总带着德国精神气质的某种沉郁，而会怀疑巴黎那表面的热情与喧闹，同样，巴黎的华美和玄虚，有时候也有它那致命的缺陷——外在的诗情画意往往掩盖内在精神的薄弱——看着、想着，同时，巴黎所见到的这一切对于克利也是一个警示——你只能在自己独特的语言方式中建筑自己的艺术大厦——形式的谜语一旦打开，重复大师将是你错误的第一个致命的脚印。

公园 100×70 1938年 瑞士伯恩美术馆藏

风景与黄鸟 36×44 1923年 私人收藏

　　克利留起了小胡子——也许这样看起来更加成熟些——意大利艺术从根本上改变了克利，他希望自己在生活上和艺术上以一个全新的姿态出现。小提琴没有忘记练习——这不光是画画之余的休息，克利从未忘记自己也是个音乐家——他还是他所居住城市的管弦乐队的一员，有时候还会随着乐队到外地演出——生活一丝不苟地按照克利想要的那种方式运行，日子清苦，克利很久才卖出一张小小的版画——从意大利旅行归来，克利更多在思考自己艺术的一些理论问题，画画在这个阶段，对他只是一个机械式的劳动——艺术不光是个按劳取酬的工匠的"活计"，大自然万事万物以其存在的规律出现，而绝无第二种面目展现自己，画家，要有一双敏锐的眼睛和思考的脑袋，伴随着绘画技巧的成熟，这种形而上学式的思考正是你能够出类拔萃的基本原因。人生漫长的跋涉和艺术永久的征战，那一个大画面在克利的面前非常清晰地出现，想当好画家就没有逃避的可能——要做就做得最好——"面对整个艺术事业，起初，我是会失望的，我满心希望能够做到的事情往往都是那些聪明人轻而易举就能够做到的，而我所得到的安慰是，我的笨拙（这是我的不利条件）恰恰是我的长处。它让我更加真诚，更加持之以恒——我总有一天会达到我想要的那个境界，那些看起来只能在想象中出现的东西，会为我实在地把握，只是我必须打破任何无意义的假设，从每一个细小的、具体的局部做起。对我来说，从这些看起来很渺小的、微不足道的事情开始是非常必要的——它或许也是一种障碍，有时候，我也想到干脆就是一个新生儿——对广瀚的欧洲文化一概无知，对艺术界任何时髦的风气和花样毫不理会，像个与世无争的原始人，这样，去发现一个我自己的微小母体——它仅仅在平凡的工作中获得，我的铅笔能够自如地对付这个母体，无需什么繁华的技巧……我已经看到那遥远的彼岸——绘画将占去我的毕生岁月，对很多上了这条船的人而言，这或许是个意志问题，而对于我，这是个命运问题，除了理智面对，热情工作，我将没有选择。"

别墅R 22×26 1919年
瑞士巴塞尔艺术中心藏

克利勤奋的程度超过同时代任何一位艺术家，从他传世的作品中，不难窥见他工作时候的那股狂热，从情人的肖像到他内心那些奇异的遐想，题材不是克利最关注的问题，对事物的真实描绘这些也不会困扰克利——自由自在地在作品中做梦一般的畅想，将线条纯化，像一个虔诚的清教徒那样在高贵而简洁的空间徘徊，在自然和心灵深处搭上一座桥梁。

面对着现代艺术迅即的发展节奏，克利选择用自己的思索和冷静、科学的态度，从容应对，他也尝试着用许多不同的材料和工具作画，早期做的腐蚀版画大多是表现那些来自自然的直接感受，克利甚至想到将这些尺寸很小的版画拿出来展示——他将作品细细选择后寄给慕尼黑"脱离派"展览的筹备委员会，同时附上一封诚恳的信函——如果展出场地的空间有限，他的作品可以几张合在一起，放在一个框子里面展出——画展没有引起什么社会层面的反响，克利的老师高度赞扬学生在版画上的成绩——也没用，倒是一位很有名气的评论家在报上的一个评论让克利很久不能忘怀——他

哦，这些流言　55×75.5　1939年　瑞士贝勒耶美术馆藏

说，提供这些作品的怪诞不经的结构中的任何明晰的形象将是一件十分困难的事情，即便在恶梦中，也不会出现如此混乱的风景画面，这些所谓的艺术家所做的，只是将没有开化的荒蛮时代中那些人类和昔日猛兽的肌体肢解后再胡乱地组合在一起——这些荒唐的组合将完全没有意义……

够狠，够尖刻，就是没有学术上的见解。

这个评论，在克利的记忆中存了好久——评论家几乎在任何时代都一样，总会做出一些错误的判定，而艺术家只能靠自己幸运的眼睛去发现埋藏着的形式密码。

克利的儿子费力克斯出生那一刻，我们的画家保罗·克利，从一个丈夫升格为一个父亲，同时，画家明白，新婚那些卿卿我我的放纵与快乐会逐渐改变它存在的属性——一杯浓酒会置换成一杯意味深长的淡茶。妻子莉莉有一份教音乐的工作——这是三口之家目前的主要生活来源，家务和孩子，就得由克利承担。生活俭朴甚至多少有点拮据，但克利没有任何埋怨——他和莉莉的快乐更多是建立在精神基础之上的，小费力克斯的降临，使这个"家"有着更深一层的内容。

于是，克利那标准的、日复一日的家庭主夫的生活，随着小费力克斯吸完早上的奶水之后的一声百无聊赖的啼哭声开始。

一切都像个小型战争。

擦地板、洗床单、洗碗筷、换尿布、清理书房和客厅，准备午餐和晚餐——克利像个自管自转动着的陀螺。

琐碎无聊的家务事永远也做不完。

那个面孔和身形都酷似克利的孩子远比艺术家简单，吃饱、睡着、哭闹、尿床，还

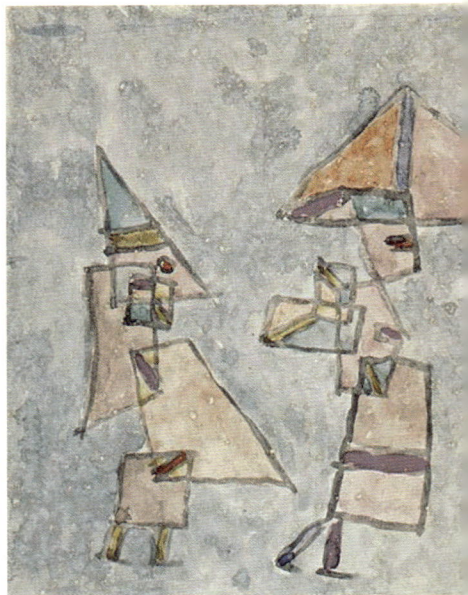

有牙牙学语和看起来没有什么目的的微笑和大笑——克利要对着奶瓶的刻度将奶粉按比例稀释，试好温度——往往他自己先尝一口再把奶瓶放在小费力克斯面前——吸过的奶瓶和奶嘴要放在高压的蒸锅里消毒以备下一顿之用——孩子总在你以为不会尿的时候尽情地尿——换尿布便成为克利可以向许多主妇们炫耀的手艺——去市场买菜和家庭日用品，克利按照自己的方法，很快弄明白哪家商店的面包既新鲜便宜，哪家店里有那种专门给孩子用的、手感柔软舒适的草纸，晚上，在莉莉回来之前尽量把晚餐做好——一锅热汤，煎几根香肠，将买来的面包切好——家庭生活的意义大概就在这些触手可及的细节上。当然，一家三口可以在餐馆的木桌上草草把晚餐解决，但那远没有自家带着烟火气息的晚餐更让人感到实在——克利看着孩子做着家务还要画画，很多作品就在厨房完成——每天午餐过后，当孩子午睡时，克利会准备好孩子下午两点的奶粉，这是克利唯一可以利用的整块时间——他将它全部投入自己的作品中。

琐碎繁杂的生活看起来无边无沿，但这没有让克利消沉或者害怕，这是个真正生活的智者，他会坦然面对人生所给予的不同时间不同层面的考验，对自己艺术的高度自信，更让他心平气和地、快乐地忙碌——等待，春天的种子发好苗壮的苗芽，你就松土、浇水、

施肥，耐心等待收获的金秋——就将这一段特殊的生活当成一次学习，除了学习生活的能力，学习怎样成为一个合格的父亲，还能向小费力克斯学习，在孩子那双清澈的眸子里面，克利懂得了童真的含义。

下午的太阳暖洋洋让人陶醉——一个施瓦安郊区（克利婚后住地）人们常常见到的景象又一次出现：克利穿着他那宽大的毛线外套，上面是突尼斯或者摩洛哥才有的那种图案，推着儿子坐着的童车出门——在公园那一片如茵的芳草地上，儿子理所当然晒着太阳，而克利会找一个合适的地方画画——他身上背着的巨大的包里，除了一堆儿子的必需品外还有画笔和颜色，而小费力克斯的童车前面，会叮叮当当挂着许多木质玩具——火车、轮船、玩具狗或者木偶什么的，它们大多是克利在绘画间隙，自己找材料一点一点裁好、黏好，画上颜色。

有时候，碰到克利高兴，他会一面推着车一面扛着儿子，孩子格格笑着——

[左] 通往帕纳斯山
26×100　1932年
[中] 东方长廊　1932年
巴尼斯基金会藏
[右] 一个女人的神
44.3×60.5　1938年

看着蓝天看着白云，父子俩用属于他们自己的方式交流、嬉闹，这时，克利会有一种满足，作为一个艺术家，一个男人，首先要画好画，再就是肩负起一个为人夫为人父的职责，让莉莉和小费力克斯尽可能有一个好的、安全的环境，艺术和生活没有那么严格的、非此即彼的界限和鸿沟，如果不懂得真正生活的美也不太可能在艺术的最高层有所建树，对于平凡无奇的日常生活，美感就在于这种看起来漫不经心的、持久的付出——瞧，此刻被扛着的孩子，在肩头上是那么信任父亲！

孩子一个浅浅的笑，也会让克利心满意足，克利从小费力克斯那里又重新回到自己的童年——父亲和儿子的童年，应该有一样的顽皮，一样的淘气，一样的创造心态——哪怕是恶作剧的——一样会露出两个小虎牙嘿嘿笑着，一样会肚子不饱便亮开嗓门气壮山河地哭着、叫着——生命沿着一个看不见的轨道伸展、生发、壮大，生生不息——这个承传的过程带着绵绵诗意。

一天下来，说是不累没人会相信，但看到儿子那胖乎乎的脸上挂着一丝满足的微笑，那些劳累都会一下子烟消云散——这累，累得值得。

从小费力克斯最早的那一声啼哭，最早的那一个微笑，最早的那声叫父亲的、不是很清楚的单词发音，到颤巍巍走出的第一步，克利把这些场景印在自己的脑子里面。

晚上，小费力克斯还喜欢跟着克利睡觉——莉莉是一醒过来就很难再入睡的那种女人，夜间，喂奶粉换尿布仍然是克利的事情——把这一切细细打点好后，克利可以靠着床头读一会书，不加选择，闲闲散散地读着——手没有最好的利用可脑子不能让它闲着，日记持续不断地写着，许多随手记下来的心得，后来成为绘画艺术经典般的理论片段，其实就是在给孩子煮奶时候想到和换了尿布之后赶紧找张纸记下来的。

克利还养着一只猫——没事时，他会看着猫，看那敏捷的神情和矫健的身体，还有那准确的判断，判断准确后果敢有力的行动——孩子、绘画、猫——一天就在这些平静的时间中慢慢度过，没有办法摆开摊子画大作品，没关系，就在小的画幅里面深入，去寻找那些更精粹的绘画品质。

周而复始的家庭生活，占去克利很多创作时间，为了孩子，克利和莉莉有和成千上万的家庭一样的既古老又新鲜的争执——但是没事，克利和莉莉会在音乐中、在绘画中，将这些人间琐碎的矛盾轻而易举地化解——很小的客厅有时候堆满孩子的东西，但中间摆放着的一个巨大的钢琴却总被擦得一尘不染，钢琴的盖子上面，有时候会看到一把擦得亮亮的小提琴——这几乎是克利和莉莉最有价值的家当，四周的墙面上，除了一些克利的小幅作品外，几乎看不到什么奢侈的摆设，书架上方，摆着一些克利散步时候顺手拣来的卵石、花纹好看的贝壳，还有一些造型奇特的旧树根，简单而不失大方，主人的品

中国瓷器 44×46 1940年 私人收藏

位往往在这些细小的枝节上一览无遗。来访的比较亲近的朋友，会随便坐在屋子的任何一个角落，他们欣赏着克利的新作，谈论着许多艺术和艺术以外的事件。艺术和生活，绘画和孩子的啼哭，完整构成克利家那综合的场景——克利胡子越留越长，明亮的眼睛掩饰不住那种敏锐的神采，他把绘画和日常生活尽量编织成一个有效的程序，让自己在有限的时间里最有效率地做好应该做的事情——家务事没有让克利变质——艺术家的情怀艺术家的梦像昨天一样透明和温暖。看着一面哄着孩子一面作画的克利，看着他那幽深的黑眼睛和卷卷的头发，不认识的人会觉得他更像一个称职的父亲、一个有很多能量和很多方法的阿拉伯的巫师——在德国几乎看不到的、一个很长的像袍子一样的上衣已经看不出本来的颜色，上面满是油彩的斑点，克利穿着，旁若无人地画着——他完全沉浸在自己的世界。

在这些日常生活的琐事之中，克利发现，在艺术创作中，妻子默默的

支持和孩子的启发常常使自己得益，在孩子成长的每个阶段，克利总能受到不同程度的启发和灵感——莉莉和小费力克斯是自己的珍宝。

费力克斯开始说话了。

——爸爸，你看！

——儿子，这是什么？

——是鱼！会飞的鱼。

——这个呢？

——是电车，门让乘客上上下下，窗子让人们观看风景。

——他们要去哪里？

——他们去歌剧院。

父亲的颜料，儿子可以想怎么画就怎么画——有时候，小费力克斯在爸爸打电话或者干着家务活的瞬间，顺手在克利正在画着的作品上涂抹，克利也总是宽怀地笑笑。

爸爸——

——为什么太阳是红色？

——为什么月亮是白色？

——为什么天是蓝色？

——为什么土是棕黄色？

——为什么水是透明的？

——为什么——为什么——为什么

克利看着孩子那几乎和自己一模一样的眼睛，郑重其事地回答着小费力克斯那些永远问不完的问题——很多是父亲回答不了、也无法回答的问题——随着孩子的欢声笑语，克利会放下属于成人的那分沉重，重新回到童年——祖母的绣花剪纸，舅舅餐桌上那酷似人面孔的大理石纹样，还有，歌剧院那些叫不出名字的雕塑——用童年的眼睛去看它们，总可以省却那些原本无关紧要的枝节性因素而直达事物最原初、最单纯的美感——克利照看自己的孩子，孩子一样给克利更多的启发——鱼就是那最简洁的生命象征的符号，星星是会唱歌的精灵，天空，浩瀚透彻，海洋，包罗着所有未知的故事和谜——人可以最小，当然，也可以最大……

莉莉为克利那分耐心深深感动，她常常看到父子两人对坐着，认真地、为一个看起来原本没有意义的问题谈论着，有时候还争吵着——克利总是显出最大的诚意。

天意怜幽草——孩子慢慢长大，这三口之家像一条小船，在风浪上颠簸着，一点点向着原本预定的航向行进——每天伸手可触的生活和理想境界中的艺术并行不悖，没有那些无谓的争吵，牙牙学语的孩子带给克利夫妇

[上] 哈马马特　1914年
[下] 道路

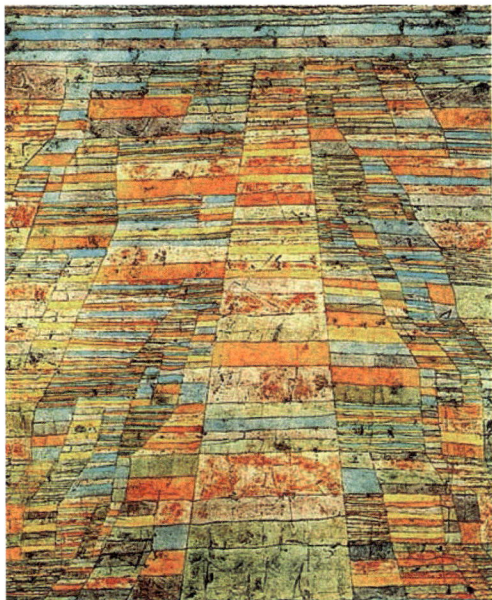

航海家　37×51
1923年　私人收藏

很多意想不到的快乐。克利几近贫穷的生活也因为克利的作品终于有了出路而逐步有所
改善——克利开始在画廊卖画，朋友和收藏家有些也会到家里买画，这对于一个普通的
家庭不无小补。同时，克利似乎也慢慢觉察出每天的家务耽误他太多的创作时间，在一
个特殊的阶段，带孩子理家务给克利一种经验，一种对生活体悟和理解的视角和特殊方
位，但他毕竟是个艺术家，是个文化史的挑战者，丈夫和父亲，是他在一个不同侧面、不
同位置所要扮演的角色，他最终属于他所钟爱的艺术，因此，在小费力克斯能够用自己的
小手系上鞋带、能够给家里的猫喂食时，克利又全身心地回到自己艺术的天地。

　　……

　　克利在德国的名气渐渐响亮起来。

　　在慕尼黑的画廊中，常常可以看见克利的作品，早期买了克利作品的收藏家们，也
乐得看克利作品的价格逐步高升，尽管许多喜欢克利作品的观众对克利并不熟悉——他
选择的几乎一直是一个远离尘世的生活方式，安静地思索和努力工作，使克利常常将人
际关系中的礼尚往来这些俗套降到最低的程度。

　　他参加那些以艺术研究为主旨的聚会，和"青骑士"那些艺术家们在一起的时候，
克利比起这个团体中的康定斯基和马克，还是比较中庸的角色，这也和他的性格有很大
关系。康定斯基和马克是整个运动的领袖，康定斯基在《艺术中的精神》中，非常明确
地鼓吹着"青骑士"的艺术理想和创作理念，克利不算是站在最前列的画家，但一有机
会他总是极力为自己的画派和同伴辩护，随着知名度的不断提高，克利也有了很多相知
的艺术朋友，除了"青骑士"的成员外，他还结交了一些诗人和音乐家朋友。

　　第一次巴黎之行，克利结识了当时正热心玩着"立体派"的画家毕加索和布拉克。

　　在此之前，克利那双黑色的眼睛已经紧紧盯着立体派——毕加索是个旗手，布拉克
是个实践者，对三度空间的革命，已经使立体派成为改变绘画认识的一个妙药良方，谁
也不能否认，一个全新的审美关照方法就将从这几个破坏者手中开始建立——他们和意
大利未来派那些对传统发出的吼声有异曲同工之妙，极端的方法才会夺得大众的视线，
对所有的创造者来说，这或许是个必要的手段，然而，克利从来不把自己仅仅留在现代

的门槛里面装腔作势，他想寻找一个持久的绘画真理，他深信，艺术内在的那个审美因素，是建立在古典精神和现代形式之上的结合体，改变事物的破坏性手段固然很重要，而在一个破坏之后的废墟上，建设新的建筑或许更是克利的使命，更是所有有思想有责任的艺术家的使命——对"青骑士"的参与，和立体派的接触，更让克利坚定了自己的信心，他的艺术雏型已经非常清晰地展现出来，剩下的，就是对自己作品的坚持不懈的打磨了。当你距离艺术成功的目标越近时，正是你需要更加坚定和持久的耐力——马拉松越到终点淘汰的选手越多。

克利明确地看到，毕加索在形式上将绘画玩个透彻——这个充满活力的斗牛士在形式的层面上借题发挥打情骂俏，将所有不可能变成可能，将所有约定俗成的物质属性随心所欲地加以改变——而克利正在形式的最上层，做精神的苦寻，在超自然的艺术现象和领域中，克利做着自己顽强的征战。

他对着深远的天空思索。

如何使自己的艺术与宇宙达到一种潜在的和谐，这几乎是克利一生不断寻找的目标。

他对着古典德国的哲学思索。

一个画家，不过是借着绘画的形式来阐述自己的哲学思考和美学观念，离开真正思想的升华，艺术不过是个匠人的手艺。

他对着绘画构成的那些纯粹的元素，那些点、线、面和色彩的黑、白、灰思索。

形式——形式——还是形式！

直接面对这些不带装点的本体元素，找到形式的规律，找到美学那不可言状的实质。

压住思想，升华形式——绘画艺术说到底是造型的游戏。

面对一个漫长的时间长河，一个艺术家不过是个导体，一个宇宙信息转换的机器，克利很清楚自己在时间和空间之间的基本位置和任务。他深深体会到，似乎有一种超验的生命力量在统领着自己的艺术——那握着画笔的双手不过是个被延伸了的工具，它们完全遵循着超自我的力量的驱使——放松些，不要设置更多的条规，那神秘

[右] 保罗·克利作品 68×52 1938年 德国多塞尔多夫艺术中心藏
[左] 森林女巫 74×99 1938年 瑞士巴塞尔·拜尔勒基金会博物馆藏

少女 38×40.5 1922年 巴塞美术馆藏

的色彩就是自由的火花，那艺术形而上的果实常常是漫不经心的猎物。

他孤独而冷静地思索与行动着——直到包豪斯的那一纸由著名建筑设计家、院长格罗皮亚斯签发的招聘的文书寄来，克利的艺术生活才有了一个明确的契机和方向——他几乎像一个迷途的战士，在黑暗的森林中徘徊着之后找到自己的部队，对于克利来说，这是一个千载难逢的时机，和包豪斯的那班人马在一起，一定会有所斩获。

"尊敬的保罗·克利先生，我们很荣幸地邀请您，请您以一个艺术家的身份加入我们的行列，完成一个伟大的艺术理想"——呵，格罗皮亚斯、费宁格、恩格尔曼、蒙克、克雷姆……看看这些名字吧！这些现代艺术的天之骄子，克利和其中许多艺术家有过接触，或者常常看到他们的作品和理论文章，这是欧洲最优秀的艺术种子！克利根本没有做更多的考虑，去包豪斯——这是一个真正的现代艺术摇篮，这是一个激越而浪漫的舞台，包豪斯用前所未有的大手笔，网罗当代欧洲、甚至全世界优秀的艺术人才——已经当了很久艺术学院院长的格罗皮亚斯，怀着一个艺术家远大的理想，想在自己手上完成一个现代艺术和教育的霸业——让包豪斯成为西方艺术文明的一个典范，他将魏玛几家现有的工艺美术学校加以合并，建筑起包豪斯的雏型。他不会夸夸其谈自己的艺术理论，但他深深明白，一个时代的艺术革命，需要一大批优秀的种子选手，而包豪斯应该是让他们成长和生发的一片沃土。作为一个优秀的建筑家，格罗皮亚斯在建筑事业上有着自己的艺术风格和面貌，而对于包豪斯伟大而宽宏的文化宗旨，格罗皮亚斯更放下身段，礼贤下士，将自己变成一个强调技术和工艺手段的配角，一个普通的教学思想的制定者，他在自己关于包豪斯的最初的教学大纲中清楚道出——艺术家应该是一位优秀的技师，在他们罕见的灵感瞬间，上帝的仁慈将他们引导到一个无意识的、超我的艺术境界。但熟练地掌握一个技艺对于艺术家来说是个基本的要求和标准，高明的技艺会引导艺术沿着他自我愿望的方向发展。包豪斯希望看到一种艺术合成而不是骄傲自大地在艺术大师和工匠之间制造一个无法逾越的鸿沟——"建筑家、画家、雕塑家必须重新认识，把建筑作为一个统一整体这个综合特征。艺术不再是一个专业，艺术家和匠人之间没有本质的区别，艺术家就是提高了的匠人……让我们共同设想、建造未来的新建筑，这种建筑，将把建筑、绘画和雕塑真正和谐地融为一体，它会像一种新信仰的无比明晰的象征，总有一天，他将从千千万万个劳动者的手中，升入天堂"——让教授和学生一起工作，让艺术和生活更加密切地发生关联——让艺术回到人民手中，同时，让艺术家有更自由、更宽松的空间，以便他们得以充分发挥自己的艺术能量，让他们在打石头、剪铁皮、刻木板、粘纸片的过程中得到艺术创造的满足——这对克利的吸引是强烈的，他在长久的艺术实践过程中，不就是秉持着这么一种艺术理想么？多少年来，他在音乐和绘画甚至文学几个板块里面神游，将手、眼、耳朵、心最有效地加以运用——最明确的造型语言伴随着最深邃的艺术思想，这和包豪斯所鼓吹的办学方针非常协调，于是，1921年，41岁的克利带着一大批工作和创作计划，带着一腔热情，离开他在那里起步的慕尼黑，来到包豪斯的所在地魏玛——展开他人生壮年的艺术行旅。

克利，一个有了成就的中年艺术家，将在包豪斯开启自己艺术的第二道大门。

克利大显身手的时机来了。

没有生活的忧虑，而且，对艺术的思考和制作的手段也越来越成熟，加上包豪斯那自由的学术气氛，这一切让克利如鱼得水。

在那么一批出色的艺术家圈子中，克利用最大的耐心，向每一个同事甚至自己的学生学习。艺术家在一块，少不了常常为自己的艺术观点和政治信仰争执，有时候会到一个水火不容的程度，克利很清醒，加上他几乎看不出有任何政治观点和倾向，所以他总可以和别人更平和地相处，包豪斯对克利的要求也十分尊重，学校最大限度地提供一切可能，让克利更好地生活、工作和创作，包豪斯尽管以建筑设计为主要项目，但对克利所教的绘画依然给予最好的尊重和方便——克利被学校作为艺术权威，教授玻璃画和设计，与此同时，克利更加深入地撰写自己的艺术日记，并且，把许多核

坚强的梦　21×26　1929年

心的东西加入在包豪斯的教学讲义，在日记基础上修缮完成的《教学笔记》，还被收在著名的《包豪斯丛刊》之中，这是克利多少年处心积虑的成果，他知道，对于包豪斯那些有才华有热情的青年学子来说，一个冷静、科学的、对艺术哲学层次上的彻悟是多么重要！

除了那些驾轻就熟的点线面的构成，克利也埋头进行材料和工艺的研究——"车间里一丝不苟的实际手工训练，要积极参与生产，生产要在设计法则的支持下同严格的理论指导相接合"——这是包豪斯的优势，玻璃在不同温度中那神奇的变化让克利着迷——他从一个画家变成化学技师，变成物理试验者——在那些神秘的变化中克利得到某种好奇心的满足，他对一切未知的东西从来就抱着极大的兴趣——材料、材料、还是材料！在现代绘画领域里面，这逐渐成为一个重要的课题，技术和艺术，其实在现代派的字典上并没有根本性的区别，对材料的运用——将普通的物质加以思想和观念的点化，正是现代美术运动一个重要步骤，这个步骤最终导致了达达主义的产生和发展。然而，克利依然是用一个哲理的标竿度量着这些普通的物质、材料和制作步骤——先做手艺人，再做思想家，他反其道而行之，从普通的技术层面论证，在物质的小宇宙中发现大乾坤，并将这一系列探索加以逻辑化的锻造和锤炼，同时，在东方神秘主义那对宇宙和自然的认知中找寻精神的对位——沿着这根轴线演绎、推进，他明白了，以往在自己旅途中发现的、在西西里岛那灿烂的阳光下单纯而抽象的风景中所包容的内在寓意；在突尼斯那神性的艺术咒语中和变化万千的图案、纹样和阿拉伯风格的建筑中所孕育的、高密度的人文肌理，这些美学信号同样也隐藏在克利随手画下的那些文学作品的插图中，透过这些博杂的

保罗·克利作品 47.9×62.6
1936年 瑞士巴塞尔·
拜尔勒基金会博物馆藏

形式，他甚至明白了那些深藏在许多艺术门类之中的一个基本的精神原理——意大利画家契里柯在这个基础上找到一个崇高的气概，伟大的奥地利音乐家莫扎特和德国音乐家巴赫，则在这个基础上无限伸展了音乐神圣的生命力和感染力——他们将那些永恒的旋律变换成为一个个里程碑。

——艺术家唷，你们是多么幸福！在这些最基本的物质层面，你们，远比别人优先——沿着一个肉眼看不见的阶梯，一步一步率先走到一个理想的天门。

在教学和艺术创作过程中，克利深深受惠于包豪斯那既自由又严肃的学术风气，他总是寻找每一个恰当的时机向那些名声赫赫的建筑家们学习，学习那些建筑构成的基本知识和美学上的原理。在包豪斯，克利有了自己的宽敞明亮的大画室，画室不算很整洁，到处堆着克利随手拣来的那些石头、瓦块之类的杂物，桌子上随手放着阿拉伯的陶罐，颜料总放在最顺手的地方，水彩和油画应有尽有，调色盘上，总是堆着湿乎乎的颜料，足以见得主人的勤

平常，克利会坐在画室中，慢慢把玩着手中的雕花大烟斗若有所思——他的烟瘾很大，一遍遍随手往烟斗里面装着烟丝，点燃，舒适地吸着，倒掉剩下的灰烬，再装上新的烟丝，再点燃——对于总是在沉思的克利，吸烟也许是个习惯，那木质的烟嘴总要在嘴角含着才自在——在古典音乐的旋律中游荡于烟雾缭绕的画室，稍事片刻，克利会从椅子里面站起来，面对着总是在画架上同时张开的好几幅画布，随手、随心地画着、涂着——这有点像莫奈画草垛或是莲塘，他已经不是在传统意义上的绘画中寻找创作的乐趣，他更是在一个宏观的学术层面仔细勘查着绘画的新矿藏，包豪斯的师生们会常常看到这样一个细小的情节——克利画室门半掩着，莫扎特的《魔笛》唱片在留声机上一遍遍播放着——克利深深爱着莫扎特，他收集着许多莫扎特、巴赫和海顿的唱片，尤其是莫扎特的，克利几乎到了着迷的程度，他甚至可以将整个《魔笛》的总谱一点不差地背下来——克利并不十分喜

最后的静物　100×88　1939年　克利家族收藏

欢现代音乐，但斯特拉文斯基的《浪子的历程》也常常回荡在他的画室——克利似乎在音乐里面寻找一种和绘画有关的深度和谐，在每个微妙的节奏中，克利会轻易地捕捉到他想要的元素，点线面构成依然可以在这神秘的音乐符号中找到最准确的对位，听得高兴起来，他会随手拿起小提琴自己拉起来，这时候，克利的眼睛是朦胧的，他沉醉在音乐的旋律中，乐曲对于克利不是一种愉悦，它们更是精神上的一种洗礼和升华——他从不否认音乐在表达的手段上比绘画有许多优势，但他也因为巴赫和莫扎特的音乐而树立对绘画的信心，他坚信，绘画最终也会达到莫扎特音乐中所能达到的某种极致。

音乐在古典大师们的手里完成得严严密密，而绘画，似乎还有戏——还有许多空间等待填补。

西方绘画历史的壮丽画卷，常常在克利的脑子里面一幕幕展开，不能不一再提到达芬奇，不能不提到伟大的意大利文艺复兴，还有法国近三百年来的一个豪华的艺术盛筵——印象派，无论如何在克利看来还是多少流于肤浅（尽管克利曾经十分喜爱过），他们太过专注于事物外在的风华了，表现主义、"青骑士"多多少少对印象派进行反叛，但它彻底倒在艺术家那青春的血泊里，感情毫无节制的泛滥也将把艺术当成一个派生物，本体的审美价值还是会被忽视。同辈

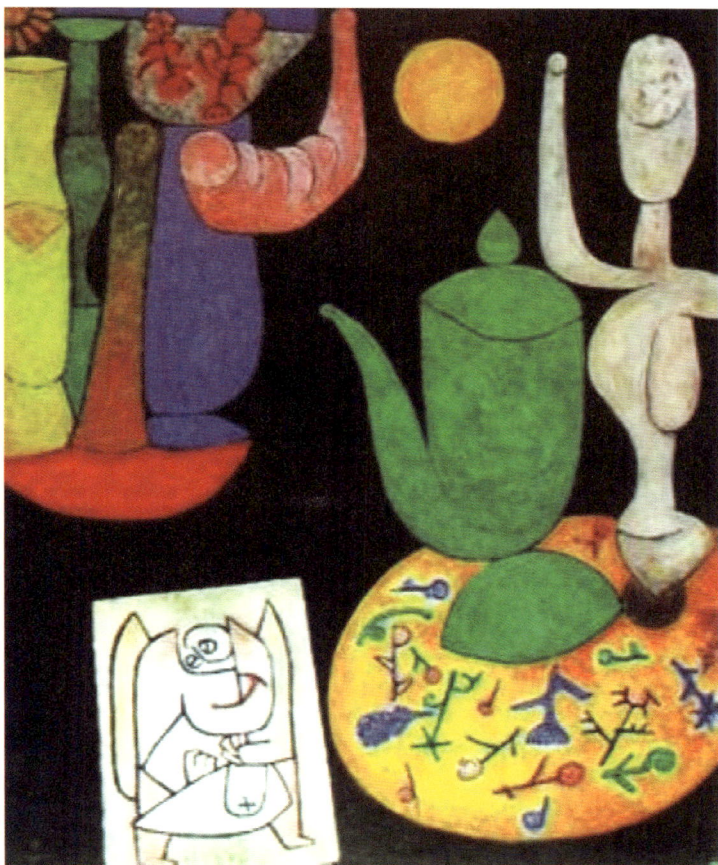

人中，早已听过名字的荷兰画家蒙德里安和同样也在慕尼黑接受了艺术教育的康定斯基，前者用冰冷的手术刀在分解绘画那温暖的肢体，艺术成为禁欲的惊叹号，后者则在理论泛滥的波涛里逐步把艺术的方舟凿沉，按照公式画画不是艺术家创造的理由！

克利入神地想着正在萌芽的抽象主义绘画。

蒙德里安是数学的凝缩。

——冷淡，是他的目的——唯有冷淡、理性、科学，他才能去探清楚艺术的实质。

康定斯基是音乐的曲谱。

——热情，是他的选择，同样，康定斯基式的热情，才能把所有对艺术形式进行制约的因素化解——他想推开一扇阻碍画家自由思想和创造的墙面。

——比较起来，康定斯基太热而蒙德里安太冷，两个巨匠都在不同的方位将绘画逼到一个角落。

那些格子，那些平行和垂直的线条，使得蒙德里安像一个实验室出来的学者，而康定斯基满世界跑着、跳着的那些彩色的音乐符号，则让这个俄国人看起来更像个音乐理论的教授、学者，比起他们，克利更像一个游荡着、向着天边、向着彩云和山脉、向着森林和河流，自弹自唱着的一个歌手——用自己的喉咙唱歌——唱给自然，也唱给自己。蒙德里安和克利的最大不同在于，蒙德里安的艺术严肃得不会唱歌，康定斯基的艺术太过音乐艺术的泛化，从而削弱了绘画作为一门学科的自律性。

数学和音乐，有各自的真理性标准和特征，但它们都不会、也不应该是绘画的必然归属，它们仅仅是引证、是借鉴、是工具或者是手段——是认识论而不是方法论，尽管

甘苦之岛　1938年
保罗·克利中心藏

克利也同样把艺术当成一个严谨的科学——一种将诗性融合在数学化的种种规则之中的科学。

克利多少次把蒙德里安和康定斯基作为自己两个方向的靶心，向他们的艺术射出自己思考和探索的冷箭。

——艺术如果变成一个纯粹精神的图解，它们将不再有温暖的诗意和流动的血液——哲学的方程式或许是度量绘画的阶段性尺度而绝不能是绘画作品自身！理论和作品的区别全在一个下意识的、游刃有余的把握。

美丽的庭院 95×70
1939年 保罗·克利基金会藏

蒙德里安和康定斯基的作品和理论，在现代绘画的舞台上逐渐有了市场——艺术家们开始严肃地思考他们的理论和作品。蒙德里安那些冷静的格子已经在欧洲许多杂志上出现——康定斯基的理论更可以在包豪斯很多画家的笔记本上找到摘录，它们甚至成为画家们的座右铭。

然而，要避开他们！

最大限度地避开他们！

克利严肃地告诫自己——在我的绘画世界里面，要让鱼自由自在地游荡在它想要游荡的地方，要让鸟儿自由自在地在它想唱歌的场所歌唱！我要做一个有崭新的、敏锐感觉的原始人，将我心中的小宇宙和浩瀚的大宇宙紧紧相连，把所有可能变成绘画的元素尽量加以收摄，植物、动物、星星、月亮、灿烂的花、巨大的树，奇特的歌手那怪诞的脸庞，抽象的图案和具象的形象，客体自然的外象犹如一个巨大画库，克利总是尽可能地搜寻自己所需要的素材——你们来吧，来占领我宽敞明快的画布，来占领我敞开的心房！我也会在一生的艺术行旅中，永远在形式深处去领悟艺术的精神实质。

克利同样没有轻易放弃蒙德里安使用的格子或是康定斯基使用的那些三角形或是圆形，但克利认为，绘画在时间和空间上是不断发展不断变化的，因此，绘画需要一种柔韧的弹性，一种可以触及的温度和一种生机勃勃的活力。

[左]红气球　31.1×31.7
1922年　纽约古根海姆美术馆藏
[右]宇宙构成　48×41　1919年

——《怪物，随着我悦耳的歌声起舞吧》，材料上，这是克利的试验——在纸上再罩上一层纱布，以便更强化表面的肌理效果——这或许是包豪斯式的材料意识的一个影响所致——人物远不是三停五眼或是坐三立七这个概念中的人物造型，变了形的"怪物"，像儿童信手涂抹出来的画，但克利避开成人手下那种虚假的"儿童风格"——做作的童贞无疑是另外一种世故的艳俗，这在许多智商不高的艺术家那里还在当作装点门面的良方妙药，他们自以为这是天真无邪的同等意义的语言——克利从孩子那里借来的却是一种直觉的美感意识而不是外在的包装，克利的线，是艺术高手的、严谨的控制和下意识的自由结合的完美的线——造型中的眉眼口鼻没有丝毫的文学意义，故事和叙述，在克利的绘画作品中完全没有价值，举重若轻的色彩控制显示出克利老到的手段，黄色和褐色随意的层次造出了优雅的空间，怪物那原始的天真便在一个高度和谐的场景里面和观众含情脉脉地对视着——这就是克利——天真烂漫和老成持重接合，森严的理性思索和欢畅的感情表达接合，哲学的省悟和艺术的呈现接合——一切不可能的矛盾在克利的画面上被轻而易举地变成可能，音乐和绘画那些往往只能在理论中辩论的因素被克利编织成自己绘画艺术的经纬，谱成一个个简单而深邃的、朗朗上口的歌谣！

——《红气球》更直接，气球就是气球，就那么直直地飘在画面的中央上方，让你眼睛舒适地看见，周围彩色的正方形、长方形和三角形并不显示出画家的才气——这也是克利的高明，看不见的才气往往是大才——那些看起来漫不经心的几何造型在克利那些慢慢升起来的红气球那准确严格的制约下，各司其职，方方圆圆、圆圆方方，直线的理性和曲线的风流，方的静止和圆的旋动互为张力又身影相随、相得益彰——没有可有可无，没有不疼不痒，换一个位置不行，少一根线条一个块面——甚至变换一个色彩的基调都不对，都不舒服，视觉和心理上、感觉上的不舒服——那红色轻轻飘着的气球——画家美感意识所凝炼而成的美学符号，和它周围的那些形式符号一道，阐述着绘画深层的娓娓语意，在一个庄严而宁静的气氛中化为永恒的象征。

——《宇宙构成》，直接提出克利的疑问——人是什么？宇宙是什么，人和宇宙的关系又是什么——这不是一个装模作样的哲学命题，也不是想要数学来论证来解析的物理疑问——它依然是画，这依然是克利的美学符号肌理——沉郁的调子下面隐藏着画家的欢乐——克利会故意这么干，把一个约定的喜悦偏偏制约着——他不要肤浅地唱出流行的小调——他要唱出自己的音色和旋律——天上、地下、人间都在一个平台上对话，月亮星辰永恒地缠绵，房子和树那么情味盎然，把实在的事物抽象，把面和体积变成线，变成长长短短排列得看起来有点无序的线——这是克利式的旋律，粗细长短轻重缓急中都暗藏着运动变化的玄机，都埋着节奏和阴阳，都留着起伏和波折和高潮——克利最简洁地把藏在"形"之中的美学谜底拉出来，把大千世界的万象置换成抒情而简约的语言，变成欢乐悠扬的夜曲。

克利懂得多和少的限度，简洁和繁杂在克利的控制下总能达到恰如其分的功效——伟大的艺术家，就在那些基本面上远远高出平常到处看见的工匠。

俄国人康定斯基来了——抽象主义绘画在革命以后的俄国没有市。画家经历了艰难的流离，廉价卖出自己心爱的作品当做盘缠，最后落脚德国——德国，康定斯基并不陌生，慕尼黑美术学院还存着他优秀的作业。

包豪斯于是又多了一员大将，一个优秀的教授和艺术家——院长总是尽自己最大的能力，给学校找到最好的师资。克利也似乎憋了很久，他太熟悉康定斯基想要宣扬的那些东西，同时，自己也有太多的关于现代艺术的思考要和这个常常有点儿固执的俄国人争执、研究和分享。

和以前几乎没有改变，还是那喜欢操着一口俄国口音很重的德语，侃侃而谈他那些关于抽象绘画的理论，这次，他带来俄国现代绘画革命以至上主义绘画的第一手资料——在那场运动中，他既是鼓吹者也是行动者，康定斯基几乎是为了现代绘画而产生，俄国的抽象主义绘画只不过给他提供一个温度和水分适宜的土壤，而包豪斯更是他一个重要的试验基地——他成了克利的紧邻，历史又一次给这两位艺术家互相切磋的机缘。康定斯基从俄国到了德国后不久，就被包豪斯挖过来，他的皮包里，还带着《点、线与面》，带着《艺术中的精神性》那些潦草的手稿——几十年的思考也不过就这么几页稿纸，康定斯基把这些思想的记录看成是自己最有价值的珍宝。在包豪斯的教授阵营里面，他又变成了克利的同事——按说，在慕尼黑

演员面具　37×34　1924年
纽约现代美术馆藏

上学的时候，康定斯基是克利出自同一个师门的同窗，尽管那时候大家彼此并不相识，但对各自的名字却早有耳闻。在"青骑士"阶段，克利是康定斯基的盟友，他们曾经一起鼓吹，一起革命，在创作和理论的两个层面为自己的艺术高喊——这个比克利年纪大一些的画家，其实，更是克利的好朋友——他们在一块的时候总是因为对绘画理论无休止的争执而渐渐成为可靠的朋友——生活上的挚友和学术上的盟友。

克利的画室中，康定斯基是常客——他往往不请自到，和克利在一起，康定斯基会忘记那些世俗的客套——有时候，克利正在画架上工作，他会悄悄立在边上，看着，想着——如果是一般人，克利会毫不犹豫地关门送客，然而，对康定斯基，克利总是网开一面，对老朋友点点头，示意他找地方坐下，然后，再将笔上的颜色抹上画布。凌乱的画室也难不住康定斯基——他会很准确地找到克利放唱片和烟丝的地方。

面对作品，他们往往会切中对方最虚弱的地方，对于两个埋头学术的艺术家，这是多么可贵的互相刺激。

……

眼下，下午三点，包豪斯的校园一贯很安静——没有多少造访的闲人，学生大多是埋头苦干，做艺术家和做工匠，包豪斯不让学生仅仅在画室里面做艺术的迷梦。

克利画室，满地堆着杂物——这是个勤奋工作着的艺术家的画室，康定斯基看着克利画布上还没有干透的棕黄色，忍不住想说点什么。

时间不同，空间相似——这样的争执和理论成了他们教学、研究和创作中的一个重要

心醉神迷 46.7×63.8 1926年

纪念 1938年

环节。

克利似乎也在等待，他默默准备好了两杯咖啡——面对作品，艺术家头脑才是最清醒的时候——克利和康定斯基喜欢看着对方的作品发表自己的看法。

——亲爱的克利先生，我想，今天的绘画应该最在意表现纯粹的构图——只有纯粹的构图才可能揭示我们时代伟大的绘画规律，它们才会形成一个不可遏制的冲动，一种力量，它反过来迫使艺术家用各种不同的方法达到一个共同的目标。

——也许是这样，但一个整体的艺术概念形成是个繁杂而长远的事情，整体是由不同范围的各种要素构建。

——文学语言是绘画最可怕的毒素，它在纯洁性上污染了绘画的实质——不能似是而非。纯粹的构图可以防止文学因素在绘画上无节制的泛滥——这是真正艺术家的责任。

——不过，我常常自我安慰，我的文学语言不是一个孤立的存在，它将补充和加深别人在我绘画中获得的、有时候是模糊不清的印象。普通的观众那里一定存在着和艺术家深刻思考的某种沟通的管道，在那里，观众和艺术家能够形成一致的见解——艺术家不需要表现得不食人间烟火。

既然音乐可以是绘画构成的一个因素，为什么不可以是文学——当然，不是那种说故事的文学。在人文环境中的绘画，不可能是一个孤立的现象，它仅仅是艺术家的一个个人的借口，一个抒发管道。

——但是，作为一个视觉艺术符号，绘画形式往往受到时代的制约，审美习惯的制约，因为今天的艺术还是需要透过形式来表达内容。

——艺术，在某种意义上也是一种文化承传——生命的汁液是从树干流向树梢的。

——绘画的精神性中有绝对的真理。艺术是个靶心，打上十环才算是个高手。

——天空是彩色的，艺术家，应该是对着天空高歌的歌手，唱什么，怎么唱，都由你自己——我们没有理由说是莫扎特或者巴赫谁是谁非——对于画家来说，最深刻、最广泛地吸收运用所有的资源——宇宙万物应该是可以一起运用的元素。

——艺术家应该是一个具备秘密视觉能力的人，他们感知不具备物质存在的东西——凡是属于未来精神的东西，只能在情感中实现，真正的艺术家的才华是通向这种情感的唯一通道。

——通向罗马的大道有千千万万条。

唇枪舌战，个性和各自的艺术一样鲜明——康定斯基说得激动时，下巴那深棕色

的胡须会轻轻颤着，手不断地把架在鼻梁上的眼睛往上下意识地推着。

争执没完没了。

可以解决的和解决不了的艺术公案，常常在克利和康定斯基的争论中被提出来——答案呢？各自都有自己的说辞，其实，谁也不可能真正解决艺术的最终问题——人存在，艺术就发展——他们谁都明白这个道理而各自都在尽自己的最大努力——在自己的历史段带，给艺术史一份好的答卷——他们是文化艺术承传最优秀的种子，同时，他们也是开创一代艺术先河的闯将——艺术，从他们一开始认识到个中的奥妙那一刻，也让他们同样背上了沉甸甸的使命——两个相知的朋友就像是在一条船上弄浪的水手。

康定斯基坚持他所认为是真理的真理时所表现出来的固执和倔强，让克利吃惊，同样，克利那种稳扎稳打、锲而不舍的耐久力一样让康定斯基感动——完全没有任何个人的得失，两个伟大的艺术家，用他们自己最真挚的态度和最火热的感情，为现代艺术的大厦添砖加瓦。

包豪斯几年中，他们都喜欢上这个游戏，真理会越辩论越明白——克利和康定斯基几乎都把对方当成一面光洁的明镜，他们之间没有不信任，没有猜度——各自借以反省自身在绘画修养和理论上的差迟。

从生活的真实到艺术的虚幻，他们看起来并没有一个固定的章法和主题——这是聪明人的对话，他们自然按照自己想要的那个方式，和盘托出自己的材料。

璀璨的理论火花就在这舒适而自由的时间和空间产生——包豪斯是个稳稳的旗舰，让现代艺术的一批弄潮儿在此最安全地小憩，整装待发，继续征战。对欧洲大陆的艺术甚至是整个世界艺术文化的发展，包豪斯都功不可没，它不但是在艺术的观念和方向上是个象征，同时，它有着对艺术家最基本的尊重和保护。康定斯基和克利，当然会在任何地方成功，但在艺术生命成熟的这个重要阶段，包豪斯对他们多么重要！

……

康定斯基和克利，共同受惠于包豪斯给予他们的这种方便，全身心投入自己的绘画实践，作为画家，他们非常清楚，能够画自己想画的画，同时不再为日常生活的柴米油盐担忧，这种日子对画家来说是不多的——特别是对他们这样的年岁，又是画这些和昨天的绘画不可同日而语的作品的画家。

他们在言语上互相不服，为了一个基本的论点还常常争吵起来，康定斯基在理论上一字一板，但在用语言描述方面，往往有俄国人常见的急躁——克利有时候还故意惹这个老朋友生气，一个火爆一个稳沉，一个剑拔弩张一个步步为营，一个带着古老东方审美主义玄学的基因，一个是德国森严的逻辑推导的高手——说出你那模糊的概念，说出你哪怕看起来是谬论的学术概念，几何也好，块面也罢，精神、物质、具象、抽象或者是完全的空白——没有什么现成的东西来主导现代艺术——

巡回马戏团　63.6×49.3
巴西圣保罗艺术博物馆藏

鱼的魔术　77.3×98.5
1925年
美国费城美术馆藏

理论总在这样随意和无私地争执中迸出闪亮的火花，对艺术的终极理解不是一个用语言就能够说明白的话题，但是，由于这样的辩白，各自都在寻找那种干巴巴的"真理"，过了理论节日的画家将会有一个海阔天空般的大景观，这不会错——那时候的克利，下巴留着一把胡子，微微卷曲着的黑头发加上他那随意的穿着，看起来好像是个来自古代罗马的行者，黑色的眼睛闪着智慧的光芒——而康定斯基更像个来自基辅的牧师——厚重的皮大衣上带着一层冷霜，那多少有些阴沉的、或许有点像陀思妥耶夫斯基的性格，永远让你猜不透他的心中真正想着什么，固执，坚定，一条路走到底，得理不饶人——这两个看起来来自不同世界的艺术家却能那么和睦地交往、相处，不能不说是个奇迹，这个友谊随着时间的推移更增加了深度和密度。

康定斯基有时候面红耳赤停下来，不想再说——说到最后，他还是会败在克利严谨的语言逻辑的阵营中——他呼呼喘着粗气，不愿意就这么认输，有多少东西暂时说不出来，但都搁在心里面呢，不知道什么时候就自然而然地流出来——克利，这时候会和解地笑笑，无声地把自己手上常常把玩着的那个木制烟斗装满烟丝，随手递给康定斯基，或者，自顾自把一张他们共同喜欢的唱片放在留声机上——旋律响起来的时候，康定斯基知道，和克利用不着急——他那个大脑皮层之下，有冷静而严格的科学智库，同时，还有性格和脾气的冷却剂——他总能够在争吵中冷静细致地把自己的思想搬到你面前。

性格，是艺术的特征——康定斯基和克利，他们各自都具备着健康高贵的人格，有着远大的抱负和理想，同时，对音乐那种痴迷般的喜爱使他们更有一种潜意识上对绘画艺术高下的界定——他们同样有瓦格纳歌剧式的激情，同时，他们高深的理论素质让他们更加理性和客观地反省绘画——在艺术上不难看出彼此之间的差异，但往往正是这种差异，让他们自觉和不自觉地互补、调适、互相学习、提高。

在包豪斯，两个伟大的艺术家，在创作上的热情被最大限度地调动起来，除了各自著书立说，宣扬自己的学术理念和教学方法，同时，他们都在画布上有所斩获，康定斯基那些热情的符号张扬着更高的热情——他藉由画面的这些颤动着的符号，不断发掘他自己认为是绘画真理的那个矿藏；克利那些带着阿拉伯绘画风格，带着伊斯兰建筑气质和游离于抽象和具象之间的油画、玻璃画、插图、版画、马赛克作品，在魏玛的包豪斯画室一批一批地产生。

包豪斯最终在纳粹的铁蹄之下渐渐失却它生命和艺术的活力，那样的教学风气和随之而来的自由意识、学风，会令看起来外强中干的统治者害怕的。传统的文化势力，原本就打心里面反对包豪斯，时候一到，便诋毁、造谣中伤，包豪斯被迫搬到德绍——对于克利来说，这是一件伤心事，尽管包豪斯那些有正义感的学者们还试图恢复包豪斯在魏玛时代的元气，但克利必须和魏玛自己住习惯的环境相适应，和自己已经形成的同事和朋友圈子告别。还好，在新校园按照格罗皮亚斯设计的现代建筑重新出现——小镇德绍充分显示出对艺术和艺术家的尊重，他们不会因为自己不明白而对艺术家们指手画脚。离学校不远，克利分到一个靠近松林的半独立式的别墅，住在另一半的，就是康定斯基。有时候，克利家里的餐桌上，康定斯基也会在此分碗热汤，绘画创作和理论上的研究、探讨变得更加方便。克利的作品在这个阶段终于被保守的德国柏林国家美术馆垂青——尽管他的作品早已在私人收藏家的圈子里面受到由衷的喜爱，法国和美国的博物馆也有了克利的作品，但在自己的祖国，这是第一次，圈内人告诉克利，那些掌握买

[右] 恐惧的女孩　29.7×22　1922年
纽约古根海姆博物馆藏
[左] 鸣转机　41×30.5　1922年

画权利的董事们在收藏克利的《金鱼》时还犹豫不决——但无论如何，这对于克利都是一件大事——几年中，克利办过几个人画展，在美国纽约、德国柏林和法国的巴黎，克利已经被视为当代绘画艺术的代表性人物，而克利没有改变以往画家、教授的身份和状态，依然在教书和绘画中自得其乐。后来，《包豪斯》在德绍发刊，它成了克利和康定斯基的理论阵地，他们找到一个抒发思想的空间，一起画画也不光是自己成为对方尖刻的批评家，同样，在一个知根知底的交往中，友谊也愈发珍贵，然而，天下没有不散的宴席，康定斯基和克利在一九三二年分手——为了躲开德国党卫军的骚扰，康定斯基最终选择法国作为自己最后的落脚点，在那里，和蒙德里安、夏加尔完成了抽象绘画"冷"和"热"最后的绝唱——他和克利不再有机会像以往拉家常那样，每天在一块讨论那总也讨论不完的现代艺术。克利记下了这分无比珍贵的友谊——我们的友谊，可以抗拒任何挫折和危机的友谊，因为它们建立在牢固的感情和学术的根基之上，并且源自我们青年时代，在以后的岁月中，任何事物也没有它们珍贵——再后来，克利因为卖画而渐渐有些钱，便从小镇德绍开始旅行——

他总能在旅途上寻找新的灵感并置换自己的思维方式——意大利、法国、埃及，看那些雕塑，那些建筑——他会再一次对伟大的意大利文化发出由衷的敬意和赞叹，对达芬奇、米开朗基罗一如既往——科学和艺术就是在这样的巨掌中才能最完美地接合；会再一次对埃及那些来自天外一般的神秘感到敬佩，文化和历史的长期积淀才会有艺术生命最闪亮的光芒——以前看过或者没有看过的绘画史迹，看过的也会重新给克利以不同的启发和感悟——一切都可能暂时停止，但不会是克利的绘画艺术思考和实践——它们可能会因为一些客观的条件改变速度改变方向，但是，它们不会停止。

魏玛到德绍，包豪斯因为格罗皮亚斯的辞职而改变教学方向，现代艺术的旗舰慢慢变了模样——那些名满整个欧洲、甚至整个世界的教授渐渐远去，那些以往轰轰烈烈的车间和教室已经面目全非——然而，只有画家克利没有为这些客观世事的变更而改变自己绘画的初衷，岁月让克利一点一点增添着年轮的风霜，他看起来慢条斯理像个老人，然而成熟更是一种不可多得的素质，克利能够更加准确而周至地工作、创造。

教授做过了，课讲完了，书写成了。

我们的克利，开始自由自在地唱歌了！

作为一个中年画家，该成熟的地方成熟了，该张扬该热血的基因，还没有完全老化——这是一个成长和收获双兼的季节。克利，娴熟而充满热情地继续自己的工作。

色彩、线条，对克利来说就如同是音乐旋律，刺激着他那总是过于冷静的歌喉——是时候了！他练了几十年的嗓门，很想彻底放开，对着天边那五色的彩云唱，

高高地唱。

从点开始——这是一切的起点——拉出线条，跟着节奏，跟着下意识的节奏——颤着，抖着——拉长——让线条唱着合声——太协调？太机械？那好，在中间狠狠插上一个生生的箭头！干什么用？你别管，贝多芬的命运敲门的声音和这箭头是同样的功用。

——让你的线条自由自在，让你的色彩缤纷壮丽如盛夏黄昏灿烂的彩云。

建立旋律。

破坏旋律。

最大限度制造矛盾，再用最大的勇气去解决矛盾，小小画布的方寸，其实就是个摆兵布阵的战场，画家和美的精灵挑战——找到运动和变化着的平衡，找到不平衡的平衡，再变成主观意义上的大平衡。

画家就是指挥，色彩是你的乐队——让它们在你的指挥棒下各自放声。

没有什么理由，也无需什么理由——尽情唱着吧，欢快地喊着吧，喊出你生命的壮丽辉煌，唱着你美妙瑰丽的梦想和自由平等的希望，喊着，唱着，唱着，喊着——美的风流就在这看起来似乎没有章法、没有规矩的画面上滔滔不绝地铺陈——艺术的美感意识变成一个个属于克利的符号，从一个客观的高度飞流直下，变成主观的高速——就那么毫无节制挥洒着、嬉笑着、跳跃着。

同样，自己的老朋友康定斯基，在画布上为了寻求本体的学科价值，将绘画还原到音乐语言纯粹的层面，他顺着自己理论的线索走下去，绘画最终变成一个如数学般谨严的公式——那些欢乐的音乐符号，看起来更像今天的电子音乐——直接、强烈，却少了人间那实在的烟火气息而了无情意，而同样是绘画的音乐性——这几乎也是埋在克利血液里面的因素，现在，自由自在地在画面上蔓延——克利心中的音乐结构是一个高度和谐、高度自律的艺术——早在准备考慕尼黑美术学院的年代，克利就曾经思索过、几十年来从来没有停止过的，试图把这看不见的音乐结构在自己的绘画中进行试验——把它们变成一个意识中游动着的诗行。

走进理性、机械的锻造车间，再走出来，然后，抛开绘画的理论因素，放弃哲学在绘画理论上

奔流

岩石上的花　90×70　1940年　瑞士伯恩美术馆藏

英雄式的弧线　67×49　1938年　私人收藏

的泛化，克利始终把持一个基本道理——绘画是思想的歌谣，更是人性的歌谣，因此，如果说康定斯基是电子音乐机械性的集成，克利的作品更像歌剧院里在灯光之下对着观众的歌唱家——你能听到克利快乐的呼吸。

克利又一次想到了莫扎特——如果莫扎特没有完成《魔笛》就逝去，等于没有莫扎特，一个伟大的艺术板块就会留有深深的遗憾，莫扎特的音乐素质和特色在作品《魔笛》里面得到了最完美的发挥——克利在自己的作品《欧非亚斯花园》中，就试图找寻那纯属于音乐表现上的特质——流畅、抒情、节奏感，长长短短的线组成浪漫的和声；巴赫，一辈子寻找的正是那至高无上的音乐圣殿的架构和那圣乐一般庄严、肃穆的张力，在五线谱中，让他那伟大上帝的光芒普照万方——沿着他那哥特建筑般的塔尖看上去——晴空伟大而悠远，克利那《光线和若干光源》找到了和巴赫对话的理由和目的；《奔流》，流得那么热情欢快情趣盎然；《岩石上的花》，从形式到

内容与其说是画还不如说是更像音乐的画；《望月之火》、《蓝色小鸟·南瓜》，是大提琴稳沉舒缓的畅想；《玻璃面》、《海边的断崖》则是钢琴那闪着光芒的变奏；《框内的三色面》是男中音浑厚的小合唱；那么，《灰色衬出来的明夜》和《玫瑰之风》便是波澜壮阔的混声大合唱——克利的绘画是和是莫扎特的交响乐，和巴赫的赋格曲等量齐观的视觉艺术形式。

……

——克利浅唱低吟

——克利开怀高歌

——克利唱着祖母教会的童谣

——克利唱歌剧里学来的咏叹调

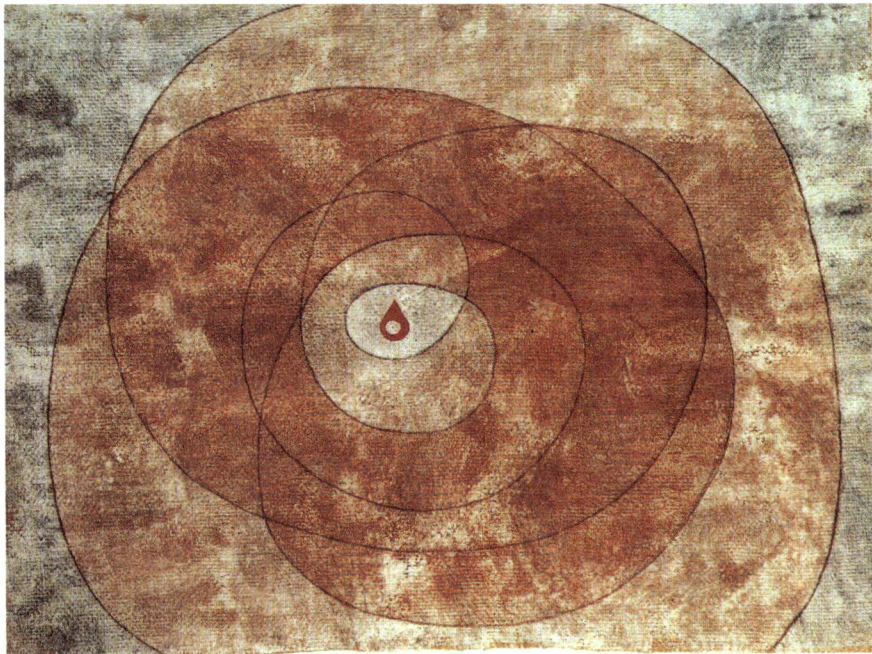

在核心　1935年

——克利将思想、情感、生命的昂扬和温热，艺术的美丽与真挚，揉起来，再展开去，变成一个个视觉最美丽的符号，传递他最干净最悦耳最流畅的声音。

克利变成了一个真正的公众人物，尽管，这其实有违他做人行事的一贯风格和准则，然而，这其实也由不得克利——世俗的社会自有世俗社会所通行的一套方法和尺度——它可以是消灭一个尚未成名的艺术家最残酷的杀手，它同样会给功成名就的大师一副温顺、恭谦的笑脸模样——在全世界，克利的名字在艺术界变得就像神明，纽约、汉堡、柏林还有巴黎有点名气的画廊，眼睛都盯着克利和克利的艺术作品以及克利的生活，杂志和报纸，常常可以看到各色人等撰写的、有关克利艺术的评论，和克利有关的名人轶事、传闻，艺术刊物更不在话下，克利的作品被印在显眼的版面上，平常的片言只语，有时候自己想到但还没来得及深思的论点也莫名其妙地变成艺术

的真理似的，大字刊载在报刊上，这会儿都变成了格言警句——没有成名时候，克利不是没有给过艺术刊物自己的理论文章和绘画作品的照片，但大多是泥牛入了大海一般地无声无息，有谁愿意真正去扶持一个没有成名的画家？实在要发作品，也行，私下里面玩着游戏，你付买广告的银子，杂志编者给你一个角落——说不上下流还是不下流，这个时代有多少有操守的刊物有多少有操守的人？那些表面上看起来有模有样的媒体和出版商人，大家都心照不宣玩着一个共同的游戏，目的也不过就是弄口饭吃吃——但他们总是在艺术家面前粉饰得郑重其事、义正词严——克利凭自己和自己作品的实力，端坐在当代艺术高高的舞台上，面对着这些五花八门的报刊，有时连自己都不能明白，为什么杂志会用那么大号的字体写出自己的名字，好像天才就是天生稍纵既逝的恒星，不知道怎么来也不知道怎么去——然而克利心里非常明白，而且坦然面对，这一切不过就是画廊的商人常常在他绘画作品周边装上的、那些描着金边、雕着花饰的框子——对于克利来说，这一切，可要可不要——不非得要，艺术家最重要的莫过于懂得自己的使命和自己对客观世界所持有的一个不卑不亢的姿态。

克利的身上留着德国和瑞士的血源，德国民族深沉的情感和瑞士人精工细作的习性都在克利的身上充分得到验证——很难说克利是德国人还是瑞士人，或者说克利秉持着这两个民族最优秀的资质。克利活着的时候，曾经不止一次申请加入瑞士国籍，然而，直到临死，他身上装着的仍然是德国护照——瑞士人没有开化到大大方方地去接纳一个有着自己血统的儿子，这个温和的国家没有张开温暖的怀抱去拥抱这个纯粹善良的艺术家。德国纳粹的兴起，使克利从心里对这个动荡不安的社会充满着深深的失望，但是，德国的土壤是克利艺术的根，为了躲避纳粹的骚扰，克利曾经在瑞士住了一段时间，和父亲团聚，在那四平八稳的国

家，克利不能安静，他常常想念着和自己的艺术息息相关的德国——这个时代的作品是低沉的，这个时代的歌声是悲凉的——月色如洗的晚上，克利总是默默地坐着读书，读那些著名的希腊悲剧——人生面对的远不是单纯的爱和恨，喜和忧——这些非此即彼的问题，人类更多的是那些看起来意味深长其实都非常无聊的无奈——无奈！因此，什么都可以没有，但可别没有艺术——这是人最后的精神驻所啊！时间、空间构成的特殊场景——人，因为贪欲因为不平等就自己给自己不断寻找难题，战争、掳掠、纷争、欺骗——造就人世间乱七八糟的乱象，大到国小到家，到个人——说不上会有多少颠沛流离，多少悲欢离合——艺术，就在动荡的心绪中被慢慢打磨着。

瑞士政府的漠然多少让克利和莉莉失望——拿着自己工工整整写下的、移民申请所用的生平小传，克利有时候甚至怀疑，那些中立的慈善机构为什么会在这个看起来不是很热情的国家出现，然而，瑞士的民间仍然不乏有血性的人士——四个瑞士人在克利死后的第六年，也就是克利的妻子莉莉辞世的时候，自发组织了一个克利协会，管理克利的全部资产，直到克利的儿子费力克斯长大，并且以德国公民的身份成为克利资产的继承人，这个协会才宣告解散——他们对保存克利的作品功不可没。克利的祖国，德国当局曾经非常明确地驱逐克利，在印刷厂查封过已经装订完毕、即将放入市场的、三卷本《保罗·克利素描集》，查封之后还一把火全部销毁，盖世太保甚至还封存了保存在德国博物馆的一百多件克利的作品，并把他的作品在一些具有污辱性质的展览上陈示——克利对这一切抱着超然的态度，说到底，自己的艺术最终不仅仅属于德国，更不会仅仅属于自己，它们将会是全世界共有的精神文化财产，艺术作品没有国界，并不是一句自欺欺人的套话，对自己和自己的艺术，克利满怀信心。

那些当初被纳粹封存的作品，克利死后，在美国、法国、英国和全世界很多重要的艺术展出中露面之后，德国人并没有忘记克利，起码，他们不会忘记这些在克利手中完成的、价值连城的文化资产，最后，还是把它们像国宝一样小心翼翼地运回去，保存在有着最合理的温度和湿度的博物馆内，外面加了厚重的铁锁——这是二十世纪德国民族最宝贵的财富。

生活和画家开了一个玩笑。

克利晚年安静、平和——青春的嘉年华会原本是个瞬间的恍惚，时间的速度远远超过一般的物理概念——人，原本就是匆匆过客，没有必要在本该远行的时候还磨磨蹭蹭着不走，过了四十岁，克利更觉得时间的紧迫，一年一度，已经不是童年和少年对时间理解的速度概念——六十岁正好，对于一个苟且的生命，到这个年龄，人生或许还有很多看不透的诱

黄色块　50.3×83.5　1937年　瑞士贝耶勒基金会美术馆藏

惑，但对于一个不断思考和创造着的艺术家来说，如果不能骄傲地画着新作品，剩下的还有什么更重要？克利明白，既然自己的天赋使命已经完成，功名利禄、生老病死都不在活下。

唱完歌，做完戏，就该谢幕了。

随着克利的名声远播，来看克利的人越来越多，艺术学子、附庸风雅的市民，装模作样的政客，嗅觉灵敏的收藏家和艺术经营者当然不会例外，他们已经在克利的作品中窥出这家伙必然会是一代大师的端倪，他们不会让任何一个可以赌一把的机会随便在自己的手上丧失，在他们简单的评断公式里，一个还活得好好的艺术家能够在美国纽约和法国巴黎有那么高的盛名不会只是一个偶然——除了那些善良求知的学生，克利会敞开自己的心扉，将自己认为的那些艺术道理尽可能托出外，一般的来客，克利对他们儒雅地笑着，幽默而严格地将他们挡在门外——如果有可能——当然不可能——我真想在我的后院的花园摆上长长的餐桌，好让你们欢乐地、尽情地享受，喝个够、吃个够，吃不完带着走——然后，你们就再也别来折腾我，放我一条生路，让我该怎么做就怎么做——其实，我只要宁静地生活下去。

毕加索和克利在瑞士重新见了面——毕加索依然是那副兴致勃勃的面孔和神采奕奕的眼睛，过早谢顶的脑袋看起来特别大——毕加索多动而克利则静若处子，大师们通过眼睛做最准确最恰如其分的交流。他们互相理解各自的任务和所要营造的功业——性格完全不同，但这没啥，这不影响聪明人之间那种微妙的认同——线的起止、点的累积，构成中许多不能言传的美感信息，让两位丹青不知老将至的画家深深陶醉和感动——只有他们，知道互相的甘苦，唯有他们，会真正为对方最准确、最深刻的美学棒喝叫好，这是真正的心有灵犀一点通——很多年前在巴黎，他们有过一次会面，时间没有让他们将对方留给彼此的清晰的印象淡化——不消多

说，艺术家在作品面前心领神会——一个优秀的指挥家不光靠眼睛和耳朵，还靠心灵上那种敏锐的感悟，他会清楚指出乐队任何一个角落传来的不和谐——画家也一样，眼睛会捕捉线条和色彩所呈现的、直接的、毫不掩饰的美。对美那神圣的直觉喑——艺术家就是因为有这样的资质，才会诗意地在美学的大洋里面遨游——坚实而飘逸的线条、沉郁而浪漫的色彩，月亮、太阳、花、鱼、建筑、石头、抽象的符号——精确，浪漫——除了精确还是精确，除了浪漫还是浪漫——克利把握得明明白白，一点不拖泥带水，大师和大画家如果有区别，就在这些微妙之处，大师不让你眼睛轻易看见但让你心灵体会到，而大画家会狠狠填满你的眼睛后，不再给心地留下一点空间——西班牙人沉思着，对德国人作品中那沉穆的气息他暗暗感到吃惊，同样，也对自己以往概念中，普遍的德国人只会按照一个逻辑概念在艺术的棋盘上走棋子的通性多少有些怀疑——眼前这个面目消瘦的德国人，也在画面上移动着棋子，但绝非是按照一个个人的逻辑圭臬——他按照上帝的暗示和天宇那群星的指令，把色彩和线条的交织而成的乐符，排列成优美的旋律和乐章——作为一个画家，聪明绝顶的毕加索不光用视觉，他还在用嗅觉，用感觉——用第六感觉。

——大家风范！无需任何质疑，保罗·克利，这是二十世纪最伟大、最优秀的画家之一！

多产的毕加索对克利那众多的小幅作品更为钦佩——小画幅少了尺寸上的优势就更加需要画家清晰的美感意识和高超的绘画技巧，你的优势和弱势往往一目了然。克利的小幅精粹得没有可挑剔的空间——没有多余，不多不少，恰到好处。同时，材料的运用也没有让克利有任何德国画家常见的、循规蹈矩的作风。

——老弟，你的作品是在数学计算下的诗行，我想你成为一个画家是个福分，上帝给了你最合理的一个职业——当然，如果你成为一个建筑设计师或是一个数学教授我也不会感到任何怀疑。你的物象是有纪律的，也是唱着歌、跳着舞的……而且，你的作品最像是在下着的一盘棋，静静的棋盘上却满是杀机，鏖战的双方在没有声息的厮杀中高潮迭起，寸土不让。

一个寓言宣传　1939年　英国伦敦维多利亚艾伯特博物馆藏

毕加索，没有以往常见的那分淘气——他呈现出对于一个学者和艺术家最大的尊敬。

克利不置可否地笑笑——毕加索没有错，好画家都在画面上布阵——他自己就应该是个战术和战略的专家，在平面和立体的造型语言这个版图上，他把绘画构成的兵法，更是使用得出奇制胜——美，说到底就是艺术家在自己的阵前以美和丑征战！

——好的画家既是好将军也是好战士——能运筹帷幄也能挖战壕。

毕加索思索着，看来，不光是西班牙人的血是热的！毕加索没有装模作样——他意识到克利在某种层面上胜过自己一筹，于是，他在新的作品中，多少从克利那里借到一些构成的因素——克利那双智能的、不断思考着的眼睛，一直牢牢记在毕加索的脑子里——在稍晚毕加索的作品中，多少出现了一些克利的影子——一如毕加索对古典主义那些名作的包容和吐呐——西班牙人把德国人的精粹很简洁地吸收，并用最高的速度发扬光大。

岁月让克利渐渐老了——更准确地说，是超负荷的创作让克利未老先衰。六十岁的生日那一天，克利收到从世界各地发来的贺信、贺电，还有一批出自艺术家之手的精美的卡片，克利对自己一生的努力得到理解与喜爱感到欣慰——无论如何，对艺术内在深度的探索是个艰苦而孤独的劳动，但对于人们发自心地的共鸣，哪一个艺术家不喜欢？比起许多功成名就的艺术家，克利的宽怀、谦卑更具有人格魅力——尽管他往往不表现出来，他曾经多次表述过——我也许光芒四射，严谨刻板，以至于在多数人的眼里我是个缺乏温情的人，也许因为这个，我不会被观众所热爱；我的作品表面没有愉悦的成分，然而微妙的关系存在于我和观众之间，我不属于人类而是宇宙的可以提及的一个普通分子。……克利没有能够一一回复来信和来电，他心里面默默期待来自德国的音讯——然而一点都没有得到，德国已经深深陷在战争的泥沼。

克利能够做到的，是在他那已经渐渐变得悲凉的心房，向他一直念念不忘的德国，道一声问候。

老之将至——患病，病着，和病魔搏斗，和死神游戏——克利身体一直不算很好，上了年纪之后，平常不应该生在他身上的毛病，突然一起来找他——眼睛，老花了，书上的小字一个晚上都变成迷糊的蝌蚪，不知道是油彩的侵蚀还是其他原因，当老花眼睛架在鼻梁的那一刻，克利还多多少少有点不服气——皮肤也开始老化，总干巴巴的像鱼鳞——还有就是那倒霉的肺，气喘、咳嗽——一咳嗽就是前心贴后背那样的咳嗽——什么柠檬水，什么蜜蜂糖浆都不管用，咳嗽咳嗽咳嗽——带着血丝——咳嗽，冬天晚上躺在床上，就会咳嗽得喘不过气来，喷雾气、喷粉末，什么地方听来的方法都试验过——克利当初拿着烟斗一口一口抽着，美滋滋往喉咙里面倒咽着，再徐徐吐出来那淡蓝色的雾，眯着眼睛受用的时候，是不会想到有一天要用自己的病痛来偿还的。

克利冷静地和生命的钟摆争时间——他实在需要一个更长久、更健康的生命，对于艺术，他好像刚刚找到一个基本的源头——不管社会意义上如何功成名就，如何光彩照人，对克利而言，寻找艺术纵深的真理才是艺术家唯一的责任——该说的理论都说透了，现在，让自己的画来表白。

最后的六个年头，是克利日以继夜勤奋作画的六年，他以惊人的韧力和病痛作顽强的生死搏斗，多次进入医院、疗养院，但克利不愿意在还没有做好自己艺术的时候不负责任地离开人世，和时间争，和生命搏——生存是一种对时间的报复！——尽量闭门谢客，尽量躲开一切世俗的干扰，好好思考艺术，好好画画——克利通过绘画，再度返回生命的原点，再度返回那没有被世俗污染过的心灵殿堂，他宁愿重新在这个门坎里牙牙学步——从绘画技巧和艺术认知上，他渐渐走到一个天真无瑕、返璞归真的世界——心灵像个真正的孩子而不是那种装模作样的"准儿童"式的天真——一个艺术家能放下社会赋予的身段，回到孩子的世界实在是幸福。

克利清楚地明白自己在世上的日月不多了，皮肤和肺部的疾病变本加厉，疯狂地侵扰着画家，生存像一个枪炮声渐渐消失的战斗——在临近生命尾声的季节，他坦然地收拾了自己艺术的残局，开始用只有自己明白的速记符号来记下自己稍纵既逝的想法——在最后的岁月里面，克利在画面上做了最清楚的诠释，对生命的终极意义做了最好的注脚，克利作品中，出现孤独无助的人，呈现宗教般的虚幻，死亡之火和地狱惨烈的色彩已经在克利的画面上倾吐，背景黑下去，沉下去，暗下去——把那火热的红变成深沉的棕红色，把鲜亮的柠檬黄变成中黄或者土黄色，透明的淡蓝色变成不透明的钴蓝色——让惨白的月亮和无情的黑色冷静对峙，还有那幅《死亡之火》——克利早就看到生命的余烬，坦然地面对这物理意义上的生死界定。冷静面对吧，他的作品中呈现着一种放着羊群唱着牧歌式的恬淡，还有点散漫——自画像式的人形构成，似乎还含着雪茄，太阳暖烘烘的——足下有绿草芳原，背后，还有不知道名字的舞蹈者——这是克利开始为自己的人生和艺术谱写最后的安魂曲目。他对生命超然的态度，多多少少贯穿在一生的艺术实践中，这个阶段则更加清晰，几乎不加掩饰，对他来说，死亡不光是和人类告别的一个现象，肉体的消失原本有着多层的含义，其中，最重要的就是另一种形式的超生，是超越世俗生活形式的一个更高的起点，克利深信，一个在人间不普通的灵魂在天上也一样不会安于现状、苟且偷生——该做的事情做好了，做完了，那就走吧，大大方方、义无反顾地走，带着我的琴弦带着我的色彩带着我满脑子的艺术框架和艺术雏型，朝天边慢慢走去——那里，距离那血色的夕阳最近。

长空中那一片片起舞的晚霞要带着克利去天国。

弥留的那个晚上，克利从病痛中苏醒，悠然地看到一幅自己从来没有画过的大画——那是一个巍峨肃穆的天堂，架着彩虹——彩虹带着音乐抒情的旋律，在云缠雾绕的时空景深中架起来一个雄伟的拱门——

恍惚间，那些欢快的天使们，对着拱门之上的云彩，舞蹈着歌唱着——天上的美好正是因为有歌声，有乐曲——人啊，干嘛不唱呢？生活是如此艰辛，如此不尽人意，歌声会带着我们忘掉一切去做自由的行旅，做美的行旅——要不，你唱，我唱，我们大家一起唱——以艺术的名义，以生命的名义，对着那美丽的太阳、美丽的天空放开我们嘹亮的歌喉——让我们唱个够！

……

——克利若有若无地说着、念叨着，眼睛寻找着自己的乐器——大提琴如克利的情人，身上发亮的油漆渐渐失却原本的色泽，透出一股温暖的、硬木头本原的儒雅气度——这是克利一生拉过多少次的乐器。大提琴坚定不移的旋律，在克利低潮的青春年代让克利稳沉坚定，在克利功成名就的全盛时期，让克利清醒自知——往事如电影一般闪过，人生短暂不是一个漫不经心的老生常谈，艺术和人生，还有那么多事情等着做，看来这辈子怎样做也做不完了，如果有来生，有轮回，能够选择自己的职业，没说的，我一定还是要当个好画家……丢掉一切过眼烟云，去热爱你的生命，爱生命——这是一切真理中最能算得上是真理的真理——最后，保罗·克利谢幕。

莉莉平静地看着克利——作为画家的妻子，几十年来，她深深懂得

死亡之火　44×46
1940年　保罗·克利中心藏

和敬爱自己的丈夫，懂得他为艺术所付出的那些惊人的代价，他们手挽着手，背靠着背，经历过三餐不饱的那些尴尬的阶段——克利没有对别人发火的习惯，但在那些生活的坎儿前面少不得对自己相濡以沫的妻子发几句牢骚，莉莉总会在一个平静的微笑中散去克利心头上的阴霾——要不，就顺手给克利弹一段曲子或是轻轻哼一段普契尼歌剧中花腔高音，莉莉常常觉得奇怪的是，克利忧郁而敏感，常常不能安眠，可只要莉莉在边上，克利会睡，会睡得很安全，很安详，莉莉是克利停泊心灵之舟的港湾——从两个人的世界到三个人的世界，作为忠诚的妻子，作为一个良善的母亲，作为克利最信赖的好朋友，莉莉的满足是心里的那分踏实，所有的忍从和坚持都值得，所有的眼泪和微笑都甜蜜，所有的付出都得到最有价值的回报，克利是个好丈夫、好父亲，他属于自己、属于孩子的同时也属于整个德国，属于欧洲和整个伟大的文化艺术史册——莉莉也是一个见证者，见证着克利对艺术史的卓越贡献，也见证着一个伟大艺术家面对一派成功的鲜花美酒处置淡然的心胸和人格，无论如何，这个艺术的儿子应该是满足的——他挑战了生命和艺术双重的极致，他演完了人生最美妙的一幕大戏——走吧，克利！微笑着，微笑着离开这个世界——你安安静静一路走好吧。

——带着你的信仰重新上路。

……

克利那简单朴实的墓碑，很像他一贯的、不装腔作势的性格，平实而简洁，也好像是他给世界留下的九千多件作品中的一件，上面刻下了克利日记中的句子——

我，不能被牢牢地掌握在此时此地

因为我和死者在一起

正如和未生者在一起

我比往常更接近创造的核心

——但还不够近。

墓地，建在平缓的山坡上，迎着太阳的光芒，缓缓铺下一片葱绿色的芳草柔芽——站在山顶往天边看下去，什么都变得模模糊糊，那里，有足够的空间让克利好好唱歌。

——青草、绿树、蓝天、白云、晨曦、夕阳，肃杀的墓碑和浓郁的花朵——它们不约而同地跟着克利那清淡的低音，渐渐地加入合唱的行列，大地上，滚出一片浪漫抒情的和声。

机器时代的爱情故事　莱热

莱热，不管生前看到或没有看到，作为画家，他是功成名就的。随着时间的推移，他作品在温和的细语中，和我们说着上个世纪早叶的悠闲和浪漫——他和他的时代十分合拍，他在理想和现实冲突的空间找到一个自己最准确的通道，即便他那些庞杂的作品没有签名，我们同样可以找到他那独一无二的表达方式和思想语汇。

F. LEGER

F. LEGER

在所有的乐观主义者、唯物主义者或是俯首称是者之中，没有一个人像莱热那样全心全意，或者仍然像他那样聚精会神，他向我们道出他所热衷于机器的形体，这一点我们一目了然。我们好像在他的艺术中看到了在传统上与"唯物主义"有关系的特性，重量和形体过度松散或过分刻板，显得粗糙、简洁、明快、得意——甚至有点迟钝。但若看不见这种艺术的其他特性，那就大错特错了。我敢说，这些特性在创造人类休戚相关的物质的原始性方面比任何其他因素灵验得多。

—— 克莱门特·格林伯格

按说，诺曼底的乡亲们多少是见过些世面的，尤其是对艺术家不陌生——远的不说，近年的印象派在法国成了气候的那些日子里，画家和游人都没少到诺曼底落脚，来这小住、画画，和诺曼底姑娘来一段动人的爱情佳话，或者就是走马观花、到此一游，画点写生沾点艺术气息——这地方尽管看起来没有什么特别，可是画家还是喜欢往这里跑——然而，诺曼底的乡亲们还是谁也没想到或是没有心理准备——那个牲口贩子的儿子莱热（Fernand Leger）最后也居然成为一个画家——据说，名气还

不小——在美国纽约和巴黎，他的画卖得都不算便宜，可惜，他父亲没有看到儿子的成功。

好日子总会有点遗憾。

左邻右舍还能记得这个长得不算很出色的孩子，打父亲过世后他就没有过上什么好日子——鞋总没有穿过合脚的，秋收过后，他还会独自在田里东张西看，找些剩下来的黄豆或是红薯，在地头田间，生把火烧烧，吃了——没有人会怀疑，这个少年丧父的孩子，将来的出路就在这算起来还肥沃的土地上最后做一个佃农——再大些出息，也去贩牲口，到年底，等那些老了的牲口被牵到屠宰场时候等在一边赚一副下水什么的——在乡下，这些肠肠肚肚地拿回去，收拾收拾，狠放些那剩下来的、有点发酸的红葡萄酒，再搁些土豆、西红柿，大火急急嘟一顿，可以算得上好饭食——说到底，几乎没有人，包括自己的近亲们，觉得莱热将来会有什么出息。

而他实实在在成了一个法国到处有人知道、有人谈论、名字写进书中的大画家！

诺曼底的老百姓无所谓那些议员——政府发给他们奉禄，他们开会也好问政也罢——该干嘛干嘛，爱干嘛干嘛！但诺曼底人挺在乎艺术家，在乎那些平常生活得没有一点能力但说到绘画就两眼发光的艺术家！还有，他们在乎那些味道醇正的酒，在乎他们那块土地上灿烂灼烈的阳光。酒——绘画——阳光！还有画家！这就是诺曼底，这就是诺曼底人的品位。

莱热的成名，给左邻右舍的乡亲一些吃惊、一些意想不到的喜剧性效果，但乡亲们打心眼里为自己的画家——莱热当然是诺曼底自己的画家——感到高兴和骄傲。

——莱热就是我们的邻居，莱热就是我们的画家——他和我们自己酿造的、我们每天离不开的红酒一样具体一样伸手可触一样棒！而且，更棒的是他总是那么谦和，那么有礼，没有一

伟大的朱莉 1945年

三个音乐家　1930年

点儿大师的派头。

……

　　然而，无论别人如何觉得莱热没有那些"大师"般的气质和风采——拍起照片就那么老老实实待着，不会像毕加索那样手脚都要做点动作、做点效果，毕加索天生就有一副做派——而莱热看起来就像个老实巴交的制陶工或是一个木匠，大不了也就像个乡下有点文化、会记账的农民——尽管如此，莱热在西方现代绘画史上功不可没，尤其是对现代主义和立体派，他更应该是个和毕加索、马蒂斯排在一块的大师——在技法构成和思想建树上，莱热走到一个高度——他早就瞄准了工业社会热气腾腾的景观，瞄着那些冷冰冰的机器，瞄着那些冷冰冰机器上那些冷冰冰的螺丝，那时候，莱热的矛盾就开始了，莱热的问题就开始了——莱热给艺术也给自己下了一个武断的定义、一个目标——机器无情人有情，他要找、要寻，在那冷冰冰的机器轰鸣中找那机器时代的爱情故事！

　　——莱热在机器工业的社会里面，寻找人性温和的肌理，寻找那绵绵不绝的爱意。

　　小时候的莱热是母亲带大的，舅舅疼他、照顾他，莱热多病而体弱，除了喜欢信手画些自己喜欢的图画，他总是沉默寡言，没有父爱的童年不会是个色彩灿烂的童年，就在那些草率的画面上，莱热找着，找着和别的孩子一样的梦。妈妈担承着苦难生活的重责，眉头总皱着，当她看到一天天长大的莱热，看到莱热画中那些向往，那些图案，就会露出一丝笑容——穷人家的孩子总是早熟，妈妈的笑就是赞美呀！这时候，莱热会觉得一天都美好，莱热很想尽快长大，长大了可以自己闯天下，自己买那些看起来就让人喜欢的颜料画自己喜欢的画，家里穷，没人会想到、也舍不得给莱热买颜色画画——教会学校让他接受了早期的基本教育，他不算是个出色的学生，他在给建筑师当学徒的时候，突然对绘画感到前所未有的痴迷——他不敢想这会是自己的一个终身的职业，尽管他非常想——谁都知道，绘画不是一个好饭碗，穷人家的孩子莱热又怎么敢在这个死胡同一般的行当里面折腾呢——那是富家子弟玩玩的高雅爱好，贵夫人茶余饭后的游戏——然而莱热明知道自己这样家庭出身的孩子学画不会有多少好结果却欲罢不能，他知道自己爱上了绘画，爱得很深——没法形容，反正，不让他画画他会浑身上下生了病似的不舒服。

　　去学画，去报考美术学院——巴黎美术学院的招生榜上没有费尔南德·莱热的名字——莱热没有考上，于是，退一步求其次，去上工艺美术学校，这对莱热来说算是一个聪明而且相对周详的选择——工艺美术无论如何和美术有着紧密的关联，再就是学习工艺美术远比当个纯粹的画家要更容易存活——糊口是那么具体的一件事情——工艺美术学校还没读完，莱热就慢慢懂得巴黎，也渐渐弄明白在巴黎当艺术家的那些"游戏规则"，于是，他从工艺美术学校毅然决然转学，转到大名鼎鼎的朱利安美术学院——不管当画家多难，莱热还是选择了绘画，对出身于有钱人家的学生，绘画或许是个生活的装点或者是一种修养和气质培养的手段，而对莱热不成，成功是一种实在的诱惑，它会让自己不再挨饿，不再受冻，过上好日子，还有，能在画布上面自由自在地阐述自己的生命，自己的情怀与理想，自己的喜悦和忧伤——借着绘画享用美创造美，这是一个多么大的精神诱惑？又将有多么诱人的精神满足？

学着画，莱热抽空也去做工，挣钱帮助自己的求学生活，莱热知道每天早上那羊角面包和咖啡的真正价值，他做的工也算是细活——给建筑师当绘图员——同样用笔，却和画画的用笔风马牛不相及！他还帮助别人修补旧照片，反正，能够让自己吃饱饭，能够让自己学画，就不能有什么埋怨什么不满足——日子的确很难，冬天，巴黎的家庭围着壁炉喝着美酒听着音乐的时候，莱热可能正在阴冷的灯下画那些让自己看着就满脑子不舒服的建筑蓝图，加班时要没黑没夜地干。学画的人多么需要一个自己的空间！但莱热不能，他必须和别人一起租一间小房子合住，小屋子中的画架和书和杂物挤在一块，没有洗的、上面满是油画颜色的脏衣服，也一齐搁在椅子上，拥挤？吵杂？又能怎样？一切还不是因为穷？因为没钱？！

饥饿，劳累，营养不良，最终让莱热在巴黎得病倒下——脸总是黄黄的，没有火炉，没有足够食品，巴黎冬天的滋味实在不好受——没有钱呆在巴黎看什么都没有诗意，塞纳河不过就是黑乎乎的一条河。

他撑着。

——还躲着，躲在斗室里面画画，能不出去便不出去，去拿着自己的作品见画廊那些装模作样的经纪人，他还不够格——巴黎这个鬼地方，动不动就得花钱，灰暗的小屋子，没有充足的光线，白天都要打开那昏黄的灯盏。没有

蒙娜丽莎和钥匙 91×72 1930年 巴黎莱热博物馆藏

模特，那就画自己，消瘦的下巴和呆滞的眼神一点都不好看——看着镜子中青灰色的面孔，莱热也常常叹息，他不知道明天将是什么样的一天——没有面包还能让自己撑多久呢？

然而，绘画对莱热来说有魔力——可以饿着肚子，可以忍着寒冷——人，往画架前面一站，一下子就会有精神，满脑子都是那彩色的梦想——就这样画！古往今来，说透了就是那么几个宫廷画匠可以过舒适的日子，饥饿对画家不是个坏事，它考验你，它折磨你，它也会启发你，总有一天，它还会成就你，成就你的艺术。说来奇怪，画家穷的时候干劲似乎还特别大，理想也好像特别明媚，肚子饿着，脑子也许更加明白——莱热就那么一笔一画、规规矩矩按照造型最基本、最初步的原则，画素描，画静物，有时候，他还会透过窗口画下这个让他心里多少有点厌恶的城市——城市在莱热的画中暂时没有色彩。

莱热的学画生涯和每一个初入茅庐的年轻学子一样，过了那股子新鲜气，接着就是无休止的、繁琐的技术性打磨。素描训练是个极为枯燥的事情，铅笔画出一根根线条，排列出块面，把黑和白的调子渐渐拉开，一张彻底完成的作品看起来挺简单，但往往要莱热在那枯燥的椅子上一坐一个星期。

莱热常常就这样，靠着自己编织的美丽幻觉度过一个个寂寞的黄昏和冷清的黎明。

生病，发烧，加上几乎是无休止地咳嗽，咳出带血的痰——画不动的时候，莱热睁着眼睛看着屋顶发呆——艺术，这究竟是个什么样的谜？我还有机会去攀登这座高峰吗？

一个家在科西嘉小岛的朋友，不忍心看着冬天里咳嗽着的莱热，多次邀请莱热去岛上养病——莱热也到了山穷水尽的地步，靠打零工挣来的那些碎银子不要说让自己在巴黎完成做艺术家的梦，即便生存下去都很不容易——莱热眼看着没办法缴纳下一个月的房租，自己多病的躯干和巴黎昂贵的物价也让莱热打心里讨厌，走也好，现在离开，权当一个迂回，在这段时间修身养性，待今后条件成熟时，再来巴黎打天下。

小岛的蓝天和绿树，在莱热的画上和眼中，暂时取代了巴黎的烟囱，取代了巴黎诗意的建筑——橄榄树是那么多情，岛上红色的土地，像上帝信手拈来的诗——莱热有机会就写生，画风景和花，绿油油的植被，还有邻居家那个美丽而善良的姑娘——勤能补拙，是莱热一贯相信的一个真理，不间断地画，相信你的手和眼睛，最好的艺术家也不可能离开这一基本的方法——多画，多思考，挑战一切既成的方法和手段，对着不同的客体表达主观感受，表达审美经验。

一下子，四年过去了，其间他多次往返小岛和巴黎。莱热身体渐渐康复，绘画技法也大有长进，他没再耽搁，马上搬回巴黎，在艺术家云集的蒙巴那斯住下来，他的周围，有很多和他境况差不多、目标也差不多的艺术家，在二十世纪早期，聚集在蒙巴那斯做着远大的艺术之梦。当时，德劳内、夏加尔、史丁，还有雅克布和阿波利奈尔——他们都各自瞄着自己的目标，鼓着劲——没有谁知道等待他们的是花样前景还是什么，他们似乎也无所谓，一个群体的流氓无产者还会怕什么？除了青春的热血和理想的火花，他们还真的没有什么——这些人不要说是不能心安理得、随心所欲地去买颜料、买画布，他们中的大部分人每天都在为房租担心，为下一餐担心呢！

大家都穷，也就认了。蒙巴那斯有最好的气氛和空间，它自由而多情——一辈辈的艺术家在这里挣扎，在这里安身立命，在这里摘下艺术世界多彩的桂冠——说到底，在这里晃荡着的艺术家每个人都在摸索着自己理想的诗行。

群体相互间有一种莫名其妙的依存，苦日子大家一块熬似乎容易些。

有时候他们会为了一个艺术观念争得面红耳赤——其实他们自己并不一定真正搞懂了那个概念的真正涵义——争执有时候就是为了争执，还有，大家伙喝酒抽烟，肆无忌惮谈着和女人床上的那么一些事情——要不那么闷着，干嘛！艺术理论是要争执的，要辩论的，谁懂？谁都多少懂一点也谁都不能说全懂，那么好吧，我们争执，我们碰撞，我们切磋——大家没有一个清晰的目的，但大家都不含糊——谁能说我们这群穿得破烂长得面黄肌瘦的家伙将来就出不了那么几个人物呢？

没错！出了，还很多。蒙巴那斯是个圣地，是个现代艺术发展的圣地，这里，出了莫迪利阿尼，出了蒙德里安，出了卢梭，出了马蒂斯，毕加索在这里留下过热情而忙碌的身影——当然还有莱热自己，还有那些靠写作过活的人，如阿波利奈尔和雅克布——现代艺术同样不能把这些人省略的——诗人许多次在画家没有找到一个合适的理论名词的时候，写好檄文，帮助他们在报纸和刊物上发声。

象征主义、野兽派、立体派、现代主义、未来派……近代西方绘画史上，那些五颜六色的流派，多多少少都和蒙巴那斯有点关连——多少画家就在这里创造了令人瞩目的辉煌，为绘画史增添了璀璨的篇章。

这个即便用法语发出来的音也是怪怪的蒙巴那斯，有太多故事——这原本是个牛羊漫步的地方，后来被人开发，租给成群结队的、来自东欧的艺术家，不久也就成了一个和毕加索那洗衣船差不多的一个艺术集散地点，在此莫迪利阿尼，那个意

[上]世界之鸟　1923年
[下]马戏演员　183×147　法国国家画廊藏

大利风流的小伙子，因为交不出房租曾经被他的女房东把他十分喜爱的诗集扔到街上；夏加尔，每次工作到深夜，会出来和几个会说俄国话的家伙喝酒——他日子过得也不好，租来的小画室，天花板常常会塌下来——夏加尔也有办法，他用自己的画把天花板再顶回去——说是画室，其实，房间只能放自己的床，工作时候，画架子只能摆在阳台上，阳台才是他真正的"画室"——莱热住在一个叫做"蜂箱"的建筑中，这是一个德国风格的圆形建筑，分成很多小房间——艺术家们把这过小的房间叫做"棺材"。

　　"蜂箱"，有自己的特色和风格，每到周末，艺术家会聚在一道，模拟着家乡的集市——还有交易，大家操着带着波兰语、俄语或是犹太语口音的、不太标准的法语笑着闹着——他们甚至很多只会一个法语单词——巴黎，巴黎对这些来自东欧的艺术家就是梦的象征，他们可以在巴黎灿烂的阳光下面自由自在地画画……廉价的俄国妓女和酒醉的艺术家打情骂俏——乌烟瘴气的画室伴随着大惊小怪的叫床声，空气中飘浮着洋葱和大蒜混合的怪味——抽烟、吸毒、酗酒，在这一点都不算什么奇怪的事情，没有嗜好的艺术家或许会被视为另类——老实巴交的莱热冷眼看着这一出活生生的戏。

　　莱热对生活、对艺术，常常抱着静观的态度——一旦发现他自己的契机，就会毫不犹豫地冲上去。对他来说，一刹那的热情和持久的磨砺同样重要——眼下，在东欧的这些艺术家身上，他还是学到不少实质性的东西——他们把艺术当成和自己生命一样重要的追求。

F.LEGER-

活泼的、富有生机的艺术，就悄悄地在这一块污浊的角落产生——崇高的理想、伟大的追求和艰辛苦难的人生对峙着——美丽和丑恶在此唇齿相依。

大家就那么画，就那么挣扎着。

当莱热遇到税务官员出身的画家卢梭，这个和自己同样朴素的、还喜欢拉小提琴的画家看着他的画时，莱热明白了，原来艺术真的不需要美术学院的那些约定俗成的教育——卢梭的存在便是一个明证，他以往的经历不过就是忠于职守、努力为政府把握税收关卡的同时自

【右】 强壮的男人
【左】 伟大的黑人潜水员 189×221 1944年

己捉摸着画画？看看，即使学校出来的又能怎样？谁能够敌得过卢梭的天真无瑕？谁能够敌得过卢梭那透明的绘画直觉和诗意的、浪漫的艺术形式语言呢？

两人成了朋友。

——尊敬的罗梭，你对绘画，是直觉占主导还是绘画理论占主导？

——美占主导。

——形式应该是现代绘画最重要的语言，它严格说是排斥情节的。

——现代绘画和传统绘画也许没有根本的疆界——形式也好内容也罢，最终还是要取决于画家对生活最原初的感应，对美学的态度和思索，同时，在呈现的手法上，画家往往需要凭借自己透明的直觉——就是直觉，相信你的直觉！没人知道我画中那些神秘的地方在哪，其实，那不重要，带着你的美学追求画画——把"没有"变成有——变得理直气壮。

卢梭说得轻松，其实，他画得也轻松——没有世故，没有先入为主的理论教条的束缚，卢梭像唱歌一样自由自在地画画。

对了，卢梭绘画中那些梦幻一般的场景不就是画家机灵的美学游戏吗？

莱热若有所思。

绘画需要真率和透明的直觉，同样，也需要清晰的认知和艰苦的努力——卢梭在当税务官的同时，哪一天也没有停止思考，同样，哪一天也没有停止绘画实践。莱热自己不也一样？画那些蓝图的同时，哪一刻都没有忘记画画呀！

真率，透明的绘画直觉，勤奋，这些莱热都不缺，除此之外，他更致力于探索的，是绘画语言的现代建设。他几乎一有机会就看博物馆，逛画廊，随身带着小本子，把看到、想到的，随手记下来。不管自己在绘画思考上有多抽象，莱热还是很注重用手做技术训练，莱热对于绘画的勤奋像诺曼底那规规矩矩种着地的农民——他们，会在冬天给自己黑油油的土地施足肥料，待到来年春天，再播下饱满厚实的良种。

莱热始终秉持着这些来自父老兄弟们的资质——农民式的聪明和务实——他瞄准了欧洲工业文明带来的现代生活，蒸汽机改变了社会的进程，改变了人们生活的节奏，同样，也改变了人们的审美习惯和口味——莱热爱机器，有什么其他因素更能代表我们这个高速运转着的工业时代呢？当然是机器！在莱热看来，最具体地展示机器时代的风采，才能把握机器时代艺术的实质，才能最迅速最准确地进入现代生活——画巴比松的云涛松风是米勒的事情，是柯罗的事情；画普罗旺斯的山峦是塞尚的事情——不能重复大师，不能重复前人，甚至不能重复自己——莫奈画的草垛，如果再照本宣科接着画、接着点，那你一定是个笨蛋！我的机器，就是梵高的燃烧着的向日葵，就是莫奈的诗意绵绵的草垛，就是德加的飘动旋转着的舞女，就是塞尚那永恒的圣维克托山峰——机器是莱热所做的现代绘画的形式依据和借口。

他要在自己的画布上，把钢铁制成的机器直接呈现，然后，再把那些带着人性温暖的机器转化成鲜花和绿草覆盖着的田野，在这片田野上，莱热种植着和梵高、和高更、和塞尚、和莫奈一样的绘画讯号。

立体派大张旗鼓，在蒙巴那斯那自由的气氛中成长壮大，在法国浪漫的文化中渐渐成了气候，并在全世界迅速蔓延——它像一阵飓风席卷着二十世纪早期的绘画，它不但传播得迅即，它的冲击力也远比其他绘画形式、绘画流派更强烈，许多踌躇满志的艺术家经过立体派的洗礼很快进入情况，将立体派的神髓加入自己的绘画之中，并由此创造了自己的绘画风格。在德国和意大利，立体派成了表现主义绘画的基础；在

两只鹦鹉的组合　400×430　1935—1939年　法国巴黎蓬皮杜艺术中心藏

荷兰和俄国，它是绘画走向绝对抽象的依据——它孕育了康定斯基和蒙德里安，在传统绘画根基很薄弱的美国，立体派引发了对现实主义的崭新探索，而在全世界，立体派培育了日后的诸种艺术范式——达达主义、超级现实主义等现代绘画的风格流派——这个特殊阶段中产生的原始立体主义（Proto Cubist），让毕加索、布拉克还有莱热，成了这个画派的主将——无疑，莱热深受毕加索的影响，在创造思维的层面上，莱热在为毕加索那过人的绘画热情吃惊之余，也常常搞不明白，这个大鼻子、眼睛贼亮的西班牙人的头脑中，究竟被他的祖先埋下过什么样的种子——他总在绘画的形式感上有无穷的创造能力。

相对于毕加索一个晚上可以画出八种完全不同风格、不同形式的绘画的多变、善变，莱热更冷静也更持久，他对重量和装饰性平衡的偏爱，以及一种比毕加索更加深远、更加强

森林中的裸体人像　120×170　1909年　私人收藏

烈的对景深、对空间的恐惧——这些独特的因素，使得他在立体派的语言机制上挖得最深也走得最远。就那些立体团块而言，与其说莱热受到毕加索的启发和影响，还不如说他绘画的根基来自于塞尚——塞尚一生致力于绘画构成的实质性研究，他把物体最终归结于一些如圆锥或是圆柱、四方体等几何一般的基本形、块，以剖析绘画造型的原理——莱热对此曾经说过，塞尚比以往任何时代的画家都明白，他明白绘画艺术所存在着的种种缺点和不足。莱热在这个基础上把塞尚对现代绘画的思考继续推进——他更加明确地把绘画中的人物和景物推向一个纯粹的、几近抽象的程度——他的著名作品《森林中的裸体人像》，多多少少看到塞尚那若有若无的影子，看到毕加索题为《森林中的裸女》的影子，然而，莱热的形更加纯化——在塞尚的作品中，形依然是绘画的主轴，尽管它们是塞尚主观的形——在绘画的纵深上，莱热的"裸女"似乎走得比毕加索的"裸女"更加深远，毕加索抓住绘画形式最闪光的瞬间，莱热则向绘画语言的逻辑系统不断推进。他在创作过程中，把持着黄金分割的金科玉律，严肃而有致地探询着、深化着——"在我的脑际始终存在着一种欲望，那就是，我想把物体拆开来——于是，别人称我为焊接的操作工人，我无所谓，为了解决《森林中的裸体人像》这幅画中的几何图形问题，我整整花了两年时间，直到1910年才最后完成这幅作品，我希望尽量有效地运用几何图形……对于色彩，我感到自己不能持之以恒，那么，对我来说，

也许把握物体结构的实质，才是我的目的"——《森林中的裸体人像》似乎是一个试验场，森林和裸体都若有若无，相对于莱热在绘画美学层次上的追求，这些故事的情节和造像一点都不重要，莱热要它们按照自己设计的绘画程序完成各自的角色，起到各自的作用。评论家说这是一幅表述法国伐木工人生活的作品，工人举着斧头在阳光灿烂的丛林中劳作——其实，这一点不重要，莱热让他们是法国伐木工人还是古希腊传说中的林妖，对其绘画思想和美学追求的影响微乎甚微——情节，早就不再是立体派画家所关注的课题了。

没有情节的绘画，是绘画本体学的真正开端——这一点，莱热非常明白，然而，和毕加索那快速度的破坏不一样，和布拉克固执的拼拼贴贴不一样——他编造了介于情节之上的某种借口，对着机器他还是可以含情脉脉，还是可以把情境制造得诗意盎然，他的固执和倔强并没有影响他那似水一般的柔情——在机器时代找到爱的根源，找到美的根源，找到人性的根源。因此，从立体派到今后的岁月，莱热多次漫游于抽象和具象两种语言方式中，为自己的美学追求作绘画上的佐证——其实，当一个画家真正明白了他所要找的那个支点，他所要表达的诉求和心愿，形式上的抽象和具象并没有实质上的不同，换句话说，一个画家如果没有明确的美学指向，抽象画和具象画同样不会好到哪里去。

莱热就那么着，不紧不慢——艺术不是一朝一夕就可以功成名就的游戏，这是个长期而艰苦的跋涉，农民种地，需要好的基肥和精耕细作，画家也一样，只不过是在不同的田园种不同的种子罢了，世界上没有什么容易的、不花汗水的收获——莱热温和的秉性让他少了很多敌人，同样是立体派的大将毕加索就没有这样的好运气，蒙巴那斯的画家离不开毕加索，他们也从心里面嫉妒或是仇视毕加索，无论是谁创造出任何一个绘画上的新把戏，都会从骨头里面防范着毕加索——这个有一双大眼睛、看起来像个公牛似的家伙，只要让他看到或是闻到一点点蛛丝马迹，他会很快学到手并加以变化，最后，签上毕加索那写得很帅的签名，放在画廊就能卖出好价钱。因此，画家们听到毕加索来访时，会下意识地将画架上正在画着的作品遮盖起来——而画家莱热和大家打得火热，他朴实而纯真，从里到外看起来都是个诺曼底老实巴交的农民——哪怕他穿着上好的衣衫。性格上的和悦与善良让他受到画家的信任和欢迎，画廊也不讨厌他那带着立体派的情操但同样也会在客厅里含情脉脉的作品。莱热不仅在画廊里面展画，作品还被选入法国沙龙展出——对于一个来自诺曼底的画家，莱热的道路基

三个女人　1921年
美国纽约现代艺术博物馆藏

本算是顺利的。

那阶梯般的立体派构图，在毕加索、布拉克和莱热的手上玩出新的名堂，如果说塞尚最早找到绘画的一个根本性的"建筑结构"，立体派这三剑客则把塞尚未尽的事业往前推动一大步——塞尚由于历史的局限，即便他很早就悟到绘画结构的真谛，但依然在绘画形式和绘画内容的圈子里面羞羞答答地顾盼着、等待着，历史和社会不可能让他更早、更深或者更肆无忌惮地按照自己的想法画画——立体派的大师们，彻底剁碎了阻碍塞尚的那些屏障而走到绘画的心脏——当毕加索和布拉克披着立体派功成名就的圣光继续玩着拼贴的游戏时，莱热依然固执地在立体派那些已经约定俗成的框架中继续寻找，他，要寻找立体派真正的谜底——一个可以进入生产机制的绘画元素。

于是，莱热又从自己已经完善的绘画语言中逃出来，《森林中的裸体人像》给他带来的声名和摸索来的技巧被莱热同时放在一旁——那些习以为常的"立体阶梯"，渐渐在画布上被莱热逼成平面构成——当绘画本体学的因素没有遮挡的余地时，艺术的本质才会出现——从《蓝衣女人》到《披红挂绿的女人》到《倒卧的女人》，莱热最坚定地离开那若有若无的造型——故事式的通解。穿着裙子跳着舞蹈的妇人，在蓝色衣服或是红色衣服中也许还能找到一点依着人体造型派生出来的依据，巴黎那灯红酒绿的繁华还是可以窥见一斑，而《倒卧的女人》变成了一段段或是一块块体积、结构，它们闪动着色彩最原初的诱惑——就让绘画的点、线、面做旋律吧，就让色彩的黑、白、灰做内容吧！莱热斩断自己所能借到的最后一点文学故事的因素，向着现代绘画那枯燥乏味、呆板、机械、了无人性的试验场出发。

莱热从绘画本体学最单纯、最直接也是最高贵的学术立场出发，找到艺术最深层的谜语。

……

碧蓝的天。

洁白的云。

——枯枯的树丛里面，裸露的炮口直直对着天空——军人们看起来都是一些新兵，他们的军装看起来不是那么合身，还有，举止和行为似乎还没有经过正统的法国军队的训练——莱热出现在军人的行列中，他暂时放下画家的职业，应征入伍。战争，将要在法兰西土地上展开，它的儿子们，将以血肉之躯抗御来侵犯的敌人，来保卫自己的国家，保卫自己的艺术和文

建筑者　118×78　巴黎莱热博物馆藏

化——诺曼底农民的儿子，摇身一变，成了吃苦耐劳的战士。

蒙巴那斯那热闹的喧嚣离他远去——周围不再是那些穿着奇怪装束的画家们，高谈阔论的诗人们——战火和硝烟就在身边，战争和死亡十分具体。士兵们，那些脸上满是烟尘和硝土的士兵们，在一个壕沟里扶持着，在一个阵地上裹好伤口等待冲锋的战鼓，这些朴实的面孔让莱热重新反省生活。莱热和他们一起走在操练的队列中，在满是积雪的地上摸爬滚打着——昨天，仅仅就是昨天，立体派那些自以为是的艺术观点在这另外一种形式的生活中显得那么脆弱，莱热，那以往拿着画笔的手，要擦枪栓，要搬炮弹，要对着敌人的胸膛扎下那冷嗖嗖的刺刀，士兵们，他们没有艺术家那些无病呻吟的腔调，他们要在炮火连天的战场，做自己生命的艺术。

立体派那些层层叠叠的肌理在莱热的画面上渐渐消退——取而代之的是现实的呼吸。

那些以往会当着别的艺术家炫耀的色彩结构——由塞尚那里派生出来的小块面小体积，几乎不再是莱热绘画的主律。面对这一片热闹的场景，画家没有办法在立体派那已经是个既成的信号中漫不经心画画。

至少，莱热不愿意停留在立体派形式的隙缝中折腾——在那

戴蓝帽子的人 73×92 1937年

景观动画习作　1926年

纯粹形式的外衣下做更多的文章——莱热不是个最彻底的形式破坏者。他一直在抽象的疆域默默凝视着具象的田园——风景哪边好？风景哪边好！用什么腔用什么调门都不是最重要的问题——绘画的高下永远都不会仅仅是靠着外在的、直观的语言外相——艺术，除了外在的形式感，其内里的思想内涵是多么重要！莱热在军旅中观察生活，观察着士兵兄弟——他们是活生生的模特，他们是自己艺术中最鲜明的元素。

——"暴露在烈日之下那七十五公分的炮栓让我激动，让我目眩，那直直的炮管子具有一种白色金属的魔力——这些活生生存在的事实，让我忘记了那些在一九一二年至一九一三年之中所发展起来的抽象绘画，我的周围，是一群法兰西最朴实的儿子，他们作风粗犷，秉性豪爽，性格幽默——在我的眼睛中，这是一群完美无瑕的人，他们对现实的存在感觉敏锐、丰富，对客观可以触摸到的一切，无情但有效果地加以利用，我打心眼里认为他们是诗人，每时每刻在塑造各种事情澎湃的形象、说话和表达的方式，将呆板的生活描述得情味盎然，将生命那灰色的沉重转化得五彩缤纷！我每天面对着他们的呼吸，会想到我绘画中将要表现的那些主角——这里，那炮声，那硝

抽烟斗的士兵　130×97　1916年　私人收藏

烟和炮栓给我的教育和启迪将远远超过世界上任何一流的博物馆——它们造就了我，也成全了我新的艺术"。

战壕中，那热气腾腾的生活，士兵们正常的作息，那么具体，它们很潜在地进入莱热的绘画阵地。

莱热为军人的生活而抒情——从起床到熄灯，那号角也像是最完美的音乐——一锅热气腾腾的炖肉可以敌得过世界上最好的大餐华宴——战士粗壮的、握着钢枪和刺刀的手揉出来的面包也是那么实在。

莱热为战争那刚性的诗行做记录——战争，男人最彻底、最无遮掩的游戏，是血和火交织的艺术——这里，没有画家们那些浪漫的遐想和诗意。

生活，这就是具体的生活！不要刻意寻找，你最熟悉的内容就是最具感染力的题材——那些雄纠纠的武器，那些活生生的战士和燕尾花和向日葵有同样的审美价值。

军旅生活中所见到的、所触摸到的大炮和钢枪，又成了莱热交响乐的乐符——莱热通过这些课题的"借口"移情——在冰冷的战争中重新寻找那和诺曼底一样的夜曲——人性，在不同的时空唱着相同的歌谣。

——《抽烟斗的士兵》诞生了。

——《玩纸牌的士兵》诞生了。

莱热的前辈画家莫奈和雷诺阿都曾经是法国军队的战士，绘画史上并没有两位画家对战争生活的记录和刻画——他们为荷花和草垛子，还有那些闪着光芒的女人体所深深吸引。而莱热则将眼睛直直地盯着士兵，盯着武器——没有哪一个画家会从心底里面为血腥的战争叫好，然而，莱热对士兵的赞美却是由衷的。从立体派的观念和技术双重的制约中跑出买之后，莱热几乎一下子进入了自己军旅生活所见到、所听到和所想到的情节之中，可贵的是，对于莱热这样一个伟大的画家，情节不会是一个正餐——它只能是个缘起，是个借题发挥的"题"。《抽烟斗的士兵》中，莱热没有丢掉那使用得得心应手的立体派技法——阶梯状的结构铺陈，但莱热加进了主观的情感的因素——士兵不就是昨天和他彻夜谈着家乡收成的兄弟？不就是天寒地冻时和自己分一块干粮

玩纸牌的士兵　129×193　1917年　私人收藏

的手足？不能排除莱热在画中那先入为主的因素，莱热看到的和感受到的，是热的，热的情热的血热的友谊——绘画的最终目的不就是为人性唱赞美诗么？不就是为心中最不能寄托于语言表达的另一种宣泄的方法么？没错，调子依然是灰色的，是冷淡的，可是莱热在这里面寄托了最本质的畅想——军人是站着的山，是躺着的河，是丈夫——是钢铁的意志和果敢的行为交织着的，在高高的云空中飘扬着的旗帜。

莱热太爱机器，莱热太爱钢铁——莱热太爱钢铁的顽强和机器的严谨——军人没有这两个综合的因素便不可能成为一个优秀的军人！画面上，武器和人密不可分，互相依存，战士的臂膀就是枪炮的钢筋铁骨！武器冷默的严峻中也掺杂了人的温情——《抽烟斗的士兵》正是法兰西战士那朴实浑厚的雕塑！那点着烟卷的刹那，被莱热最准确地捕捉，面孔上那满是柔情的暗红色，抖出一丝丝满足，炮火的闲暇之余，还能够安静地吸口烟、喘口气是多么满足多么惬意的一件事情！《玩纸牌的士兵》更是充满士兵们在战争之余的欢乐——让战争走开！在

青春洋溢的时代就让士兵们笑笑、闹闹！明天也许是他们生命的绝唱——为他们的国家为他们忠于的职业，但今晚的欢乐属于他们，今晚的喧嚣属于他们——谁都说不定纸牌还没有结束，等待他们的将会是另一场带着腥味的肉搏，那也无所谓！听那带着乡音的嘈杂吧，听那开怀的笑声吧，听那玩纸牌士兵胜利的叫好和失败之后反悔的争执吧——这是属于年轻战士的饕餮！莱热没有声色严厉地批评战争，批评杀戮——那是政治家或者是社会活动家的任务——莱热要的依然是歌颂，依然是把心中最虔诚、最敏感的心绪和盘托出来——然而，思考着的莱热依然不是用那种常见的、照本宣科的画法，他锻造，他重新成型，按着自己绘画方式编制着自己审美的程序。

——画家，你的任务是正面的歌唱，是赞美，是宽容——当你举起饱蘸着彩色的画笔做那冰冷的投抢、做那锋利的剑戟的时候，那么，一定是那个社会病了，那个世道病了！

——画家，还有，你的任务是把丑变成美！把恨转换成爱，把黑暗转换成光明，把对生死和对黑暗的绝望变成每一天崭新而美好的希望。

瓦斯中毒，让莱热住了一阵子医院，打针吃药，量血压什么的，就那么几个程序——莱热不久脱下了军装，告别军旅生活让他多少有点舍不得——一个渐渐熟悉的环境常常让莱热回想起许多只要参过军的人才能懂得才能体会的细节——他重新回到画家的行列，艰苦的生活让莱热对人生有了新的、具体的认识。绘画审美的概念成熟了——一个结束军营生活的男人，一个尝过硝烟味道的艺术家，他不会是个艺术门外满足于一点小成的混混。莱热，他有着更加宏大的理想——立体派的成功不会让他就此却步，躺在花环上享受许多人望着眼热的名利，以往所有的成就，对他来说就是一个积淀——下一张画最好，莱热总这样想。

——然而不一定！对于一个画家来说，你不能界定什么时候画得最好或是下一个阶段比上一个阶段好！对于画家莱热也一样，进退还不那么简单。

综合立体派——这是评论家给莱热一九一七年以后的绘画的一个笼统的称谓，以便区分和毕加索、布拉克所倡导并身体力行的立体派，用句简单的行外话说，莱热要做的，便是继续在立体派的沟渠里面注入人性温存的理想情操。他没有跟着毕加索和布拉克，把色彩和画面弄得更加僵硬，更加呆滞——莱热的秘密是一种原始的色彩热情，他渐渐把立体派那机械的绘画边缘弄软——很难说这对于一个画家是正确或是错误的选择——对于一个创造者，这样的选择就是一种冒险，仅仅就绘画本身，我们不能一概说莱热后期的绘画就一定比前期的更好或是更不好，不同的心境和不同的见识不一定能够做最准确的转换（事实上，当莱热告别立体派那绘画形式之后，很长一段时间都在徘徊、甚至倒退——艺术，对艺术家同样是个无情的挑战），对绘画语言，对于一个不断思考的艺术家，这种要求似乎更加残酷。

莱热进入了一个改变风格的阵痛过程中。

他明白，这是一种必然，绘画和人生一样，不会是永远的顺风船，你不能当逃兵，你不能当懦夫——走下去，不以成败论英雄，过程就是一种美感。莱热试了种种可能，抽象、具象、热情、冷静——"莱热创造了审美，仍然力求再创造，但一无所获；审美对他的报复则变本加厉，其下场

和毕加索差不多——看来无论何时何地，其他伟大艺术家在艺术生涯中也难免遭此命运。但对审美来说，并非全部采取报复手段"。

……

具象的绘画，又重新登上莱热的画布，一九二〇年以后的作品中，莱热开始有意识地逃离原本那些让自己骄傲的机器——莱热从机器的结构中步入立体派的圣堂，现在，莱热要重新打破一个既定的、规范的审美面孔，他还有时间，还有勇气吗？

莱热究竟是上了年岁——你不能不承认，现代艺术原本就是血气方刚的年轻艺术家们所玩的游戏——敏锐的洞察力会随着年岁的增加而渐渐减退，谁也必须承认。然而路还是得继续走，画还得继续画——莱热也不能例外，生命不允许浪费——就画这些身边的人和事情，就画这些普通的劳动者——生活的建造者。

资产阶级贵族们、收藏家们总是觉得莱热粗俗、简单，不具备大师应有的风采和气度，多多少少也是因为莱热后期对那些产业工人生活为主题的一系

列绘画，他们往往看惯了那笑眯眯的仙女和装模作样的贵妇人，没有哪一个沾着贵族气味的收藏家喜欢看莱热画的小人物——莱热眼睛没有离开过劳动阶层——他们也许不具备高谈阔论的条件和可能，但是，高楼在他们手中！我们的城市和他们一起升华！高楼是个巨大的机器，工人便是机器上最紧固的螺丝、螺帽，他们互相联系着，互相帮衬着——扶持共同的理想和共同的命运——莱热不是一个空想家，他洞察生活最简单的角落，一个伟大的乌托邦，或许有一代小知识分子的唯心主义华宴，那是一个暂时的麻痹，人类有弱点这是显而易见的事实，莱热同样直视了人的弱点——他们需要群体的互相扶持——必须互相扶持——工人和钢架奏起生命欢快的合奏，没有怨天尤人，劳动阶级自有劳动阶级所独有的需求和美丽，他们哼着那只属于他们的歌谣，把机器每一个环节的螺丝拧紧——齐心协力，同舟共济，团结、创

三姐妹　1952年

造，用汗水浇铸希望，钢筋铁骨和血肉之躯相顾得情意绵绵……

欧洲战争，让社会风雨飘摇，人，择地而居，逃难，迁移，世界大战改变多少人的命运，改变多少家庭的命运，也改变了二十世纪绘画的总体走向和艺术风格——如果没有战争的硝烟，也许，绘画也就是个世俗的、歌舞升平的附属。欧洲的艺术家许多在这个关头，来到美国。

莱热也到过美国，从纽约到加利福尼亚，从芝加哥到美国南部广阔的牧场——莱热为那些淳朴宽厚的美国劳动人民和惠特曼式的拓荒精神所感动，并且常常为美国都市繁华的外相所感慨不已，他甚至拿起笔来写文章赞美美国，赞美纽约——他爱速度，爱现代生活迅即的节奏——这不是一种对都市生活物质层次上的留恋，而是基于一个艺术思考的层面对生活最细致入微的端详——透过这种氛围，他依然爱上美国中产阶级的平常生活而不是都市那种做作的、如嘉年华会一样的灯红酒绿。这些普通人和事情，就像是自己的家乡那些朴实的左

唱片　1918—1919年

邻右舍——大都会的高楼大厦没有改变莱热简单而热情的秉性，他对资本主义工业社会表现出浓厚的兴趣，也同样毫不掩饰，他站在劳动人民一边。

就艺术本身来看，最不显山露水的主题往往最有感染力，这一点，莱热早就明白这个看起来浅显但又被许多艺术家忽视的玄机，并且，他一直躬行为小人物、小社会做记录的具体行为中，并且乐此不疲——在美国，他画下了许多基于这个原则下的作品——其中，最著名的要数《消遣，向路易·戴维致敬》，作品用了后期莱热常常使用的方法——几乎是绘画创作中最简单的表现方法——单线平涂，看起来就像一幅来自民间工匠手上的装饰画，这对于看惯了现代绘画那以形式作为利器的莱热来说，多少有点从绚烂归于平淡的味道——没有任何要炫耀的技巧，就那么平铺直叙吧，花也好，月亮也好，残山剩水、枯枝败叶，生活所展示的所有角落、所有的惊鸿一瞥都有存在的美学条件和价值——真实的存在就好——艺术固然可以尽情尽力地探索人类灵魂的终极，艺术也同样平淡天真地浅唱低吟，可以默默无声——我们的莱热选择的是个普通人慢声细语的方式——画面上就是

美国家庭司空见惯的生活，晴朗的天气，欢快的环境，去郊游，一家或是几家人——那分快乐是发自心地的快乐，蓝天纯净得如诗一般悠扬，绿树枝头袅袅舒展如歌声绕耳，云也开心鸟儿也欢悦，自行车没有被来势汹汹的福特汽车所掠夺——这是现代生活迅捷节奏的间隙调整，是人性依依的互为关照——当时的欧洲依然在现代工业文明的阵痛中挣扎——美国人登先一步，他们拿到他们想要的速度、节奏，他们依然最大限度地保留着属于人那最私密、最柔软的人性空间，他们尊敬自由那看得到找得着的痕迹，他们秉持对人尊重、对人性尊重的最完美的本真——莱热以艺术家的身份，是美国生活的直接参与者，又是带着欧洲文化血统的、美国社会生活的旁观者，他更冷静更细致地观察和更理性更真诚地赞美、评判——原本人类不需要更多、更好也可以比拥有更多、更好而更快乐更坦然——莱热这幅作品无疑受到《马拉之死》的启发，他没有回避，这个在现代绘画的艺术海洋中折腾半生的画家，用另外一种形式向那曾经给予他营养的传统文化致敬……

莱热最后的作品是一幅有着巨大画面的《三姐妹》，作品还是用他所熟悉的简单的、不躲不藏的手法——大大方方的管状躯干温顺地置于一个繁忙的背景之下，繁杂和单纯被画家用线条和色块果断分开——莱热在简单中玩着繁杂的游戏，并且玩得驾轻就熟——作品发出浓郁的美学密度，同时，又归究到一个伟大、宽广的静寂——饱满的体态是希腊的文化精神最显著的表达，这让我们想起米开朗基罗那充满着神性的人体礼赞——它超越了世俗的对性别的遐想，而直达一个壮美的境界——莱热非常有效地借鉴了古典艺术那终极的感召，并妥切地和自己所熟悉的、喜爱的形式风格连接起来——毕加索曾经这样做过，莫迪利阿尼曾经这样做过，只是，毕加索带着游戏而不负责任的破坏心态，莫迪利阿尼在绘画内质里面走不出对人性深深绝望的阴影，然而莱热不——他同样看遍了世俗社会那些数不清的丑恶、说不完的无奈，但是，他秉持了一个画家最透明最纯真的心态和最坦然、最舒适的身段。

——莱热，不管生前看到或没有看到，作为画家，他是功成名就的，随着时间的推移，他作品在温和的细语中，和我们说着上个世纪早叶的悠闲和浪漫——他和他的时代十分合拍，他在理想和现实冲突的空间找到一个自己最准确的通道，即便他那些庞杂的作品没有签名，我们同样可以找到他那独一无二的表达方式和思想语汇。

……

机器，轰轰烈烈地响着——人类进入一个个新的纪元，机器时代的爱情故事，将会是一代代艺术家最为重要的课题。

人性——永恒。

爱情——永恒。

艺术——永恒。